CYBERCULTURE WORKSHOP
PORTFOLIO

银河·跃然指上

"天外有曰"

网络文化工作室作品集

窦文彤　主编

光明日報出版社

图书在版编目（CIP）数据

银河·跃然指上："天外有曰"网络文化工作室作
品集/窦文彤主编 .-- 北京：光明日报出版社，2019.1

ISBN 978-7-5194-4814-1

Ⅰ.①银… Ⅱ.①窦… Ⅲ.①互联网络—传播媒介—
文集　Ⅳ.① G206.2-53

中国版本图书馆 CIP 数据核字（2018）第 296884 号

银河·跃然指上："天外有曰"网络文化工作室作品集
YINHE·YUERAN ZHISHANG："TIANWAI YOUYUE" WANGLUO
WENHUA GONGZUOSHI ZUOPINJI

主　　编：窦文彤

责任编辑：陆希宇　　　　　　　责任校对：赵鸣鸣
封面设计：中联学林　　　　　　责任印制：曹　净

出版发行：光明日报出版社
地　　址：北京市西城区永安路 106 号，100050
电　　话：010-63131930(邮购)
传　　真：010-67078227，67078255
网　　址：http://book.gmw.cn
E - mail：luxiyu@gmw.cn
法律顾问：北京德恒律师事务所龚柳方律师，电话：010-67019571

印　　刷：三河市华东印刷有限公司
装　　订：三河市华东印刷有限公司
本书如有破损、缺页、装订错误，请与本社联系调换

开　　本：170mm×240mm
字　　数：529 千字　　　　　　印　　张：22.5
版　　次：2019 年 5 月第 1 版　　印　　次：2019 年 5 月第 1 次印刷
书　　号：ISBN 978-7-5194-4814-1

定　　价：98.00 元

编委会成员名单

序

梵高说，生命只是一个播种的季节，收获是不在这里的。

大学四年，芳华绽放，如向日葵般炽烈的热情奔涌而来，是人生中最值得播种的片段之一。闪耀的星辰缓缓划过天穹织成的帷幔，在照片上留下圆形轨迹。无数星辰组成浩瀚的银河，在暗夜熠熠生辉。天津外国语大学（以下简称天外)校园新媒体平台正如那广阔而包容的夜空，让漫天星斗展现出它本有的璀璨，让仰望星空的人感受到光明，纯净与美好。

星轨的拍摄需要在夜空下经过长时间的曝光，才能呈现它的完整。这正如天外新媒体的发展，经过了四年的积淀，终将灿若星辰的作品撷菁撷华，集成此册。

我是天外官微的忠实读者，为无数阅读量破万的文章贡献过"拇指"。单从点击量来说，天外记学生记者团的文章已进入高校学生作品中的优秀序列。回望天外新媒体发展的轨迹，2014年1月1日，学校官方微博微信正式上线，立足校园、服务师生，用原创图文信息让校园新闻、天外故事流动在网络，传播在指尖，向师生呈现魅力天外、暖心天外，向社会展示活力天外、人文天外；2015年，学校集结69家微信公众号平台，27家微博平台，成立新媒体联盟，打造"信息厨房"，提升校园媒体聚合传播能力，构建新媒体宣传大格局；2016年，天外首届网络文化节启动，开展"WE梦工场"新媒体运营官培训，新媒体联盟网站荣获"全国高校优秀网站"提名奖；2017年，为更好地推动思想政治工作传统优势同信息技术高度融合，运用新媒体手段加强和改进大学生思想政治教育工作，学校在原有新媒体工作室的基础上成立集"产出高质量网络文化产品，打造网络文化品牌活动，推广大学文化建设成果，采集分析网络舆情信息"等功能于一体的"天外有日"网络文化工作室，并在由中国青年报社和中国高校传媒联盟共同主办的全国高校新媒体评选活动中荣获"十佳原创内容奖"。今年3月，天津外国语大学微信公众号又成功入选2018天津教育政务新媒体综合影响力排行榜TOP10，获评"教育新希望"荣誉称号。

但荣誉不是学生记者们所追求的收获。我相信，每一篇文章背后都有一个动人的故事；每一个写过文章的校友，都能体会到播种的乐趣。

17年前，我曾为天外校报撰写了多篇拙文，抒发自己对校园生活的感慨。那个时候，虽然门户网站正方兴未艾，但是报纸依然是人们获取新闻的主要渠道。每一次看到自己的文字出现在报纸上，都能高兴好几天。

如今，喜欢新媒体的立体感、热衷激扬文字的师弟师妹们以丰富的校园文化为笔，以精彩的创意构思为墨，紧抓天外品牌特色，深挖典型人物事迹，多角度透视校园，全方位记录生活，多元化聚合传播，让今日天外跃然"指"上。

康德说，"世界上唯有两样东西能让我们的内心受到深深的震撼，一是我们头顶浩瀚灿烂的星空，一是我们心中崇高的道德法则。"天外学生记者们用脚丈量、用笔还原、用心记录校园生活，精心制作有思想、有温度、有品质的网络文化作品，并将社会主义核心价值观与中华优秀传统文化一以贯之。他们紧跟时代潮流，把握新闻传播的时、度、效，在校园传递了正能量，弘扬了主旋律。

星河耿耿，银汉迢迢，源源不断的新星必将汇聚于此，期待下一个优秀的作品和优秀的你，成为天外夜空中最亮的星。

没有约定，但是我们恰巧都曾生活或正生活在天外，在这里挥洒过青春的汗水，在这里留下或深或浅的轨迹。这是命运最好的安排。

王小鹏

天津外国语大学 英语学院 2005届校友

新华社主任记者 内罗毕分社首席记者

2019年3月

小语形象说明

　　Hi,大家好！我是小语,天津外国语大学官方微信公众号的"形象代言人"。每天在屏幕的另一端与你倾心交流,给你说新闻、讲故事、抒情怀、逗闷子的人就是我。

　　2015年底,学校发起了官微卡通形象有奖征集大赛,我从众多作品中脱颖而出,高票当选为天外官微的"颜值担当"。之所以给我取名叫"小语",是因为天外以外语语言文学学科为优势学科,致力于培养具有自主学习能力与跨文化交际能力的高素质复合型国际化人才。我的设计师——国际传媒学院动画专业侯双双老师赋予了我漂亮的玉兰花发带和洋气的学生装,作为天外特色园景的玉兰花与"学院风"服饰巧妙搭配,完美地融合了学校元素与天外学子的青春活力。看看我手捧印有天外校徽和校训"中外求索,德业竞进"的笔记本,有没有感受到浓浓的书卷气呢?

　　天外的校园里每天都在上演着不同的故事,或感人,或励志,有喜悦,亦有彷徨,我只想陪你走一段路,给你讲一些故事,期待你指尖与屏幕的每一次碰触,我们不见不散。

目录

目录

目录

目录

目录

目录

第四篇章 星　　轨

目 录

视频 | 天外"信息厨房"生产的"文化大餐"，到底有多美味？

2017-01-02 天津外国语大学

校园e时代，我们的生活在不知不觉中与新媒体交错相连……

"互联网+"思维模式、"大数据"分析方法和新媒体技术手段颠覆了人们传统的生活方式，同时也延伸了高校思想政治教育和校园文化建设的内涵和外延。天津外国语大学以媒体融合为着力点，以新媒体建设为突破口，打通校报、宣传栏等传统媒体界限，让校园新闻、天外故事流动在网络，传播在指尖，向师生呈现"亲民"天外、"暖心"天外，向社会展示"活力"天外、"人文"天外。

集多家公众号优势资源，最权威的资讯、最逗趣的段子、最实用的攻略，我们是天外的"信息厨房"；汇各路自媒体门派大神，最前沿的理论、最系统的培训、最一线的实践，我们在这里"华山论剑"。树联盟大旗，融八方思想，多角度、全方位展示天外新媒体风采。

喂，你的天外新媒体有新推送啦！

【 第一篇章 】

灿若星河

　　"星月皎洁，明河在天"。从希腊女神赫拉的乳汁到牛郎织女的鹊桥相会，迢迢银河总能引起人们无数的遐思。仰望星空，它是那样庄严而圣洁，让人充满热爱、感到敬畏；是那样自由而宁静，让人胸怀开阔、心有所栖；又是那样壮丽而光辉，让人心中燃起希望的烈焰、响起春雷。

　　天上的恒星因氢核反应而发光，而每一个天外的原创推送，也因天外人的深情眷恋与奇思妙想染上独特光芒，点点滴滴，终成璀璨星河。它们定格了一个又一个感人的瞬间，记录了一段又一段难忘的岁月，平凡之处见伟大，细微之处见精神；它们收获众多关注和点赞，一夜刷爆天外朋友圈，凝心聚力筑梦想，春风化雨入心田。

站在"天外"看天外，这里有你的故事吗？

2016-05-30　天津外国语大学

我不会告诉你

这个神秘的球体将迅速膨胀

下一秒

音乐流淌出来

来不及惊喜

眼前已绽开一幅天外的"记忆地图"

3D+航拍

站在"天外"观天外

俯瞰这里的每一栋建筑、每一条路、每一棵树

还记得那些属于马场道117号的故事吗？

扫描下方二维码，和小语一起欣赏全景天外，

准备好你的"情话"说给最爱的天外听吧!

感谢西青电视台的技术支持

图片 | EOS影像工作室

天外学生记者团 范羿铭

校徽成为
天外导游
是怎样
一种体验

2016-10-25　天津外国语大学

　　我是一枚小小的校徽，虽质朴，却饱含千斤的分量。有人说我是天外的象征，有人说我是青春的纪念。今天，主人带着我，将足迹踏遍熟悉的每一个角落，也许我只是见证了无数天外人对这校园深深地眷恋……

第一次站在你面前，有种莫名的虔诚和激动

你的美，无声无息，不知不觉让我沉醉

那一抹新绿，如你般，生机盎然

枝头的叶儿，为我遮去耀眼的光

木板吱吱呀呀的，是我青春的心情

最爱微风，吹皱一池春水

时常远远地望着你，沉思，当我寻找前路的方向

感谢在最美的年华遇到你

是不是从未想过

竟能与校徽一起同游校园？

那还不快翻出你的校徽

趁着天气正好

让它带着你

走遍天外的每一个角落

来源｜天外学生记者团

文字｜ 周雨玄 郑思萌

摄影｜崔馨月 刘依琳 马玮璐

编辑｜王莹

第一篇章　灿若星河

人生仿如初见，醉美天外的二次元

2015-09-13　天津外国语大学

如果能和初音一起歌唱；如果能和兵长一起杀巨人；如果能和路飞一起航海；如果能和夏目一起与妖怪嬉戏玩耍；如果能和陆生一起百鬼夜行；如果能和凉宫春日一起找外星人；如果真的有如果的话……

二次元里的虚拟美好能遇上"三次元"天外的真实温暖，人生仿如初见，梦幻但真诚，定格不会变。

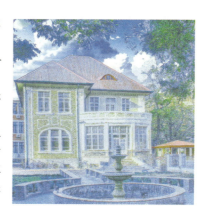

小小的离别会使我感觉寂寞，转瞬之间的邂逅与离别，我想珍惜这一刹那——夏目贵志。

不久前才刚与自己一起奋斗了三年的老师同学分别，而今已来到一个新的学习环境，踏入一个新校园，不舍与憧憬交杂，留恋与期许同在。"一期一会"，你这样在心里默念着，珍惜现在，把握未来。

关于自己的生活，我和你都不是读者，而是作者。至少结局，还是能自己说了算的。　　　　——银时

仰望天空，那绚烂的晚霞中所绽放的光芒是你内心深处仍闪亮的梦想。目光坚毅地眺望远方，一扫昔时的不快与失意。书山为路，拾级而上；大学为桨，乘帆起航。

没有御坂美琴那样的执着，没有杉崎键那样的努力，没有夜斗那样的坚持，没有高坂京介那样的决心，没有三笠·阿克曼那样的信念，没有夏娜那样的勇气。

图书馆前稍显迟疑的表情，有时你也许会这样否定自己，有些迷茫和困惑但同时又不甘心。进一寸有一寸的欢喜，一点一点地努力，一分一分地积蓄，请相信自己。

鸟儿是为了翱翔天空才破壳而出，而不是为了在地上丑陋地爬行。　　——艾伦

当辛勤的汗水一滴滴被时间留在了记忆里，在成长的道路上留下了游丝般的痕迹，你迎风的笑靥芬芳馥郁，天空仿佛也因此晴空万里。看天外从"彻骨寒"终得梅香扑鼻，自己也更坚定了一步一个脚印。

做自己想做的事，不要留下让自己后悔的结果。　　——兵长

又是一个秋天，秋意已深。两旁的行道树在地上留下斜长的影子，你回首来时的路。过去的一年，所有的时刻都很仓皇而又模糊，你远远地回顾。也正是在那一刹那，你得到一种清明的酸辛，但是，还会有一种无悔的美丽的心情。

走在无人的街上，是因为自己想要独处，还是因为想让自己以为自己在独处呢……无论哪一种都是没有意义的自问。明明无论怎么想，我现在都是在独处。　　——《空之境界》

在冗长的夏日午后，当篮球场上的激情四溢，热情如火都已颓然散去，感受一个人没有任何烦扰的惬意。环顾四周，那些好风好日，鸟喧花静，悄悄地，驻足静听。

用善意的心情去理解别人的话，会让世界单纯、美好、容易。世界如此之大，我却能幸运地遇见一些人。　　——《千与千寻》

幸运地遇见天外，幸运地遇见在天外的小伙伴。在班级，当你支吾着说不出个所以然时的那些"七嘴八舌"；在社团，当你独自一人时的陪伴左右；在寝室，当你敲敲打打毫无进展的热情相助。站在"楼先生"面前，悠然闲适地看着天边的云卷云舒，猫咪安静地蜷匐在肩上，这份心情是一种揣摩不出的恰到好处。

假如有个人愿在自己身边，就算没有任何语言只是在身边，我也觉得是一种幸福，即使失去了一切，只要停下脚步看一下四周，一定会有某个人在你看得见的地方。

——AIR

你要知道，我并不是只有对你的记忆，还有好多好多的线索，深埋在心底。记得那天，阳光正好，风又轻柔，你在斜阳里淡淡的微笑。小桥下，流水边，回头的角度刚好将望见。

雨后的彩虹划过天空，阳光照耀得一切暖融融。云朵像是"浓墨重彩"过后的晕染，叶子也仿佛变得更加葱郁。"潋滟晴方好，空濛雨亦奇"，清新中带着朦胧，吹来舒爽和欢畅。"二次元"天外所带来的感动，让我们一起用心去感受。

也许我们曾相遇在这个虚幻的世界，不知道彼此的真实姓名，不知道对方的样子，但我们一起吐槽，一起抢沙发，一起为二次元的人哭得稀里哗啦。那让我们一起走进"二次元"的天外，在三次元里继续更新自己的动态，不是困在时光里无法回来，而是身处在天外无法离开！

来源｜天外学生记者团

图｜范羿铭 卞朝阳

2016-01-25　天津外国语大学团委

【故事版】

你在钟楼的风华中
流转四季
我在碧湖的旖旎里
年月相依
时光白驹过隙几个轮回
在天外里与你相会
用尽了
这一场 四年梦寐

Shall I compare you to a summer day.
Though you are more lovely more temperate.
In your eyes I can see breeze with fragrance.
In your ears I can hear the moon surface.

听说这城市繁华了几个世纪
浮沉的岁月都陪衬你
与你乍见之欢
无处寻觅
如果今后所有最好的回忆
只因在最美时遇见你
说句来日方长 何妨

How many loved your moments of glad grace.
And loved your beauty with all their faiths.
When forty winters shall besiege your brow.
Your tenderness is what time cannot veil.

你在陆离的影翳中
求索光明
我在尘嚣的沉寂里
咏叹曾经
熟悉的长廊下默数的春夏
和蓦然回首遇见的她
未曾辜负
一幕幕 青春年华

你在东方的琴瑟中
声色久违
我在西方的浪漫里
默然相随
时光白驹过隙又几个轮回
叹何处相逢何处归
都抵不过
这一场 四年的梦寐
用尽了 这一场 四年梦寐

天外天 人外人 伊人梦不悔
莫相忘 莫相累 初心赤子追
天外天 人外人 伊人梦不悔
莫相忘 莫相累 初心赤子追 天外赤子归

鸣谢：天外流行音乐社

作者｜马頔 董子鹤（13级）
关天格（14级）李秋辰（14级）
王钰琦（14级）王冕（14级）康康

第一篇章　灿若星河

【校友版】

你在钟楼的花窗里书声印壁
我在逸夫楼门廊外志图四季
如果寰宇之内听得清 我要大声地告诉你
刻骨铭心永存在脑海里

晚秋微凉的露珠滋润蔷薇廊
笑靥如花少年不知缱绻
十三路公交勾勒着马场道
你看不清那时候翩翩少年郎

步入津沽大地的风云里
九国五大道阅史百年
海河岸边流转旭日斜阳
古今中外 吾辈上下求索
崇立德业五十载竞进
且听北风吹雪 啸吟

蚕月烟霞群莺飞入花深处
十四语种传五洲译他国声
世界语言在她口中转珠连
奔赴四海皆有天外兄弟

你在钟楼的花窗里书声印壁
我在逸夫楼门廊外志图四季
如果寰宇之内听得清我要大声地告诉你
刻骨铭心永存在脑海里

你在钟楼的花窗里书声印壁
我在逸夫楼门廊外志图四季

如果寰宇之内听得清我要大声地告诉你
刻骨铭心永存在脑海里
临潮望海 感动了光阴

茧中间 念丝粘 粘丝结千千
天外天 年复年 天外情绵绵
天外情绵绵

茧中间 念丝粘 粘丝结千千
天外天 年复年 天外情绵绵
天外情绵绵

作者｜马顿 董子鹤（13级）
关天格（14级）李秋辰（14级）
王钰琦（14级）王冕（14级）康康

天外版
成都
文艺来袭

2017-03-14　天津外国语大学团委

让我最为惦记的
不止知己良友
让我百转千回的
不止她的温柔

余路还要走多久
你总引我回眸
让你默然祝福的
是迷惘的自由

分别总是在五月
往事都浮上心头
钟楼定格的永久
镌刻津河畔头
在莺声燕语的诵读里
我从未忘记你
天外带不走的只有你

和我在马场道街头走一走
直到灯火阑珊光阴流转也不停留
你会挽着我的衣袖
我会把手揣进裤兜
感受临潮湖畔的清风
看天外的日出日落

一首歌曲，有时候更多的是一种集体回忆，
让你想起美好的过往，珍惜当下的时光。
这首天外版成都献给所有的天外人，献给我
们永远不灭的天外情怀。

作者：段安琪、尤灿、郭浩森、关天格、
王冕、王一雪

歌手｜段安琪、尤灿、郭浩森
填词｜关天格
录音&制作｜王冕
特别鸣谢英院Echo吉他社对填词和
录音的大力帮助

第一篇章　灿若星河

天外学子用14种语言演绎《我的天空》

2016-6-21 天外小黄鸡

5月20日，我们萌生出一个看似不靠谱的念头
"我们录一个一镜到底的视频吧"
"用多种语言"

慢慢地，我们投入更多
时间磨合、设备、录音棚、资金
没人知道我们在筹备什么

我们暗暗地把速度藏在追求完美的背后
深思熟虑、不事声张，像个大人一样
因为，我们希望在最后
笑得像糖，出手像枪

14种语言演绎《我的天空》
精彩，用视频说话！

再见我的眼泪、跌倒和失败
再见那个年少轻狂的时代
hello，hello
我的未来！

至少还有梦
也为你而感动
这个视频，是我们最大的诚意

感谢有你：

王艳杰　徐隽婷　刘　诚　秘伟轩　丁博文　林　笑　冯彦钧
黄莎莎　李思莹　袁也晨　周艺璇　刘冬梅　宋歆怡　田　宸
王红霞　杨东蕾　杨　皓　杨名华　蔡凡超　戴珊珊　张仁霞
吴　丹　高佳丽　张　翔　段安琪　汤芷怡　陈历凤

还要感谢帮忙翻译的老师和同学，感谢有你们！

编辑：陈历凤

第一篇章　灿若星河

五一小长假来袭，看小语演绎各国手绘服饰的清新优雅

2016-04-30　天津外国语大学

时光静好，与君语
细水流年，与君同
初夏已至，与君享
美丽尤物，与君赏

五一小长假即将临，
让我们看看小语穿上各国服饰漫游天外，
会有哪般的美丽？

昔有朝歌夜弦之高楼，
上有倾城倾国之舞袖汉服，
诠释着中国传统之美。
霓裳羽衣，婀娜飘逸，
忆不完中华，恋不尽中华情。

这一首情歌写给风月，
写给你我。
直线与柔和曲线的完美融合，
端庄闲雅，温婉一笑，
尽显东方女性之美。
长街长，烟花繁，你挑灯回看。
一个民族的服饰也能彰显民族个性，
和服突显庄重、安稳、宁静。
千姿百态，浓淡相宜。
小语，你可知你此时的温柔回望，
让多少人难忘。

泰国服饰精致华丽，
色彩鲜艳，神秘感十足。
这片土地上的人们，
热情善良，信仰虔诚，
"微笑王国"的美丽也透过服饰，
使人迷醉。

第一篇章　灿若星河

古典、优雅，热情
当小语起舞
我想你一定会拜倒在她的芭蕾裙之下

以深色作为服饰主色调
拼上印花图案
散发高贵与优雅
小语穿上这身衣服
缓缓向我们走来
北欧风情尽显

美是真的光辉——柏拉图
自然的造型、单纯的色彩
高腰的形式、流动的线条
以其清新的风貌滋润我的眼睛
时尚将随时间流逝
但风格永存

无论是哪一个国家的服装
小语都能完美演绎
而在这美丽的天外
多种文化交织
绘出的是一幅多彩的图画

五一佳节之际
小语祝大家节日快乐
愿你们的假期
多姿多彩

来源丨天外学生记者团
文字丨吴维
摄影丨王福宇
编辑丨傅博文

三月·天外
芬芳倾吐
春风十里
不如你

2015-03-31　天津外国语大学

春回大地，破土而出的是生机

姹紫嫣红，蓬勃绽放的是绮丽

你问我，春天在哪里

春天啊，是一个含苞待放的秘密

春天，是对生命的召唤与吸引

它从不知名的角落突然冒出

第一篇章　灿若星河

直至占领整座学校

春天呀，是个迷人又耀眼的姑娘

她在枝头跳舞

又在灯下梳妆

她既有紫的深沉高雅

也有红的热情奔放

第一篇章　灿若星河

她的气息洁白无瑕，夹杂点点芬芳

春日迟迟，卉木蓁蓁

世外悠悠隔人间，不忍戚戚乱世烟

阳春布德泽，万物生光辉

迎春五十载，今春送君归

好梦留人睡，好景使人醉

十里春风不如你，我且醉在春风里

编辑丨学生记者团 张敬泽 王凯琳 徐雯
图片丨李锋 冯鹏 张燕 学生记者团 丁铭
王凯琳 王玉玺

第一篇章　灿若星河

初夏 | 如果云知道，天外风景如画的每一秒

2018-05-02 天津外国语大学

初夏
小语的朋友圈被天外的美景刷屏
只因这里的蓝天白云实在好看
随手一拍
便是一幅美丽的风景画

闲看花开花落
坐看云卷云舒
风拂 云走
日暖 春深

斑驳树影 红瓦白墙
细数几分初夏旖旎
嗅得丝缕书香气息

绿叶 雕塑 阳光
书声朗朗
是属于天外的清晨

繁花似锦　枝繁叶茂
染得校园尽芳华

无论是阳光的点染
抑或夜色下的静谧
钟楼依旧悠悠诉说着天外往事

骑着"小黄车"穿梭在校园
和煦春风拂面
那是五月独有的惬意

马场道和滨海校区的小路
你在哪一条留下了足迹

暖风执画笔
为校园铺上蓝白底色
又抹上几点清新嫩绿

他孤独笔直地站立
昂扬着生命的气息
那绿，是有关希望的信号

定格光阴
留住风景
我要看尽你的美丽
用镜头表达我对你的爱意

来源丨天外学生记者团
编辑 文案丨毛媛媛
摄影丨窦文彤 孙凡越 蒋登波 张格格 郑燕敏 张云璐
马笛儿 其其格 李昱

醉美天外 | 秋天带着落叶 的声音来了

2017-10-26　天津外国语大学

天凉了，雁走了，叶落了，秋来了
秋天伴着落叶的声音悄然而至
空气中弥漫着露珠般的新鲜

天空发出柔和的光辉，澄清又缥缈
使人想要听见高飞的云雀的歌唱
正如望着碧海，想着见一片白帆

秋天的美是明澈而动人的，像恋人的眸子，像思慕之人的风韵
秋天是令人动容的，她有经霜的素红，有临风的飒爽
秋天给人一种舒适的感觉
她没有春天的生机，没有夏天的聒噪，也没有冬天的无生
她有的是成熟，有的是安静，甚至是一点忧郁气息
但是就是这样的秋天让我们可以突然意识到自己该安静下来了
这种宜人的忧郁很温和

第一篇章　灿若星河

021

秋天真的是最真实的
每一片随风飞舞的黄灿的叶子是整个轮回的见证者
每一只南下过冬的大雁是天涯海角的使者
每一朵花每一株草都是来年重新充满生机的贡献者

秋天不该是悲伤的，她应该是快乐的
她有收获的喜悦，她有成熟的豁达，她更有孕育新一季的力量
常言道秋天是个丰收的季节，而我说秋天是个开始的季节

秋天应该是独立的
她从未依附于夏天与冬天
她虽然短暂，但是却让人敬佩
郑思肖在《画菊》中说
宁可枝头抱香死，何曾吹落北风中

在这个秋天
好好放空自己，好好整理自己，好好计划自己
嗯！准备开始新的生活了

来源｜天外学生记者团
摄影｜范紫琦 刘依琳 蒋登波 徐可 文丽柯 孙凡越 向思雅 孙明慧
文字｜吴漩 张云璐 梁楷津
编辑｜张雯琪

初雪至，她再次成为津门颜值担当

2015-11-22 天津外国语大学

前几日
纷纷蒙雨飘落
毛毛细丝吹拂面庞
偏偏是不必撑伞而又难耐
于是盼起来，盼起来
乙未年初雪
何日来临

操场一隅
皑皑铺满整片
雪未晴
嬉闹早已伴其来临
享受吧
此难得雪日
实是等了太久

古朴砖墙
累积花絮
朱红缀雪白
再见君之柔情
钟楼前
页上再添一笔霜华
沉淀三季
瀧冷方可为君书这皎洁诗篇

岩土，斑驳
依旧于风中矗立
哪怕无人驻足
却仍能望见
纹理中深蕴了炽热
在这冰寒间驻守

鸟瞰，云落地
作一袭银裳
人静，鸟寂，泉止，风滞
苍色朦胧双眼
万物皆褪了铅华
天外
与君一同抬眸
看翩雪飞舞

已不是夏日碧空蔚蓝
亦不见满目新绿与金色骄阳
红砖墙 雪苍茫
枯树巨石
静赏冬日天光

犹记得六月鸟叫虫鸣
静避酷热
丛书之中寻幽凉
品热茶
嗅书香
厚重在怀
捧书看雪挂房梢
仲夏一梦满池碧荷
初冬回还素净如歌
天渐寒，方见你银装素裹
水荡波，承花融雪映银河

来源｜天外学生记者团
文字｜陶雨然 闻名
编辑｜傅博文
摄影｜马场道校区：薛杨雨婷 罗拉 范羿铭
滨海校区：马潇潇 董家辉

在天外的 24小时，你"造"吗

2015-10-09 天津外国语大学

大一的新奇，大二的迷茫，大三的拼搏，大四的奔波……开学一月有余，你在天外的每一天如何度过？毕业之后，工作、读研、出国留学……此刻的你究竟该如何定位与准备？别说来不及，现在开始，永远不晚。大学最优生物钟供你参考，转给假期归来还没醒盹的TA！

7:00 起床早饭

延续备战高考时的习惯，努力做个学霸，7点起床并不是神话。

早餐一定要吃，然后开始背一个List的单词。

8:00 上午课程

语言类专业早课比例是比较大的，很多时候白天的课排满了。不要逃早课，往往安排在上午的课更需要比较高的注意力与思考力。

10:00 复习预习

大学需要复习与预习。每周接受的新知识很多，而"公平"地对待每门课程几乎是不可能的。尽量不要功利地去对待，一定要讲究方法。按照讨论、小测、期中考试、论文等不同的考核方式及时间来安排你的精力，或许是个不错的方法。

12：00 午饭

对于整修一新的食堂，要带着探索的心和不过分挑剔的味蕾，给学校食堂一个机会，试着去发掘里面的秘宝。

13:00 午睡

虽然刚吃完饭就睡很不好，但是对于很多人来说，不睡难以坚持下午的课程。大学每节课都比高中要长，每节课都需要接受大量的新知识，充沛的精力是基本配置。

14:00 下午课程

新一轮轰炸，大脑在不同的课程之间飞速切换。不要在公共课、专业课、选修课之间厚此薄彼，多学一点总没有坏处。

15:00 运动

你可以根据课程安排运动放松的时段，但你不能吃完饭就坐在桌前，或者下了课就赖在寝室。上班之后你会知道，"离开桌子一会儿"是多么大的奢求。

17:00 晚饭

如果你认真，大学也并不很自由，因为课程满且多为必修，每个人的每天看上去差别不大，但这个差距其实在一点一滴中拉大。晚饭后的时间，是改变的机会。

18:30 社团活动

参加至少一个社团，是师兄师姐的建议。你会遇到不同的人，会加速成长，会遇到一些改变你终生的事情，会拥有一段宝贵的回忆。

19:30 专业书籍

好好触摸你的专业，弄清你的每一门必修课程想要教给你什么，预习复习，再预习复习，没有深入尝试，是没有资格说"我不适合这个专业"的。

21:30 对自己有益的消遣

有益是一个很暧昧的词。放松对于每个人来说定义不同，作为一项消遣活动，看书听歌上网打游戏本无尊卑，但几年后你就会发现，有的人拓展了生命的宽度，有的人只加重了黑眼圈的深度。

23：30 休息

年轻时的熬夜能力并不值得被吹嘘，如果你已经是夜猫症重度患者，现在就是改变这一习惯的好起点。一个有质量的深度睡眠令你第二天精神百倍，一个因半夜精力耗尽而不得不开始的睡眠只是第二天晚起的开始。

【你准备度过一个怎样的大学四年？】

①成为人才：坚持自习、经常锻炼、早起早睡；培养爱好、考四六级、拿奖学金、节俭生活；收获爱情、考证考研、社会实践；

②成为废才：晚睡懒床、学会逃课、寂寞无聊；盲目攀比、考试挂科、通宵泡网；没有心气、没有目标、重修退学。

你是哪一种？

相信每一个心怀梦想的小鲜肉们一定会选择第一种，摒弃第二种。那就马上行动起来，根据时刻表，度过属于你的天外二十四小时吧。

来源｜天外学生记者团

文字｜王女

图片｜摄影技术部

编辑｜赵圣琦

TFSU壁纸 | 一起走过天外 最美 "二十四节气"

2017-11-30　天津外国语大学

春雨惊春清谷天，夏满芒夏暑相连。
秋处露秋寒霜降，冬雪雪冬小大寒。

　　一首节气歌，记录了中国古代劳动人民长期在田间耕作积累的经验和智慧。2016年11月30日，"二十四节气"被列入联合国教科文组织人类非物质文化遗产代表作名录。几年来，天外官微陆续推出过多期二十四节气介绍，与师生一起赏析何"节"何"气"。让我们重温天外二十四节气美图，感受春夏秋冬里的中国节气之美。

芒种

夏至

大暑

小暑

立秋

处暑

白露

寒露

秋分

霜降

立冬

小雪

大雪

冬至

小寒

大寒

来源 | 天外学生记者团
摄影 | 郭亚维

TFSU壁纸丨帮你订制每天不一样的心情

2017-09-11　天津外国语大学

　　清爽的九月悄然而至，我们回到熟悉的校园，迎接无数新鲜的面孔。每天清晨的第一缕阳光都独一无二，亦如来到这里的每一天都有不一样的发现。小语特意为两校区萌新们送上专属于TFSUer的手机壁纸，欢迎订制一周七彩的心情。

周一

粉红色的花儿映着粉红色的心情
融融暖意陪伴我们踏入校园
环抱着我走过的每一步
我抚摸着路旁的小花
穿过喧嚷的人群
一眼望见那位如丁香般的姑娘

周二

早已在照片里见过你
目光被吸引的瞬间
便注定了此生的相遇
湛蓝的天空是心情的占有者
与古朴典雅的楼宇
与郁郁葱葱的草木
化作多变的水墨颜色
晕染到了远处

周三

安静的空气
裹挟着书香与我相拥
书海泛舟，春秋不觉
进学致和，行方思远

周四

在这里奔跑，也在这里细说心事
绿茵与蓝天相映衬
也被皓月与繁星点缀
踏上跑道，目标就在前方
心之所向，令人神往

周五

推着单车穿过
将车子停在一旁
独自坐在这方静谧中
聆听树叶沙沙作响
翠绿的藤蔓，拽着橘红的花儿
缠绕在石柱上
我如果爱你
绝不像攀援的凌霄花
借你的高枝炫耀自己

周六

苍松掩映着古老的石墙
无论何时，路过那扇窗
都觉得心里无比踏实
它是我的依靠，是我心灵的港湾

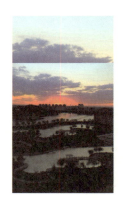

周日

面对晚霞与湖光放声高歌
所有因未知而徒增的烦恼
都随歌声飘向远方
成长交给时间，快乐属于自己

　　时间的车轮匆匆驶过，周而复始，不曾停息，大学四年将是你我在最好的年纪里最值得珍惜的时光。一张张图片，陪伴着我们由陌生到熟悉，记录着我们由青涩到成熟。请珍藏这一幕幕美景，和一起畅快地经历过的喜悦哀伤。

来源 | 天外学生记者团
文字 | 毛茜琳
制图 | 范紫琦
摄影 | 郭亚维 黄鑫 范羿铭 陈昊 范紫琦

TFSU壁纸 | 换上这套手机壁纸，我们永远是天外人

2017-06-18　天津外国语大学

　　明天就是毕业典礼了，离别在心间，我们不语。时光白驹过隙，四年里的每时每刻，我们都在一起，那是属于我们的永远。临行前，请收下这份礼物——精美的天外专属壁纸。可作为手机桌面，也可用于手机锁屏，爱它就将它永远珍藏。

陪伴我们无数个日日夜夜的
逸夫楼渐渐老去
但它的肩膀依旧宽厚
是我们永远的依靠

左胸上闪着光的天外象征
陪我们走过每一寸土地
带我们欣赏每一帧影像

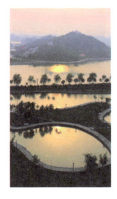

俯瞰校园中的湖光山色
夕阳的红与湖水的碧
还有排列整齐的树
构成这幅最美的图画

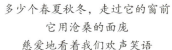

多少个春夏秋冬，走过它的窗前
它用沧桑的面庞
慈爱地看着我们欢声笑语

紫藤缠绕，将长廊妆点
我们漫步花海
耳畔回荡着朗朗书声

踏过湖中小径，踩出悠扬的旋律
与亭中人挥手，
朋友啊，我在这里

明媚的阳光透过树叶的空隙
笔直的路灯在谆谆教导
天外人永远不要忘记
中外求索 德业竞进

看水中的倒影，是梦开始的地方
湛蓝的天空里包裹着朵朵白云
它们在鼓励我们勇敢前行

这里有我们匆匆的脚步和专注的神情
伴着书籍的滋养，我们长大成熟
这方土地，永远被刻在心间

篆刻着天外厚重的过往
多年的屹立，不曾变迁
它在挥手说再见吗？

挥手，天外/再见，大学的四年时光/珍重，彼此
想家了就拿出手机来看看吧/天外永远欢迎你们回家

来源 | 天外学生记者团
图片 | 范紫琦 孙晗 杨璐宇 郭亚维
文字 | 毛茜琳

一句话证明
你是
天外人

2015-04-29 天津外国语大学

一样的个性T恤配九分牛仔裤，身背韩版书包，脚穿运动鞋，这样的你们漫步在大学校园里。

一样地每天抽出时间来巩固功课，阅读课外书，这样的你们穿梭在图书馆或是自习室里。

这些都是我们共同的身份——大学生。只是，这代表不了我们与众不同的风采和另一重专属的身份——天外人。

有一种洋气，叫随处可见的foreigner

行走在天外的路上，不乏金发碧眼的欧洲美女、魅力无限的韩国欧巴、热情如火的非洲友人……各种肤色、各种文化碰撞融合出不一样的火花。

有一种国际范儿，叫多语种路标指示牌

顿首回眸之间，每一条小径都有一个高大上的名字，即使一块普通的路牌，也有多重语言的标示。身处这样一所学校，你能随时随地感受异域风情，在潜移默化中学好外语。

有一种品牌，叫天外志愿者

以外语服务为特色的天外志愿者已成为知名品牌，在各种大型国际会议、展会的活动现场，你都能看到天外志愿者的身影，他们无处不在，无所不能。

有一种骄傲，是来自天外的你

身处天外的小伙伴们，受丰富的校园文化熏陶，朝着不同的方向蓬勃发展。不仅外语翻译人才辈出，而且不乏运动健将；头脑发达，四肢也"so strong"！奥运舞台摘金夺冠的刘子歌，世界杯女子佩剑团队冠军谭雪，歌坛新星张碧晨，全国五星志愿者、天津青年五四奖章获得者张晓晖……简直棒棒哒！

第一篇章　灿若星河

有一种幸福，叫做这边风景独好

你在远方看风景，我就住在风景里。坐落在五大道风景区，那些惊艳了时光的建筑依旧盎然耸立着，历史积淀的味道。虽地处市中心，但那份踏实与安适、娴静而悠远仿佛将你与车水马龙的喧嚣隔绝开来。它给你一种安定的力量，让你总不由蹑手蹑脚地走过它身旁，生怕惊扰了这份美丽，而同时又以一种乐观笃定去面对每一天，享受生活，演绎生活。

有一种影视基地，叫天外"楼先生"

他是《金粉世家》里的金府，它是《毒战》里的公安局；影视剧、MTV纷纷选择在天外取景，充满西欧古典风格的校园建筑让各大导演为之倾心。莫文蔚、徐峥、陈建斌、林俊杰等一众明星纷至沓来，让你不再为见不着偶像而心塞。

有一种生活，让我们挥洒着青春热血

是"天外Running Man等你热力开跑"的活力四射，是"浇铸真挚宿舍情谊，打造温馨小家"的真情相约，是"时尚风采大赛，就是要你好看"的霸气侧漏，是"绿植在成长，梦想在发芽"的有爱情怀，我们用自己尚且稚气，但却绝对热血的声音吸引着有相同爱好的小伙伴的到来，我们用充满激情与活力的舞姿展现属于我们的最好时代。

有一种晨读，伴随着大爷的太极和孩子的笑声

风声雨声读书声声声入耳，当然，还有早起在小花园锻炼的大爷的录音机声和孩子的嬉戏打闹声。美丽的校园承载着闲适的生活，即使四月芳菲被八月蝉鸣所取代，萧瑟秋风吹来纷纷冬雪，仍然不变的是大爷有条不紊的一招一式，以及孩子清脆活泼的笑声，当然，还有那个依旧坚持晨读的你。

撰稿丨天外学生记者团

王女 张敬泽

【 第二篇章 】

星　辰

陈法春：
不能让社会实践活动沦为个人简历上功利性的一笔

| 特稿 |

2015-09-24　天津外国语大学

　　2015年9月22日，我校2015年暑期社会实践校级重点项目结项评审暨成果展示会在钟楼报告厅举行，校长陈法春认真观看各实践团的精彩汇报，并进行了详尽深刻的点评。会后，记者有幸就大学生社会实践的相关问题对陈校长进行了专访。

　　记者：您认为我校今年暑期社会实践有哪些亮点？

　　陈法春：今年共有17个校级立项社会实践路队进行了汇报展示，结合之前提交的报告和现场展示，我认为有以下几个特点：一是注重发挥专业教师的力量，组织各系统青年教职工共同参与，悉心指导；二是注重实践活动与专业学习有机结合；三是在实践内容的安排上更加注重学生综合素质的提高。这三点既是今年我校社会实践活动的亮点，也是日后各项目应该继续强化的方向。

　　记者：您对于学生社会实践项目的评价标准是什么？怎样算是一次成功的社会实践？

　　陈法春：关于这个方面，在中宣部、中央文明办、教育部、共青团中央联合下发的《关于进一步加强和改进大学生社会

实践的意见》中提到，学生社会实践应该与"专业实习""社会调查""支援服务""勤工助学"等方面相结合，而且要以"受教育""长才干""做贡献""增加社会责任感"为目标。我对于社会实践项目的评价标准与文件要求可以说是契合的，能够实现以上目标就是一次成功的社会实践。

　　记者：今年哪几个实践路队给您留下了深刻印象？

　　陈法春：可以说每个团队都做得不错，给我留下了深刻印象。如坚持多年的"天外雷锋志愿服务团赴河南南召暑期支教团"从当地学校实际需求出发，弥补了英语教师稀缺的短板；"时代变迁下国人对日观念社会调研团"在一千多份调查问卷和专业数据分析的基础之上得出"年长

的国人对日态度更加客观，年轻一代哈日现象值得反思"的结论，调研过程具有说服力；"天外学生记者团赴报社实践团"的小记者配合媒体在"天津港爆炸事故"期间及时发声，跟踪报道，用事实回应"天津是座没有新闻的城市"的种种质疑令人印象深刻；涉外法政学院"赴贵州支教普法实践团"在特殊地域背景下加强校际合作、结合专业知识的普法实践非常值得称赞。

记者：您在讲话中提到"不能让社会实践活动沦为个人简历上功利性的一笔"，那么您认为学生应该如何看待这一活动？

陈法春：据了解，在近年来高校开展的社会实践活动中，确实出现有的学生态度不端正，来到一些贫困落后地区有"居高临下"的思想，不接地气，还有的把社会实践变成了出游享乐甚至是当作丰富个人简历的途径，改变了实践活动的性质。如果实践活动做出的贡献小于负面影响，那么其"形式"就大于所包含的"内容"，沦为华而不实的"过场"。社会实践应该以满足实际需要为目标，明确问题导向，摒弃功利性，实现实践活动的真正意义。

记者：您在评选现场对本次调研类实践项目的数据分析等方面做了重点评论，您对于此类实践报告的学术性有何建议？

陈法春：社会实践如果要与专业学习相结合，就要注重科研方法的训练。要在启动项目前接受专业调研方法的培训，学习统计学等相关专业知识，而且要规范整个活动设计、实施、形成报告的过程。用扎实的数据作为支撑，让活动报告有一定的研究价值。

记者：您对我校暑期社会实践活动的未来发展有什么希望和要求？

陈法春：希望未来我校学生社会实践项目能够更加与专业实习、就业创业和服务社会紧密相连，进一步增强大学生的社会责任感，明确定位、科学规划、强化特色、突出实效，避免"形式主义"，切实满足社会需要，帮忙不添乱，让社会实践活动充分发挥其应有的育人功能和社会效应。

来源 | 天外学生记者团
文字 | 闻名

第二篇章 星 辰

Szia, 布达佩斯! Szia, 匈牙利语!

特稿

2017-11-23 天津外国语大学

备注：本文获评"2018天津高校新闻扶持计划"深度报道类优秀作品

走进匈牙利语教研室办公室，墙上一幅绘有匈牙利国会大厦的油画格外吸引眼球。画面中央的国会大厦坐落于首都布达佩斯的Kossuth Lajos Square广场，背靠蓝色多瑙河，新哥特式的白墙红瓦在蓝天碧云的映衬下显得格外宏伟庄严。这幅"数字油画"的作者为我校匈牙利语专业全体师生，他们在入学初便分成不同的小组在格子上填色，一起描绘出对于匈牙利的第一印象。这是师生们共同完成的"第一课"，170311班就是从这时起渐渐凝聚在了一起。

因为你是这样的匈牙利，所以我来了

提到匈牙利，人们最熟悉的莫过于混合了匈牙利民族音乐和吉普赛民族音乐特色，兼具热情与柔情、奔放与缠绵的《匈牙利舞曲》，殊不知圆珠笔、火柴、魔方、电力火车、电话机、汽车自动变速器、世界最早的地铁等都是匈牙利人的发明。为了服务国家"一带一路"倡议，2017年学校着力打造"非通用语专业建设项目"，获批增设匈牙利语等13个非通用语种专业，从而为缓解高端非通用语种翻译人才严重匮乏的现状提供人才支撑。作为匈牙利语专业首批入学的10名新生，他们大多对布达佩斯的天际充满神往。"在蔡依林的MV《马德里不可思议》"中匈牙利圣安德烈和布达佩斯的建筑很美，我想了解更多的当地文化，所以我来了。"陈妤同学说道。徐紫萌同学则认为，匈牙利作为最早与新中国建交的国家之一，也是最早响应我国"一带一路"倡议的欧洲国家之一，两国关系正处于历史最好水平，"我希望沿着丝路的方向，去远嗅千山外莴莴公主的芬芳，在两国交流合作的背景下获得更多的发展空间。"

"如果把整个欧洲大陆每一个语系涂上不同的颜色，你会发现匈牙利语是孤独的语言。"170311班班导师王炳霖这样介绍道。匈牙利语是匈牙利的唯一官方语言，属于乌拉尔语系，芬兰—乌戈尔语族，在欧洲大陆少有与之相近的语言。或许你对这个小众的语种并不熟悉，但你一定听过这首诗——"生命诚可贵，爱情价更高。若为自由故，二者皆可抛。"这首名叫《自由与爱情》的短诗是匈牙利诗人裴多菲于1847年创作的，经由左联作家殷夫的翻译，在鲁迅先生的传播下，成为中国读者最为熟悉的外国诗歌之一，一度被引入中学语文教材。

从零开始学习语言，需要一块"敲门砖"

开学前，老师们特地准备了一沓写有匈牙利名字的卡片，方便新生们为自己取一个地道的外国名字，唤起对于异国他乡的亲切感。徐紫萌为自己选了一个有中国特色的名字Jázmin（小茉莉），方萱妮喜欢有匈牙利特色的名字Eszter（尾音是大舌音"r"，有一个形如"sz"的辅音字母）。就这样，大家迈出了学习匈牙利语的第一步。

从大舌音、黏着语、清浊辅音，到一些类似绕口令的拼读练习，匈牙利语学习的过程困难重重，提起这段"不堪回首"的经历，班里唯一的男生张雪飞打趣道："早晨起来练一下，一天都不会说话了。"此时，老师们精心为大家准备的小卡片就成了牢记字母发音的重要辅助工具。除了日常的课堂提问、默写，每学完一课都会进行课堂练习，老师们也会根据课本重点和学生反映的问题进行有针对性的小测试。王炳霖提醒同学们，学习语言要问"为什么"，不断地深入探究才能更好地搭建自己的语言体系；但也不要总问"为什么"，因为语言是交流中自然而然形成的，初学者过于纠结单词、语法则难以领会语言之美。

从零开始学习一门语言，专业导航也是必不可少的"敲门砖"。2017年10月下旬的一天，同学们穿着整齐划一的"班服"，面带精致妆容，紧张地等待着一位重要人物的到来。作为"2017·欧语迎新季 大使天外行"系列活动的重要组成部分，匈牙利语专业新生的"专业第一课"有幸邀请到了匈牙利驻中华人民共和国文化教育参赞、北京匈牙利文化中心主任宋妮雅博士。关于"你不知道的匈牙利"，宋妮雅参赞讲了许多新奇的事，如匈牙利地下蕴含着丰富的具有疗效的自然温泉，匈牙利的河马长寿正是因为它们经常泡温泉的缘故等。她还针对同学们最关心的"匈牙利人是不是匈奴人"的问题进行了解答，将古往今来中匈文化交流、历史发展、经济贸易和政治关系的沿革娓娓道来，为新生们开启了一扇通往陌生文化国度的大门。"gy ddoln:Ez gy j nekem,Ez gy j nekem,ez a dal..."，师生们借一曲"Kedvesem"表达了对参赞的欢迎与感谢。"你们标准的发音真让我感到惊喜，我对天外的匈牙利语专业充满了期待。"宋妮雅赞赏道。

从初识到相知，从课堂到网络，
用"心"陪伴，润物无声

期中考试是一个节点，代表着同学们告别了懵懂的初学阶段，随着对匈牙利文化的深入了解和对语言日益熟练的掌握，其中的精彩逐渐显露出来。在王炳霖的建议下，微信公众号"相约欧洲之心"面世了。这是由匈牙利语专业学生自主运营管理的新媒体平台，两人一组，每周推送2~3篇文章，介绍匈牙利美食、节日、名人、大型活动等。这个平台渐渐成了大家学习匈牙利语的第二课堂和重要阵地，还吸引了不少"特别"的粉丝，"孩子们在公众号发的推送我们每一篇都会看，这是一种特别好的学习方式，不仅让孩子们在玩转新媒体的过程中增长知识，还能让我们了解孩子们的学习状态和日常生活。"家长们纷纷为公众号点赞。

两个月下来，同学们渐渐适应了大学生活和老师们的授课模式。马晓璇负责精读，王炳霖负责语法，两位"90后"老师都有一颗年轻的心，和学生们的交流丝毫没有代沟。在学生们眼里，王炳霖像个"老干部"，讲话"有板有眼"，时不时还会给同学们发中老年表情包。年轻漂亮的马晓璇像是学生们的生活导师，她记得每个人的生日，了解每个人的特长，总能"get"到学生们的兴趣爱好与匈牙利文化的交点。两位老师会在每天清晨7:15准时进班查看学生们的早读情况，课上和课下不遗余力地为学生们解答问题、纠正发音。令人惊喜的是，这群看似难管的"00后"总是早早就在教室整齐地坐好晨读，用他们最饱满的精神状态迎接每一节课。从"初识"到"相知"，同学们更敢说了、更积极了，朗读课文也比之前更准确、更流畅了。

来到天外一个多月，外教Csilla基本度过了和学生们的磨合期。对中国充满好奇与期待的她初来乍到，许多课堂用语基本用英语甚至肢体语言代替。当遇到听不懂的单词时，学生们会用匈语提问"Mit Jelent?"（什么意思？）。细心的班导师提前为大家总结好了一些基本课堂用语和中文翻译，并和学生们一起上外教课，帮助他们更快地适应母语教学。润物细无声的母语教学法让学生身临其境，充分吸收原汁原味的"文化大餐"。未来，学生还有机会通过"3+1"项目前往厄特沃什·罗兰大学、卡洛伊·加斯帕新教大学、佩奇大学等匈牙利高等学府进行交流深造。

沿着多瑙河畔漫步，国会大厦的倒影随着粼粼波光浮动，你可以悠然自得，放空心灵，一边聆听李斯特的美妙旋律，一边品尝葡萄酒的醇香。这幅《国会大厦》油画有着里程碑式的意义，全体匈牙利语专业师生都希望将手绘油画的活动在未来每一届新生班级里延续下去，成为匈牙利语专业的传统，一起见证匈牙利语专业的成长。

来源 | 天外学生记者团

采访 | 张楠 王莹 徐紫萌 廖彤彤

文案 | 张楠 王莹

当"天外蓝"
邂逅"索米蓝"

特稿

2017-11-14　天津外国语大学

　　人群散去，钟楼报告厅恢复了宁静，舞台上蓝底白字的条幅和展板将这座孕育学术与文化的礼堂映衬得更加深沉悠远。这是属于"天外蓝"与"索米（Suomi）蓝"的深度融合。标语两端，校徽与"百年芬兰"纪念标识隔空对望，一座跨文化交流的友谊之桥正在飞速架设。

芬兰语铺就通往圣诞老人家的路

　　2017年11月7日下午，芬兰国会议长玛丽亚·洛赫拉一行访问我校，发表题为《百年芬兰》的演讲，并为学校芬兰研究中心揭牌。精心布置下的钟楼报告厅充满了芬兰元素：舞台左侧展板上是学校钟楼的剪影，右侧对应位置上的是芬兰标志性建筑——位于首都议会广场上的赫尔辛基大教堂。

第二篇章　星　辰

　　有别于一般会场的回头标，报告厅后方二层观礼台上悬挂着"'语言是存在之家'，芬兰语铺就通往圣诞老人家的路"，为活动现场平添了一份温馨与浪漫，仿佛抬眼便能眺望罗瓦涅米北部的耳朵山（Korvatunturi），听儿童故事大师玛尔库斯讲述圣诞老人和2万只驯鹿的故事。芬兰语专业教师王烁告诉记者，这条颇富文采与意境的标语是校长陈法春教授的灵感，而"语言是存在之家"是哲学家海德格尔的名言。语言之美在于开新祛魅和交流互鉴，赋予人们可以更好地认识世界、了解自我、沟通思想、互通有无的宝贵能力，天外则给予了每一位立志求索中外的学子驾驭美的能力。

　　"Lohtu"动人的旋律在报告厅上空回荡，徐可同学缓缓唱起"Yksi pieni elämä, Tähtipölynkudelma"，歌声宛若天籁。随着尾音结束，在台下就坐的芬兰一众官员起立对芬兰语专业师生们精彩的演出报以热烈掌声，他们很难相信这群刚刚学习芬兰语不到2个月的学生，发音竟然如此准确，对情感的表达直击人心。

　　本学期开学之初，王烁老师与另一位芬兰语专业教师林天一开出了一张芬兰歌单让学生们回去"磨耳朵"。当得知议长一行将访问学校时，他们和同学们便决定用歌声欢迎远道而来的贵宾。由于首批入学的9名新生全部都是女生，老师们便选择了这支曲调轻柔婉转、由芬兰群星为赫尔辛基儿童医院筹集善款合唱的公益歌曲。"我们从学习歌词的发音开始，一句一句地纠音，帮助学生们领会歌词所蕴含的情感，还专门邀请到校合唱团侯昀晨老师训练合唱技巧。大概用了1个月的时间，每节专业课的课间都进行排练，同时利用业余时间集中学习。歌曲对学生们来说也是很好的培养语感和练习发音的方式。"表演结束，胡西芳同学用芬兰语与议长热情互动。"你说你只学习了2个月的芬兰语，我觉得你一定是个天才！"议长对这位初学芬兰语的中国女孩赞不绝口。此次天外之行备受中芬媒体关注，洛赫拉议长在随后的晚宴上表示，"这是此次中国行程中最满意的活动之一"。

从卡勒瓦拉到"姆米"，语言是文化的载体

和平楼二层的长廊上，蓝白相间的气球随着秋风欢快地跳动。蓝色和白色是芬兰人民最爱的"国旗色"，蓝色代表"千湖之国"的清澈旖旎，白色代表北极的雪域神奇。天外芬兰文化节之"百年芬兰"图片展一字排开，在校党委书记殷奇和校长陈法春教授的引领下，洛赫拉议长饶有兴致地参观了图片展和芬兰语教研室。

"这张地图做得真好，不仅体现了芬兰的品牌，芬兰的现在，还体现了芬兰的历史。"代表团一行参观欧洲语言文化学院芬兰语教研室时，对墙上独具匠心的手绘海报充满了兴趣，这是师生们送给议长的一份"惊喜"——一张世界上"独一无二"的芬兰地图。

为了让学生们在学习语言的同时尽快了解当地的历史、地理与文化，芬兰语专业教师王烁、林天一还有外教Taina Kasso带着同学们玩起了DIY文化地图。他们用投影仪将芬兰地图的轮廓映射到墙上，再用两张0.8米×1.2米的绘图彩纸拼在一起把版图拓印下来，然后尽可能地丰富这张地图上的元素。每一个学生都回去认真查阅了大量的网络或者文献资料，将芬兰最具代表性的事物画到彩纸上，涂色剪裁，再将制作好的芬兰元素收集摆排，集中粘贴到对应的位置上去。"这是一次特别有趣的经历，我们知道了'愤怒的小鸟'居然是芬兰开发的游戏，认识了憨态可掬的芬兰形象代言人森林小精灵'姆米'，还科普了中古欧洲著名的史诗《卡勒瓦拉》。全班同学和老师一起完成了这幅作品，让我们在玩玩闹闹中增进了对彼此的感情。"胡西芳笑着回忆道。

行走的"天外名片"助力芬兰语专业建设

为了服务国家"一带一路"倡议，缓解高端非通用语种翻译人才严重匮乏的现状，2017年，学校获批增设波兰语、土耳其语、乌尔都语、希伯来语、印地语、乌克兰语、波斯语、豪萨语、柬埔寨语、匈牙利语、捷克语、芬兰语和白俄罗斯语等13个非通用语种专业。天外由此成为全国第二所开设芬兰语本科专业的高校，实行芬英复语培养模式，致力于培养一批具有国际视野、通晓国际规则、能够参与国际事务与国际竞争的高端芬兰语人才，为深化中芬友好合作做出贡献。

早在筹备招生阶段，欧洲语言文化学院院长李迎迎就带着老师们策划起了"欧语迎新季使节天外行"的活动，希望通过各国驻华大使馆的官员们为新生开讲"专业第一课"，增强学生们的专业自豪感和学习积极性。9月底，芬兰语师生一行在北京参加活动时有幸结识了新任芬兰驻华特命全权大使Jarno Syrjälä，对方欣然接受了邀请。王烁告诉记者："为了留足准备时间，确保活动尽量丰富完美，我们将访问定在了11月初，随后便与文化参赞每天邮件沟通活动细节。当通过使馆得知，芬兰议长玛

丽亚·洛赫拉也将在这个时间段率团访华，并将来访天外加入到行程中去时，我们既兴奋又开心。"

作为学院新增专业的"元老级"教师，王烁本科毕业于北京外国语大学芬兰语专业，硕士攻读的是外交学，现在职攻读南开大学国际关系专业博士学位，并于2008-2009年留学芬兰坦佩雷大学。2013年便已入职天外，在高级翻译学院教授"跨文化交际理论与实践""国际关系导论"两门课程，在得到芬兰语专业获批的喜讯后，于今年4月转入欧洲语言文化学院，协助院长组建教师团队，接待波兰等国来访官员，回复高考招生咨询。打开王烁的朋友圈，除了生活中的精彩瞬间，还不乏关注各类芬兰时事及芬兰语学术研究的推送。在庆祝欧盟成立60周年等各级各类会议上，王烁像一张行走的"天外名片"，一有机会便向芬方官员及教授介绍天外新成立的芬兰语专业。王烁和林天一两位老师还通过芬兰教育部、大使馆等多条渠道联系友谊校和外教资源，"本届学生上课使用的专业课教材由芬兰教育部赠送给我们，我们还与芬方达成协议，各类有助于芬兰语学习的刊物，也会由芬兰教育部挑选后不定期地赠送邮寄给我们。"王烁介绍说。

"不一样"的芬兰语，低调小众却意义非凡

"在高中的地理课本上就被这个美丽的北欧国家所吸引，希望有一天可以躺在拉普兰的玻璃屋里欣赏极光的绚丽。"说起报考芬兰语专业的原因，陈苑同学难掩对于芬兰以及这个小众语种的热爱。而"一带一路"也是新生们选择芬兰语的热门关键词，胡西芳表示，如今"一带一路"在世界舞台上发挥着重要作用，中芬双方也迎来了面向未来新型合作伙伴关系的新篇章，芬兰语人才紧缺，就业前景广阔，自己作为首届天外芬兰语专业的一员，希望能为中芬双方的友好与发展助力。

专业现在面向大一新生开设了每周12学时的基础芬兰语，2学时的芬兰语视听说，以及2学时的芬兰语语法课程，其中，10学时的基础芬兰语课程由外教Taina主讲。"我之前在波兰、意大利等国也从事过芬兰语的教学，但是中国学生是我见过的最勤奋的学生。"提起班上9个女生，Taina赞赏有加，她的课堂教学完全用芬兰语或者英语完成，尽量为学生们营造一种芬兰语的母语环境。因为汉语的语音语法和思维方式跟芬兰语相去甚远，学生们自然需

要花费更大的精力，大舌音反而成了相对容易攻克的难关，真正让人头疼的是格位复杂的语法。林天一老师会在另外2个学时的基础芬兰语课程上尽量解答同学们的困惑，并通过模仿句式创造情景对话的方式不断加深同学们对于新语法的印象。

两年打牢语言基础，大三去友谊校进行短期或长期培训和交流，目前芬兰语专业的培养模式正在逐步形成，教研室的老师们还在为搭建更好的学习平台不断努力。而刚刚揭牌成立的芬兰研究中心将以服务国家"一带一路"倡议、服务京津冀发展为宗旨，集合国内外芬兰研究领域专家，对芬兰及北欧诸国进行深入、系统研究，力争成为芬兰经济、政治、文化、教育、社会等领域教学和研究的重要基地，以增进中国和芬兰的相互了解和交流为己任，努力为促进中芬多领域、多层次的交往与互动做出积极贡献。

波的尼亚湾与芬兰湾温柔地环绕着这个海岸线长达1100千米的国度。曾经，对于我们来说，天津与芬兰的距离，是大约8000千米，6个时区，9小时的飞行。而今，这个因可持续发展理念、高科技产品、教育教学、福利制度以及清洁能源等优势而让人无限神往的国家，带着它的百年文明走来。从此，我们不必远行，便可在天外邂逅芬兰。

来源 | 党委宣传部

文字 | 窦文彤

人工翻译与智能翻译——厮杀还是共舞？

2018-06-07　天津外国语大学

机器翻译一经面世就迅速成为热点话题。2018年3月14日，由微软亚洲研究院与雷德蒙研究院的研究人员组成的团队宣布，其研发的机器翻译系统在通用新闻报道的中译英测试集上，达到了人类专业译者水平。这是首个出现在新闻报道里的翻译质量和准确率媲美人类专业译者的翻译系统。而在刚刚结束的第二届世界智能大会上，科大讯飞股份有限公司董事长刘庆峰发表了题为"AI赋能，迎接千帆竞发的新时代"的主题演讲，他指出，科大讯飞翻译机已经达到了大学英语六级口语水平，预计2019年底达到专业八级水平。

人工智能正在进入社会生活的每个角落，机器翻译的发展赋予大众平等且强有力的语言交流能力，语言不通似乎不再是大众探索未知世界的障碍，不再是人们身处陌生环境心理不安的原发因素。英国首相特蕾莎·梅曾表示，现在旅行者携带翻译工具即可克服沟通障碍，走遍全世界都不怕。那么机器翻译能否取代人工翻译？它的出现和发展将会对翻译工作者造成怎样的影响，又会给翻译行业带来怎样的冲击？如今人工智能取代论大行其道，我们作为语言专业学生或是翻译工作者又该如何应对挑战？针对这一系列问题，天外学生记者团采访了我校部分专家学者，希望他们的远见卓识能帮我们消疑解惑，引导我们更加理性客观地看待这场新兴"科技革命"。

观点一：不可能完全取代

人工智能涉及数学、计算机学、信息论、控制论等多种交叉学科，拥有不可估量的潜力。据《经济参考报》报道，人工智能将会成为人才需求量最多的领域。人工智能的发展趋势不可逆转，当Alpha Go打败人类围棋高手之后，人工智能开始对人类的另一个智慧高地——翻译，吹起了号角。

作为顺应时代潮流发展的产物，机器翻译是否能取代人工翻译？中国英汉语比较研究会常务理事、我校著名学者林克难教授认为："从当前来看，机器翻译会部分代替人工翻译，但绝对不可能完全替代。"他分享了参观第14届天津工业博览会的经历，当问到参展厂商，如今工厂里还有工人吗？得到的回答是：工人还是需要的，机器人无法完全替代。"机器需要人来操作、编程。智能翻译的诞生和发展，离不开科技人员的设计研发，同样离不开翻译工作者的内容输入和审核校对。在很长一段时间里，智能翻译所能提供的仅仅是参考资料，而不是标准答案。"

从笔译的角度讲，机器翻译所取代的是重复性、程序性较高的应用类文件，如合同、生产报告等，现阶段智能翻译已经开始尝试着承担这部分领域的翻译工作。

而一旦涉及文学翻译，机器翻译的弊端就一览无遗。国际合作与交流处处长花超老师表示："翻译，尤其是文学性质的翻译，更多的是需要人的参与，是无法纯智能的。需要译者发挥主体性和能动性，融入其对于跨文化交际的理解。"翻译涉及两个或两个以上的语言对象国，翻译对象国受众的价值取向、文化背景和知识储备，会影响到译文的生成；而对于文学作品的产生背景，作者本人的生活环境及社会经历等的认知和理解，都需要译者做大量的准备工作。

"机器翻译缺少一定的灵活性、创造性和理解能力。"我校中央文献翻译基地常务副主任陈大亮指出。有着丰富笔译经验的我校英语学院夏志老师也表示，人的语言是千变万化的，语言背后所要表达的思想是千头万绪的。具体到实际中，一个意思可能有多种不同的表达，例如，中文里的"吃饭"，也可以说成用餐、进膳、填饱肚子等，依据时间、场合、文化、受众人群的不同而定，这是机器难以理解的。

在口译领域，机器翻译要想取代人工翻译更是前路漫漫。"如果真的有机器在做口译，那么只会突出人类的优秀。"同传经验丰富的英语学院宋晓冬老师认为："机器翻译跟Alpha Go不一样，现阶段没有一台机器能够挑战成功一个中等水平的译员。下象棋可以通过运算、套路来取胜，但翻译远没有那么简单。"人与人之间的沟通、交流不仅仅靠语言，还有肢体动作、面部表情等，这些同样在传递信息，缺少温度和情感的机器翻译还不足以应对这些。

在特定的场景、设定好的文本中，机器翻译可以比人工翻译做得要好一些，而且速度也比人工快，然而这正是机器翻译的局限性所在——无法快速响应复杂情境下的翻译。如果临时切换了话题和场景，机器翻译的质量就会被打上一个大大的问号。

观点二：机器与人是一种协作关系

霍金在一次演讲中说道："我们目前所见到的人工智能所取得的成就，跟它即将带来的惊人巨变相比不值一提。"不可否认，机器翻译做出了非常有益的尝试，随着社会关注度的日益升温，机器翻译的研发公司吸引到了越来越多投资商的融资。历次工业革命证明，科技的发展将极大地解放劳动力，那么未来机器翻译与人工翻译将厮杀还是共舞呢？

陈大亮认为，无论是现在还是未来，机器翻译应该是作为人工翻译的辅助，机器翻译和人工翻译应该是一种协作关系。在今年的两会翻译过程中也用到了机器翻译，但是区别于完全的机器翻译，两会翻译使用的是Trados（翻译辅助软件）。

它可以使整个庞大的翻译团队的协同作业更加高效，而且可以保证国家大政方针等专有名词翻译的连贯性。陈大亮指出，未来的人工翻译和机器翻译的发展应该是人去利用机器，使用高科技，协助译员更好地进行翻译工作。

观点三：应对挑战，适者生存

翻译行业离不开人，语言的精密性、复杂性、灵活性决定了翻译行业对人的依赖。有专家对翻译市场进行分类，大致分为消费型市场和专业型市场。所谓消费型市场，就是科大讯飞现在做的事情，专攻民用领域，满足普通人出国旅游、吃饭购物的需求；专业型市场就是译者在做的事情，如重要会议或谈判的同声传译、重要文件的翻译、文学翻译等。对于翻译精确度要求不高的民用领域，机器翻译大大降低了翻译成本，为普通人带来极大便利；但在专业性市场，人的地位和作用依然是不可撼动的，机器翻译充其量只起辅助作用。人工智能的出现要求翻译工作者不得不朝更专业的方向发展。

林克难认为："对于机器翻译的发展程度是无法预测的，但是，有一点是肯定的，这种形势会倒逼我们认真学习，现在学英语的人多，但是学精的人并不多。只有足够出类拔萃，才不会被时代淘汰。"

"随着'一带一路'的建设和发展，国内高端非通用语种翻译人才严重匮乏，语言学习前景广阔，机会大于挑战，"夏志谈到，"但是英语作为国际通用语言，学习者众多，这就要求我们不仅英语学习要到更精细、更高深的水平，同时还应该扩充自己的知识面，努力成为多语种人才，把第二外语说得像专业英语一样好，或者选择学习多种专业，成为复合型人才，继而把语言当成一种工具，突破语言的界限，把视野放到语言之外的领域。"

"人工智能的发展其实能让我们更好地审视自己，"花超如是说，"要不断调整自己的方向，发展自身以适应时代的潮流。对自己的定位不要过于狭窄，要有多元化的知识背景，在学好专业知识的同时，加强自己对外界的认知，培养自己宽广的视野，而不是单纯把一种语言翻译成另一种语言。"

后记：一年一度的博鳌亚洲论坛于 4 月 8 日至 11 日在海南博鳌举行。作为本次论坛的一大亮点，AI 同传可谓抢足了风头，然而，次日 AI 同传"掉链子"的新闻就传遍了网络，各路舆论纷纷，看热闹的吃瓜群众有之，长舒一口气的翻译者有之，极力挽救的技术人员亦有之。

这次事件似乎印证了受访者对于机器翻译的观点，但放眼未来，无论这次机器翻译闹出怎样的乌龙，AI进军翻译领域都不可避免，也许完全取代人工目前来看并不太可能，但翻译行业必将被重塑。科技发展带来的两面性就像丛林法则，要么在竞争中胜利要么被淘汰，残酷而不可打破。科技如何更好地服务于人，人类如何顺应时代潮流、在社会变革的大潮中站稳脚跟，或许这才是所有人该思考的命题。

机器翻译与人工翻译是厮杀还是共舞，这历史的接力棒就交给新生的翻译力量了。

来源 | 天外学生记者团
作者 | 向思雅　邵祺

声临天外，在配音中感受语言的魅力

特稿

2018-05-09　天津外国语大学

编者按：大型声音魅力竞演秀《声临其境》的横空出世，让人们开始关注影视制作中举足轻重的一个部分——配音，也将一群技惊四座的声音匠人带入了大众的视野。古灵精怪的韩雪，绅士儒雅的赵立新，百老汇华裔第一人王洛勇，呆萌的"鱼蛋叔"张鲁一……我们在感叹他们多变的声线和深厚的台词功底的同时，也被他们流利的外语圈了粉。

在如潮般的好评声中，年度声音盛宴落下帷幕，完美收官。你一定还未过瘾吧？其实，在天外的校园里，也有一群"实力配音演员"，他们在外语配音中制造快乐，收获成长。

一堂充满"尖叫"的口语课

不同于以往，英语学院170112班的这堂口语课将从两位同学的精彩配音秀开始，老师也坐到了台下，和同学们一起期待"主角们"惊艳亮嗓。教室里的灯光比平时昏暗许多，所有视线的焦点都投射到讲台上方的白色幕布上。

按下播放键，迪士尼动画电影《魔发奇缘》中的经典片段开始上映。

"Rapunzel，let down your hair！"

"Oh mom，I'm coming…"

女巫在高塔下呼喊长发公主Rapunzel，需要依靠"女儿"拥有魔力的长发永葆青春的她，隔一段时间便会回到这里，回到被禁锢的公主身边汲取"养分"。此刻，她的声音里流露出对容颜老去的恐惧和对魔法的渴求。天真烂漫的公主终于盼回了日夜思念的"妈妈"，还有一天就是她的生日了，她想去看看每年都会在她生日这一天出现的会飞的灯。可是任凭公主如何焦急地表达内心的愿望，自私的女巫总是毫不留情地打断或是忽略公主的倾诉。

女巫时而尖笑，时而落寞的声音惟妙惟肖，竟是出自一个身材高挑、阳光帅气的大男孩。李品阳一手拿着台本，一手跟着情绪比划着，眼睛时不时地抬起来扫一眼屏幕，脸上的表情从自恋到诡笑，充满了女巫般的伪善。"Ha ha ha…"，品阳跟着镜头放肆大笑，对于角色的投入早就让他放下了"偶像包袱"，"就是豁出去了，我自己玩得还挺嗨的，这样的配音活动挺有意思的。"围观的小伙伴们听着滑稽的配音，自然也乐不可支。

两周前，英语口语课的王璠老师就跟大家提前预约了"档期"，两周后的课堂上，同学们将通过配音的形式展现一下一学期来学习口语的成果。"口语学习，只是听和读还不够，更重要的是模仿，反复跟读和模仿电影原音，自然就会习惯地道的语音语调，知道哪里要连

我就是想告诉你 明天是我生日
So I'm just going to tell you. It's my birthday!

一位坚强 自信的美少女
I see a strong, confident, beautiful young lady.

读、吞音和重音"，他不只一次的在课堂上强调。王璠带着大家一起熟悉了一遍需要配音的片段，每到一句需要注意的台词就按下"暂停"键仔细讲解，"大家注意听exhausting的发音，通常大家在发美音的时候，会把这个词发得特别饱满，像[au]的音，但其实是[ɔ]的音，口型很紧"。画完重点，学生们两两一队自由组合，各自练习，两周之后验收成果。

"平时我就会做一些口语的模仿训练，倒也不是刻意去练，就是听到有意思的台词，会停下来跟着重复，比方说《老友记》里的对白，不论是男生或是女生的台词，好玩的都会跟着重复。"正如老师讲的那样，带着学习的目的去追剧，而不是单纯地看热闹，有心人自然会有收获。虽然李品阳对自己的口语比较自信，但还是私下里反复听了好几遍配音片段的原声，每一句都按下"暂停"键跟读。"练习口语没有什么捷径，就是多重复，功夫到了自然就流畅了。"片段中女巫的情绪起伏很大，说话的频率很快，很难把握气口，要一口气把大段的台词准确、快速、流利的表达出来，李品阳着实下了点功夫。自己练得差不多了，他约上自己的搭档，为公主配音的同学曲萱，利用空课和晨读的时间又合练了两次，每一次都至少要练上半个小时到一个小时。一段3分27秒的片段被重复了几十遍，烂熟于心。

画面结束后，两位"声音大咖"赢得了老师和同学们热烈的掌声和欢呼声，班里每一组同学的配音都很顺畅，感情充沛。"虽然国人的外语学习不断向低龄化发展，但真正能够讲流利地道的口语，发音标准、语调正确的人并不多，而配音训练则有助于突破学生口语学习的瓶颈。"在王璠的口语课上，诸如配音和短剧表演等生动的教学形式还有很多。相比传统的教学模式，新颖灵活的教学手段将教师说教、学生被动接受的部分弱化，变为教师引导学生主动学习、参与、演练，而同学们正是在这样寓教于乐的氛围里真正张开了嘴，用声音把语言的魅力呈现了出来。

被"玩坏了"的配音大赛

同样精彩的配音大秀也曾在高级翻译学院精彩上演。每年国际翻译日，学院都会举办翻译文化节，而外文配音大赛就是翻译文化节系列活动中的一个叫好又叫座的传统项目。"我们希望通过这种趣味比赛的形式，提升同学们专业学习的积极性，而对台词的翻译也锻炼了选手们驾驭语言的能力"，高级翻译学院研究生会文体部的郭艳萍告诉记者。为了确保比赛的专业水准，活动专门邀请了来自英、日、俄、法专业的陈阳、崔荔菡、王晨、齐悦四位老师担任评委。四个语种共十六组选手展开激烈的角逐，最终，英语笔译专业的杜通明同学摘得了桂冠。

不同于一般的配音大赛，选手们需要在自选配音片段之后，把台词翻译成自己专业所学的语种呈现出来。于是，现场便有了爆笑迭出的英文版的《三生三世十里桃花》，日语版的《甄嬛传》，俄语版的《花木兰》，法语版的《名侦探柯南》……

"所有的参赛选手都面临三大难关：台词翻译、剪辑技术、演绎表达，而翻译在总分中占比最大，同时也是真正考验选手专业水平的部分。"杜通明介绍道。比赛前，选手们化身为"字幕组"，先把中文台词抄写下来，然后逐句进行翻译。由于杜通明选择的是《还珠格格》这部家喻户晓的古装剧经典片段，里面涉及的对古诗词和文言文的翻译更是难上加难。在片段的结尾，尔康动情地说："不经一番彻骨寒，哪有紫薇扑鼻香。"着实让杜通明费了好大一番心思。最后，她结合剧情的语境，巧妙地化用了英文谚语，仿照"Where there's a will, there is a way（有志者事竟成）"翻译成了"Where there's agony, there's payback of your brightness"。而为《甄嬛传》配音的孙雅琳组在翻译"一丈红"等为网友津津乐道的网红名词时，也遇到了类似的问题。由于英语中并没有对应或近似的词汇，选手们集思广益，最终在众多译法中选择异化翻译为"scralet red"，意为鲜血染红的刑罚方式。

对于高翻学子来说，翻译台词并不算难事，但是要让译文精准地卡上影片的节奏和演员的气口却很考验译员的水平。译完初稿，杜通明发现译文的长度远长于中文台词的时长，在保证语义和情感表达准确的基础上，她反复修改、精简译文，最终把原先200个词左右的译文缩至大约160个词。在打磨台词的过程中，她不仅自己反复雕琢词句，也常常和舍友们一起讨论，碰撞火花。"舍友是我的智囊团，为我译文的修改出了很多主意。"她的舍友王佳琪和翁小雯也报名参加了比赛，同来自波兰的留学生葛云迪组队，为《蜡笔小新》进行英文配音。赛场上，他们是对手；赛场下，她们是互相帮助的朋友，"我们都没想过追求名次，就是享受比赛，享受翻译和配音的乐趣，展现出我们努力学习的成果。"

每改一稿，杜通明都配合影片反复诵读，直至最终定稿，台词早已烂熟于心。由于要一人分饰两角，既要呈现出紫薇关心尔康受伤时的焦虑痛苦，又要呈现出尔康发现紫薇复明时的欣喜若狂，自己一人在宿舍练习到情动处，杜通明颤抖着双手，对着镜子里的自己声泪俱下。比赛现场，所有的选手们都脱稿配音，精彩演绎，或许正是这样的全情投入，他们得以真正走入角色的世界，将作品的感情传递给每一个观众，赢得了阵阵掌声和欢笑声。

在将影视作品的原版台词转化为另一种语言的过程中，选手们进行了一次又一次对不同国家文字与文化的尝试和探索。翻译是表达的升华，是跨文化认知、理解、参与、交融的更高境界，译者就是在这一境界中，融汇创造出属于自己的新的作品。

爱因斯坦梦想将电影引进教育，鲁迅也曾预言说："用活动电影来教学生，一定比教员的讲义好。将来恐怕会变成这样的。"今天，在天外，在数字媒体技术应用与课堂互动式教学模式下，电影正一点点走进教育，电影中的丰富语料也不断成为语言学习的充足养分，而银幕上所展现的外国文化也润物无声般提高了语言类专业学生的跨文化交际能力。语言不仅是交流的工具，更是文化的载体，在跨文化交际日益活跃的今天，曾经被禁锢在书本中的语言学习材料变得触手可及，我们不必长途跋涉，便可真切地感受世界。沟通时代和世界的桥梁正在一代又一代外语人的创新和实践中被联结起来。

来源｜天外学生记者团

文字 编辑｜毛媛媛

采访｜李品阳 毛媛媛

特别感谢｜高级翻译学院 郭艳萍 杜通明 孙雅琳 英语学院教师 王璠

留学生活真相 | 你在他乡还好吗

特稿

2018-01-03 天津外国语大学

关于出国留学，
有人说，
"论文、报告、考试，忙死了……"
也有人说，
"一周总有那么7天不想上学……"
朋友圈美图各种高大上、国际范儿，
而真相呢？
还是听听身在他乡的天外人的心里话吧。

生活在异国

英语学院 范子闻 英语翻译专业
英国 阿斯顿大学 IYA3+1项目

　　来到这里两个多月，感受最深的就是东西方饮食文化差异。我不想总是把披萨、三明治、鸡肉卷什么的当正餐吃，热量太高了，所以就自己做饭。

　　刚来英国不久，我在厨房炒菜，享受地嗅着家乡美食的味道，旁边一位英国室友默默地把厨房的窗户打开了……空气突然尴尬起来……英国人不太习惯炒菜的油烟味（明明我大中华美食超级好吃啊，有机会一定要让她们感受一下中华美食的魅力）。

　　其实英国室友她们也会在厨房做饭，不过她们经常是用烤箱加热食物，没有很大的油烟。之后我每次在厨房做饭都会提前打开窗户，以免室友不习惯这样的味道。

欧洲语言文化学院 张翔 西英双语专业
西班牙 莱里达大学 西班牙语言文学专业

　　倒不是说国外的月亮比较圆，但是欧洲国家还是有值得我们学习借鉴的地方。印象最深的是，在过没有交通信号灯的斑马线时，车是一定会停下来礼让行人的。我第一次还不知道，站在路边傻等，结果司机把车停下来，向我挥手示意让我先过马路。

　　这里的人很有礼貌，在路上很多时候即使是不认识的人也会互相问好，人与人之间的彼此信任让初到异国他乡的我卸下了种种担忧。

求学在他乡

欧洲语言文化学院 侯雅文 法语专业
法国 留尼汪大学 文学专业

　　在来留尼汪大学之前就听学长和学姐说这里的老师很照顾中国学生，会专门对我们进行课后辅导以便我们能跟上进度。同学也都非常友善，尤其是在上课的时候。老师说话语速很快，笔记有时会抓不到重点，他们就主动借给我笔记，甚至帮忙解答。还记得我第一天上课的时候笔记本上是一片空白，很想听懂，却无能为力，好在还有同学们的帮助。

　　但是考试仍然是一个很大的难关。国外的考试很频繁，而且考试形式和国内也不尽相同。第一次考试就遇到个大难题，老师发给我们一篇诗歌和几大张纸，让我们在四个小时内完成一篇文学评析。这对于我们国外留学生来说还是有一定困难的，因为诗歌类文章涉及范围很广，需要了解很多文化背景知识，所以，我要继续加油了！

欧洲语言文化学院 李天晴 德语专业

德国 西萨克森应用科技大学 德语专业

　　每个人对于知识的接受能力不尽相同。德国的课程和欧美大多数学校一样，是绝对的自主化，课程、上课时间、课程难易都是自主选择的，我们有时甚至面临一个人去上课，或者班上只有一个中国人的情况。因此，要对自己有一个准确的定位，要有自主选择和承担的能力。

　　除此之外，老师只是起到一个授课和辅助的作用，我的报告、论文、作业甚至考试都需要自己去安排，包括什么时候做、做什么、怎么做等。老师只会给出一个deadline和邮箱地址，然后自己安排时间完成。答疑方面，教授办公室的开门时间是固定的，除此之外，若想找他就只能发邮件了。有时不能及时得到回复，毕竟那不是人家的工作时间。

如人饮水 冷暖自知

欧洲语言文化学院 徐一爽 法英双语专业
法国 拉罗谢尔高等商学院 商业管理专业

　　去比利时的时候，一次餐厅服务员告诉我今天是busy day，每人必须点菜点饮料，相当于强制消费。在车站上厕所需要付钱，零钱不收，非要我交整钱。在异乡，也会遇到一些不公平、不讲理的人和事。

欧洲语言文化学院 邢春亮 意大利语专业
意大利 那不勒斯东方大学 语言学和文学

　　来了三个月，搬了四次家，遇见了无数的问题，遇见了所有可以想到、想不到的困难，如只会坑钱、满脑子利益，从不帮忙办事的房东。涉世未深，经验不足的自己总是习惯把事情想得太简单，一次次摔倒，再一次次爬起来。从来没有经历过如此的失望和绝望，可是生活还得继续，这就是成长吧。也许还会有不知道多少次的挫败，但我相信一切都会好起来的。

亚非语学院 徐汀汀 阿拉伯语专业
埃及 复兴大学 阿语+国贸专业

　　分享一次奇妙的被警察护送的乘车经历。我们要乘火车去开罗，这边的铁路条例是外国人不能在窗口买火车票，只能在网上买。我们初来乍到不懂规则，到窗口买了火车票，上火车时我们被管理人员看到，于是就被带到了警察值班室。当时我们一脸懵，生怕闯了什么祸，以为这样被"押送"过来很有可能会被关进"小黑屋"。后来才知道，原来是不让我们坐普通的火车，而是要给我们坐一流的西班牙火车，甚至派了两个顺路的警察把我们送到了开罗，哈哈。

知无不言 言无不尽

欧洲语言文化学院 贾明安 德语专业
德国 奥斯纳布吕克大学 德语专业

　　如果有留学的打算，一定要提前动手，早做准备。无论是考德福、准备个人资料，还是选择学校等，最好在出国前就准备妥当。

日语学院 高梦露 日语翻译专业
日本 爱知淑德大学 商学专业

　　清楚自己的目标和方向很重要。出国成本比较高，当然公费出国会好一点，所以要好好把握出国的机会，才能真正学有所获。

欧洲语言文化学院 蔡凡超 葡萄牙语专业
葡萄牙 里斯本大学 葡萄牙语专业

　　前期过于乐观或悲观都不利于快速适应新的留学生活，多浏览网上新闻，和学长学姐老师交流沟通，了解对象国的生活百态，以包容的心态对待差异。珍惜在国外的时间，多出去走走，感受不同的地域环境和文化背景，勇敢地和当地人交流，一定

会收获更多课堂之外的知识和阅历。最后也是最重要的，安全第一。

在与这些求学在外的天外人联系的过程中，小语收到了这样一封信，作者是我校2015级硕士研究生，俄语语言文化专业的潘晓彤。已是第二次踏出国门的她，现工作于俄罗斯伏尔加格勒国立社会师范大学孔子学院，对于目前的"双城"生活，这个乐观上进的女孩有着更深的体会和感触，字里行间流露出对工作的无限热情，对汉语、对祖国的自信与骄傲。让我们一起来听听属于她的心声。

这是我第二次踏上俄罗斯这片土地，毫不夸张地说，每次都给了我新感受。

在孔子学院工作是一项既神圣又艰巨的任务，它源于我对汉语的尊重和对俄语的向往。而我的学生选择孔子学院，则是源于他们热爱汉语，并乐于投身这门语言的学习中，从学习汉语进而了解汉语背后的中国。孔子学院带给了我骄傲。

生活在另一个国家是不易的，我想念祖国的各种生活神器。没有滴滴打车，没有美团外卖，没有快捷的网购，这一切都令我怀念。祖国可真好呀，我相信这是每一个海外学子内心深处最真实的呼唤。每每在新闻上读到中国的新变化、新发展和新成就，思乡之情就会更浓几分。中国令我自豪。

当然在海外生活并不糟糕，享受清新的空气，感受美好的大自然，品尝当地的美食，体会这里的风土人情，将所学投之于所用，给自己的人生增添几分异域的奇幻色彩，我们何乐而不为呢？

亲爱的学弟学妹们，当你们做好成长的准备，当你们有勇气在异乡生活，当你们怀揣对未来的期待，欢迎你们来看看，欢迎你们敲开生活的另一扇大门！

身为异乡客，心系故乡人
祝愿留学海外的所有天外人
一切都好！

来源｜天外学生记者团
文字｜廖彤彤 王蕾

一场
7天静思期
的考验

特稿

2017-11-01 天津外国语大学

按下闹钟，沈梓阳像往常一样起床，洗漱，吃过早餐，奔赴教室。今天是"静思期"的第六天了，每一位造血干细胞志愿捐献者都被告知有一周的考虑时间，在此期间可以反悔。在沈梓阳看来，自己从未有过一丝的犹豫，反而随着日期的临近，信念就更坚定一些。当时的情景现在回想起来，仍然有一种仪式感。

希望有人会因为我今天的决定而重获生的希望

2017年10月26日中午，滨海校区主楼大厅里挤满了等候的学生，有的甚至没有吃午饭，下了课就匆匆赶来，这里即将进行学校2017年下半年造血干细胞志愿者招募活动。一排整齐的课桌上铺着蓝色的医用消毒纱布，来自津好医院的护士们正熟练地准备着一会儿抽取静脉血样所用的器具。沈梓阳早早来到了大厅，因为从未有过捐献经历，心头不免有些紧张。这个来自国际传媒学院2017级的男生同所有前来捐献的同学有着一样的心情，希望可以种下一颗爱的种子，挽救一个人的生命。

挽起袖子，清凉的棉花擦拭着皮肤，或许是想转移注意力，梓阳望向身旁的同学们，得到了大家赞许的微笑。鲜血从针头缓缓流出，注入贴着标签的塑料管，沈梓阳知道那上面即将写上属于自己的编号。剩下的就是等待了，或许有一天，一个生命垂危的病人会因为他今天的决定而重获生的希望。队伍中间的安超凡不断向前张望，从几天前看到校园网发布的招募造血干细胞志愿捐献者的通知时就开始了期待，"我的身体很健康，既然我有这个能力，就想着多帮帮别人。"

能够尽一己之力，帮助他人将生命延续下去，没有任何拒绝的理由

采样现场有一位"特别来宾"，已经毕业的黄泽佳跟单位请了假，专程赶回学校为前来参与捐献的学弟学妹们加油鼓劲。2015年9月24日，来自涉外法政学院法学专业13401班的小黄在中国人民解放军空军总医院进行了造血干细胞捐献，成为天津市首位成功为香港患者捐献造血干细胞的志愿者，他也是我校第九位成功捐献者。作为同学们信赖的"黄队长"，他还先后荣获了"第十二届中国大学生年度人物"入围奖，"天津好人"和天津市"诚实守信好青年"等荣誉称号。

2013年刚刚迈入大学校门之际，黄泽佳就在市红十字会造血干细胞管理中心统一指导、校红十字会组织的志愿者招募中报名加入中国造血干细胞捐献者资料库，当时的他对造血干细胞捐献还没有太多认识，只觉得那是一件能救人的好事。当得知自己与一名香港女性白血病患者配型成功，黄泽佳回忆道："能够尽一己之力，帮助他人将生命延续下去，没有任何拒绝的理由。"

就这样，一段横跨津港两地的"髓"缘最终成真，朴实的话语让现场的每一个人都为之动容。已经完成采样的韦仕艳告诉记者，她还带来了父母的祝福："他们支持我的这个决定，如果真的配型成功是多么幸运的一件事呀，不都说救人一命胜造七级浮屠嘛。"

造血干细胞移植基本知识的普及，一个人也不能少

2017年10月24日，马场道校区食堂四楼多功能厅，校红十字会的指导老师带领"小红豆"们一直忙碌到午休结束，人群散去。他们密切关注着现场采样者的情况，耐心解答同学们的种种问题，看到志愿捐献者们举着荣誉证书合影，胸前挂着中华骨髓库志愿者的徽章离去，心里充满了感动和自豪。

"我在大一时就加入了红会，见证了天外5次造血干细胞采样活动，逐渐感到作为一名志愿捐献者的使命，那就是'造血干细胞移植基本知识的普及，一个人也不能少'。"校红十字会（马场道校区）会长，英语学院的杜鹏瑶告诉记者，大部分志愿捐献者会遇到父母这个"难关"，他们可能经历过被粗暴地制止，父母拒绝了解捐献知识，但从中也能体会到家人的爱与保护。

其实，父母的担心可以理解，毕竟都是为了健康和生命。所以，不妨把这种担忧再扩大一下，成为对全人类痛苦的担忧，成为一种博爱。"每一位准志愿捐献者都有义务详细地了解流程，深思熟虑后再决定是否采样。而通过我们的讲解与普及，人们能打破固有观念，获得亲友的支持，对患者的生命负责，这就是对我们工作最大的肯定。"杜鹏瑶的梦想是坚持做一名"行走的造干宣讲员"，为提高中华骨髓库库容努力，给予更多生命以希望。

12年，3802名志愿捐献者，将爱融入血液，重燃生命之光

自2006年5月起，我校坚持每年两次组织造血干细胞志愿捐献者招募，鼓励广大天外学子为中华骨髓库尽一份力，同时，选派优秀红十字骨干积极参与中国造血干细胞捐献者资料库天津管理中心志愿服务工作，组建了一支素质高、责任心强、富有现场感染力的学生志愿宣

讲团。尽管配型成功的概率微乎其微，但是勇气与缘分还是让刘畅、刘金秋、李群艳、徐双双、雷晨薇、杨惠、宋雨墨、黄泽佳同学及校友许玮皎、胡笛等10人成功捐献造血干细胞救助白血病患者。

　　一管6~8ml的静脉血样，一张沉甸甸的志愿捐献者证书，一场7天静思期的考验，一份准备以一己之力拯救一个生命的承诺。12年来，3802名天外学子将他们的爱融入血液，用实际行动重燃白血病患者的生命之光。这是一种无畏的选择，也是一种动人的奉献。有了他们的榜样精神，越来越多的天外人共同携手搭建彩虹之桥，以人道、博爱、奉献的精神，联结血脉缘分。爱的脚步，始终不曾停歇，尽管寒风凛冽，天外仍然暖意融融。

来源 | 天外学生记者团
文字 | 毛茜琳
摄影 | 范紫琦 陈昊

聚焦十九大 | 漫谈我的天外故事

| 特稿 |

2017-10-23 天津外国语大学

编者按：在全面建成小康社会的决胜阶段，中国特色社会主义进入关键时期，中国共产党不忘初心，牢记使命，高举中国特色社会主义伟大旗帜，为实现中华民族伟大复兴的中国梦不懈奋斗。10月18日至24日，中国共产党第十九次全国人民代表大会在京召开。

十八大以来的五年是我们砥砺奋进的五年，也是天外脚踏实地谋求内涵式发展的五年，下面就让我们听听天外师生的五年故事。

| NO.1 |
一"带"青年人，行"路"千山外
匈牙利语系 徐紫萌 廖彤彤

2017年，学校获批波兰语、土耳其语、乌尔都语、希伯来语、印地语、乌克兰语、波斯语、豪萨语、柬埔寨语、匈牙利语、捷克语、芬兰语和白俄罗斯语等13个非通用语种专业，用实际行动助力国家"一带一路"倡议。

从我们收到录取通知书进入匈牙利语系的那一刻起，便更加真实地踏上了这条路。这条路通达千山外，可以嗅到茜茜公主的芬芳，领略多瑙河的波澜，倾听李斯特的旋律；这条路通达九重天，我们将行路远方，收获更开阔的眼界，绽放自己的华彩。

不仅是我们语言学习者，我们这一代青年人都是"一带一路"的受益者和建设者。十九大的召开又是一个新的起点，在这条路上，我们将以青春之自我，蓬勃之热爱，歌唱九重天，呼唤千山外。

| NO.2 |
用最动听的青春，代言天外
校史研究会讲解员 任月娥

作为校史馆发展成就展厅的讲解员，我需要讲出学校的历史底蕴、文化积淀，也要时时将学校的发展变化讲给来宾。学校近几年的发展成果都刻在我心中：日本武藏野大学孔子学

院成为我校第七所海外孔子学院;学校与近40个国家的189所大学建立了合作交流关系……第一时间更新讲解内容,与来宾共享学校最新发展成果。

十八大以来,随着国家的发展,学校的开放程度也越来越高,我们先后接待了来自西班牙、韩国、日本、马来西亚等各国外宾。为了准备好一次外宾接待,我们必须全面了解来宾来访目的、国家背景、交际礼仪等,每一次讲解都要求我们有饱满的热情,以展现天外学子良好的精神面貌和综合素质。当获得来宾一次次掌声时,我们感到所有的付出与努力都是值得的。

校史馆作为校史校情文化传播的重要基地,一分讲解是十分的责任与重托。特别是聆听了习总书记的十九大报告对青年的要求,更让我感到作为青年,要坚守初心,坚定理想信念,努力学习,用自己的实际行动传播校史文化、传播中华文化,为实现伟大的中国梦贡献自己的力量!

| NO.3|
我与我的校媒情缘
天外学生记者团 周雨玄 张楠

洞察细微变化,解码民众需求,大数据撬动时代发展;硬件与软件,融合与创新,"互联网+"连线智能生活。五年来,新媒体技术手段颠覆了人们传统的思维方式,同时也延伸了高校思想政治教育和校园文化建设的内涵和外延。从《天外人报》到新浪微博,再到微信公众号,我们与校媒结下了不解之缘。

2014年1月1日,天外官方微博微信正式上线;2015年,学校成立新媒体联盟,打造校园"信息厨房";2016年,天外新媒体联盟网站荣获"全国高校优秀网站"提名奖,同年启动天外首届网络文化节;2017年,学校官方微信荣获全国高校微信"十佳原创内容奖",天外学生记者团荣获中国(天津)高校传媒联盟"十佳校媒"荣誉称号……

天外新媒体的发展轨迹也是我们的成长足迹。我们时刻保持着较强的新闻敏感度,思索探究,无"微"不至,如何找到受众喜爱的话题和表现形式成为了我们的重要课题。无数次探讨,无数次实践,我们将灵感与汗水凝结在鼠标的千万次轻叩上,凝聚在新媒体平台的每一篇推送里。梦想,再不是口头空谈,我们愿用镜头和文字,洞见社会,记录中华民族的复兴之路。

| NO.4 |
携笔从戎，青年报国
国际传媒学院 王璐
2015年9月入伍，2017年9月复原

习近平总书记曾指出，自古以来，我国文人志士多有投笔从戎的家国情怀，号召热血青年在军营施展才华，淬炼成钢。刚刚复原返校的我，见证了改革强军的稳步推进，亲历了如火如荼的练兵备战，真真切切地体会到了人民军队在中国特色强军路上迈出的坚定步伐，也更加懂得了回到学校的自己应该做些什么。

当前，国内外形势复杂多变，我国处于重要战略机遇期，前景光明，挑战严峻，更多大学生参军入伍是打赢未来信息化战争的迫切需要，是贯彻落实强军目标的现实需要。无论是携笔从戎，强军报国，还是勤奋学习，服务社会，天外学子都将以实际行动昭示当代青年的爱国热情和责任担当，为实现中国梦强军梦凝聚强大力量。

| NO.5 |
共享经济，化繁为简
日语学院 毛媛媛
英语学院 尹晓萱

十八大以来的五年，我们可以明显地感受到国家的飞速发展与生活上的巨大改变。

我们身边就不乏这样的例子：一个寒假过去，校园里、街道上到处都是方便人们出行的共享单车。放在以前，可能选择打车或坐公交的路程，如今低碳环保的"小黄车"和"摩拜"就可以解决了。除了蓬勃发展的共享经济，移动支付的出现更是为我们的生活提供了巨大便利。暑假回来，同学们都惊喜地发现食堂焕然一新，不仅更加明亮整洁，增加了设计感较强的桌椅，更重要的是，每一个窗口都摆放了可供移动支付的二维码。从此，一部手机就可以吃遍校园，还免去了忘带一卡通的尴尬。其实生活中点点滴滴的改变不一定都会被人们察觉，但是一个人乃至一个国家的成长就是这样一点一滴累积而成，从量变到质变。

所以，我不由得期待十九大开启的新时代，期待着祖国更加繁荣昌盛，期待早日实现中华民族的伟大复兴！

| NO.6 |
最美天外名片，最酷国际范儿
校团委 韩飞

十八大以来，学校不断深化实践育人工作体系，以提升学生综合素质为目标，充分发挥第二课堂的实践育人作用，着力促进青年学生全面发展。

作为一名志愿服务督导教师，这五年我见证了学校志愿服务工作砥砺奋进的历程：3个志愿服务项目在中国青年志愿服务项目大赛中喜获一金两银的优异成绩，成为全市唯一一所连续三年入围该赛事全国决赛的高校；800余名志愿者参与夏季达沃斯论坛、中国国际矿业大会、女排亚锦赛、世界智能大会等大型涉外志愿服务活动；82名志愿者奔赴唐山参与第十届中国—拉美企业家高峰会多语种服务，成为学校在志愿服务领域服务京津冀协同发展的一次重要尝试；稳步推进团市委涉外志愿服务培训基地建设，推行"志愿服务星级认证"制度，努力打造具有天外特色的志愿服务体系。

天外志愿服务工作的发展历程也是我校发挥国际化办学特色和优势，主动服务天津市国际化发展的一个缩影。未来，我们将继续引领广大青年为天津国际化发展注入新活力，做国际化大都市建设的主力军。

| NO.7 |
从爱琴海眺望中国
留学生 轩杰（土耳其）

我叫轩杰，来自伊兹密尔，土耳其一个毗邻爱琴海的美丽城市。高中的时候我有缘结实了一位CCTV的纪录片导演，见识到了他们高端的设备和镜头里美丽的画面，这让我一下子爱上了摄影，也对学习中文和中国文化产生了强烈的兴趣。

为了更多地了解中国，我来到了天津外国语大学就读汉语国际教育专业。在这里，我去了很多地方，认识了很多朋友，他们都给我留下了非常深刻的印象。每当看到令人震撼的风景和独具特色的建筑时，我都会用相机把它们记录下来，希望能通过自己的摄影作品向朋友展示我眼中美丽的中国。今年暑假，我还有幸跟随天外学生记者团学习了快板这一天津民间传统艺术，和老艺术家们的相处更加深了我对中华传统文化的热爱。

作为来自"一带一路"沿线国家的留学生，我们也有关注近期召开的十九大盛会。十分期待中国会在十九大开启的新时代里有更好更快地发展，对此，我抱有极大地期盼！

扶贫育英才，感恩赤子心
国际交流学院　张亚娟

　　出生于农村的我家庭条件并不太好，高考结束的第二天就成了一名"打工妹"。很幸运，通过国家为大学生提供的"绿色通道"，我得以安心地走入大学的校门。这是我大学生活的第一道坎，还好，它没有压垮我。

　　作为扶贫计划的受益者，我深切地感受到了国家和学校的关怀。天外建立"互联网+"精准识别机制，推进自主导向的个性化资助，打造基于人文关怀的资助育人项目，完善奖助学金评审制度，最大限度地帮助贫困生顺利完成学业。提供勤创快递服务中心、图书馆义务馆员、创新创业实践基地等勤工助学岗位，不遗余力地为每一名贫困生搭建助学平台。在每一个动情的瞬间，我们学会感恩，练就坚忍；在每一个彷徨的时刻，我们重拾信念，坚定初心。

　　十八大以来，党中央实施精准扶贫、精准脱贫，加大扶贫投入，创新扶贫方式，扶贫开发工作呈现新局面。为响应习总书记提出的"六个精准"工作要求，推动落实"精准资助"，学校通过减免学费、勤工助学、中秋慰问等多种途径对家庭经济困难学生进行资助，确保不让一名学生因为贫困而辍学、不让一名学生因为贫困而陷入困境。

点亮"启明灯"，开启法治新篇章
涉外法政学院　马新青

　　法律是治国之重器，法治是国家治理体系和治理能力的重要依托。十九大报告指出，加强宪法实施和监督，推进合宪性审查工作，维护宪法权威。推进科学立法、民主立法、依法立法，以良法促进发展、保障善治。作为一名法学专业学生，我们要学法、懂法、守法、用法，成长为全面依法治国的坚定践行者。习总书记的讲话为我们指明了前进的方向，全面依法治国任重而道远，每一个法学人都需要用肩膀扛起那份属于自己的责任。

　　作为一名外语类院校的法学专业学生，我们可以利用学校丰富的语言学习资源，夯实专业与外语基础，成为一名会语言、精领域的"外语+法学"高素质复合型人才，勇于承担，乐于承担，为实现中华民族的伟大复兴做出自己的一份贡献。

中国的五年·翼翚的五年

欧洲语言文化学院　郑开文

到2017年，翼翚书法学会刚好五周岁了。五年来，我们克服各种困难，迎接各种挑战，在学校中西结合的文化氛围中传播中华传统文化，广泛吸纳中外学子参与其中，先后主办过天津市高校书画展、天津高校书画联盟首期高研班等活动，广受师生好评。

9月，翼翚书法学会经过基层申报、省市级推荐、网络投票、专家评审及网络公示考核后，喜获"2017年度全国优秀大学生国学社团"称号。这是五年来翼翚一辈辈人付出的回报，是学校多年来大力培育扶植国学社团建设的成果。看到社团里的留学生认真练习中国书法的模样，不禁让我想起了目前中国与国际的超速接轨。这五年来，中国真正地"走"出去了，真正地屹立在了国际舞台的中央。

未来，我们将继续引导、激励青年学子继承和弘扬中华优秀传统文化，积极践行社会主义核心价值观，不断增强文化自信，让翼翚成为中华文化的积极传播者和中外文化交流的友好使者。

来源 | 天外学生记者团
策划 | 窦文彤
文字 | 徐紫萌 张楠

第二篇章　星　辰

燃！天外版《少年中国说》热血上映

2017-05-04　天津外国语大学

在2017年"五四"青年节暨中国共产主义青年团成立95周年纪念日到来之际，天津外国语大学的同学们借梁任公的《少年中国说》抒怀，不忘初心，坚定跟党走，励志勤学、刻苦磨炼，在激情奋斗中绽放青春光芒，健康成长。

忆峥嵘往昔

98年前，伟大的"五四运动"如同一道闪电照亮了历史的星空，宣告中国青年作为一支新生社会力量登上历史舞台。1922年，在中国共产党直接领导下，中国共产主义青年团成立。95年栉风沐雨，共青团始终坚定不移跟党走，团结带领共青团员和广大青年前赴后继、勇当先锋，书写了中国青年运动的华章。

握青春韶华

今天，以爱国、进步、民主、科学为内涵的"五四"精神早已融入社会主义核心价值观和中华民族的血液。作为最积极、最有生气的力量，广大青年已成为我们时代的风向标。"青春须早为，岂能长少年"。只有不忘初心、继续前进，唱响新时代的青春含义，当代青年才能以奋斗刷新青春的意涵，承载起国家和民族的光明未来。

天外版
《亲爱的翻译官》
"剧照" 重磅登场

天外翻译人

2016-06-14　天津外国语大学

一部《亲爱的翻译官》
让"翻译"这个始终甘居幕后的行业
终于成了新的大众偶像
想看看集专业水准与傲人气质于一身的
天外翻译人的高端"剧照"吗？
快来跟小语一起
领略天外学子的别样风采吧！

在天外
有着一群低调而实力超群的学子
他们青春激昂
用所学技能回报社会
他们实力雄厚
在各类高端会议中崭露头角
他们用多国语言打造天外翻译品牌

深居幕后的翻译行业不为大多数人了解
只有真正从事这份工作
才知道它不像剧中那样光鲜又浪漫
此次倾情出演的天外翻译人们
又是如何看待所学专业的呢？

翻译工作就好像机器运转
搜集资料、翻译、校对、统稿
每一个齿轮都不能脱节
我把译作视为工艺品
唯有思想和逻辑的融聚才能将其铸就
——@LI

第二篇章　星辰

做口译有时就像天鹅游泳
无论内心有多波澜起伏都要保持冷静优雅
尽力准确地传达信息
——@大河

翻译更多的是对无限完美的追求
笔译实践中可能三句话的译文
就需要反复打磨好几个小时
既是为了达到客户的要求
也是让自己心安
——@Jeffrey

不积跬步，无以至千里
不积小流，无以成江海
翻译重在平时的积累与苦练
它没有捷径
厚积薄发才是王道
——@くすのき

做翻译，语言的基本功最重要
唯有同时扎实掌握中文和外语并熟练运用
才能在两种语言之间来去自如地转换
——@大帅

你只听说同传的光鲜亮丽
却没看到他们学习到凌晨的付出
装在箱子里的人
永远在写作业的路上
——@grace普雅

中外求索，
八国语言打造翻译品牌。
德业竞进，
高端翻译彰显行业风采。

天外翻译人
用以百万字计数的工作成果
和高水平的专业水准
上演属于天外人的
"翻译大剧"
他们的目标
是把翻译做到极致

让我们
向成长中的天外翻译人
致敬！

来源 | 天外学生记者团
文字 | 闻名
摄影 后期 | 范羿铭
编辑 | 傅博文

联接中外、沟通世界，中央文献外译再结硕果

2016-07-06　天津外国语大学

2016年6月，《十二届全国人大四次会议〈政府工作报告解读〉》英文版（下文简称《解读》）由中国言实出版社和外文出版社出版。此项中央编译局委托我校中央文献翻译研究基地（下文简称"基地"）独立承担的翻译实务项目，标志着我校和中央编译局的合作关系再上新台阶。为此，新闻中心记者采访了我校翻译团队。

35天，11万字，"时间紧，任务重，要求高"

外事小院二楼的一间安静的办公室内，各类书籍和文件摆放得整洁有序。清瘦而干练，架一副眼镜，颇具学术气质的陈大亮正埋首于案头的工作。作为《解读》翻译项目的负责人，他带领天外翻译团队，在短短35天的时间里，利用课余时间完成了11万字的高质量翻译。"这次翻译非同小可，时间紧，任务重，要求高，我要对这11万字负责任。"从前期的组建团队，到制定时间表与规划翻译流程，再到审稿、校稿，确保译文质量，陈大亮坦言，确实承担了不小的压力。

"这个翻译任务，比奥运翻译还重要"，作为翻译组组长之一的汪淳波老师对《解读》的翻译工作这样评价。这份涵盖了创新驱动发展战略、新型城镇化、现代农业、中国特色大国外交等热点的《解读》对于外事宣传的意义不言而喻。与此同时，对于天外翻译团队也具有里程碑式的意义，"获得业界的认可十分难得，这个项目就像是一面镜子，别人看到它，就看到了天外翻译的实力"。

"五环相扣"，力求翻译质量

基地曾完成《中国特色社会主义理论系列译丛》（以下简称《译丛》）的翻译工作，积累了大量的党和国家文献翻译经验，为这次机会的获得奠定了坚实的基础。

此次翻译团队的八位成员中有四位都曾参与过《译丛》的翻译工作，具有过硬的政治素养和翻译技能。但是，集体翻译不同于个人翻译，需要团队互相配合，把握好时间节点与流程。团队通过多次线上、线下会议随时保持沟通，一方面探讨遇到的问题，交流经验，一方面便于负责人掌握翻译流程，实时把控进度。

鉴于《解读》的重要性，陈大亮设计了"五步走"的翻译流程，每一步都留下修改痕

迹。团队分为两个小组，每组四人，各设组长一名。第一步：初译，每个成员自行翻译分配到的文件；第二步：核稿，译者两两交叉进行互译检查；第三步：统稿，每位组长要对本组的译文进行校对；第四步：交由外国专家进行语言润色；第五步：全部稿件交由团队负责人进行把关。"五环相扣"，逐步减少翻译错误，力争提高翻译质量。不仅如此，陈大亮还在翻译之初就明确了译文的格式体例，从标题到字体字号，甚至是单词的大小写都有严格的要求，最大程度地保证了译文的规范性和统一性。

让西方人理解"牛鼻子"和"硬骨头"

陈大亮告诉记者，党和国家重要文献对外翻译涉及国家的大政方针，翻译不仅是语言转换，更要讲政治、讲原则、讲立场。翻译不仅要在内容、观点上忠实于原文，还要力求可读性、可理解性和可接受性，考虑海外受众的接受效果。基于这样的翻译理念，团队把中文标题的祈使句进行名词化处理，以避免语气的生硬和表达的牵强。在翻译某些缩略语时，比如"'1+3+6'中拉合作新框架"与"两不愁，三保障"，团队会依据"打破外壳，释放意义"的原则，采取文内阐释或注释的方法翻译其意义。在处理某些政治词汇时，会考虑选词的政治立场与接受效果，一些词汇需要选择适当的角度才能被合理表达，"比如'一带一路战略'中的'战略'（strategy）一词在西方人看来具有侵略性和扩张性，因而我们就会译为'倡议'（initiative）这样比较温和的词汇。"

政府工作报告中经常会运用到一些比喻词汇，在我们看来很接地气、很通达的词语却往往难以为西方人所理解，如"让一线直接呼唤炮火""打激素""拉郎配""半壁江山"等。汪淳波对"牛鼻子"和"硬骨头"两个词印象最为深刻，"遇到这种情况我们会采取'意译'，尽量用西方思维做出合理解释。既能让西方人读懂，又增加了可读性。"

《解读》中大量出现的专业术语也是翻译的难题之一。有些术语已经有了权威的译法，但"中国制造2025""地缘博弈""规模以上工业""人、地、钱的挂钩机制"等名词还没有通用译法。为提高工作效率，曾有过《译丛》翻译经验的刘国强将每位译者从自己的文件里提炼出的术语，按照从A到Z归纳梳理，总结了一份1500词的"高频术语表"，通过翻阅大量资料统一译法，确保高频词汇在前后文的翻译准确、统一。"至少花了四五天的时间，整理的词汇大概有20页A4纸"，他清楚地回忆道。

"白+黑" "5+2"，假期给翻译让路

"那段时间，大家都很辛苦。一下班就翻译，第二天再接着上课"。汪淳波谈到项目工作期间的时间安排，语气平淡而真诚。在这时间紧凑的一个多月里，整个团队加班加点，主动舍弃了每周的假期，五个工作日加双休日满额工作，争取又快又好完成任务。"最重要的是要有认真负责的态度"，刘国强告诉记者，即使在两两交叉核稿的时候，也会仔细研读每一句译文，时常在办公桌前一坐就是一整天。"大家通过批注或修订的方式提出意见，交流探讨，充分尊重每一位译者的劳动成果。"

曾参与过2008年北京奥运会重要文献和《中华文化概论》翻译工作的周薇是第一次参与中央文献翻译工作，承接的是自己并不太熟悉的新型城镇化建设领域的文件。"一半的时间都用在了前期准备上，要翻译1万字的文稿，大概要看10万字的资料"，她回忆起这段难忘的经历：《政府工作报告》和《"十三五"规划纲要》是必读的，还有相关领域的文件以及平行译本。要完成一周12课时的教学，指导本科生毕业论文，同时兼顾年幼的孩子，周薇的翻译工作大多是在晚上孩子睡觉之后完成的，"那段时间过的很充实，学到了很多东西，现在我会把自己翻译文献的经历讲给学生们听，希望对他们有所帮助。"

说给翻译人：态度和能力缺一不可

采访快结束时，陈大亮告诉记者要表扬一下团队这几位可爱的译者，"他们不计报酬的高尚品格、加班加点的敬业精神、精益求精的职业操守、团结合作的积极态度让我很感动，他们是翻译战场上最可爱的人。这些老师在接受翻译任务时，没有一个人问过给多少钱。"说到此处，陈大亮感触良多，语气和表情中蕴含着一些无法用语言表达的内容。团队翻译就像接力赛，任何一个环节出现问题都会影响整体的翻译质量。团队翻译要出精品，必须培养一支态度和能力兼备的译者团队，积极的工作态度和良好的团队精神是顺利完成项目的重要保证。每一位成员都不怕苦、不掉队，才保质保量地完成了翻译任务。

展望未来，信心百倍

翻译期间，中央编译局给予基地很多帮助，提供了大量的相关翻译资料与平行文本，专门安排人解答疑难，并对基地提交的译稿提出了宝贵的修改意见。"编译局把这么重要的党和国家重要文献交给我们翻译，这是局领导对基地的充分信任和对天外翻译能力的充分认可。"陈大亮由衷地表达了对编译局的感谢。

在谈到下一步打算时，陈大亮信心百倍，"这次和编译局合作翻译开了一个好头，希望以后继续合作，不断产出系列翻译成果。"同时，他指出，要注重翻译人才与团队的培养与支持，把翻译实务和翻译研究结合起来，把研究成果与博士人才培养结合起来，为建设一流学科努力奋斗。

联接中外、沟通世界，讲好中国理论、塑造中国形象，中央文献翻译基地的译者们为此倾力付出，弛而不息。期待基地产出更多高水平、高质量的作品，让天外翻译的品牌在业界更加响亮！

来源｜天津外国语大学
记者｜窦文彤
学生通讯员｜闻名

站在党的
十九大
翻译前沿的
天外译者

天外翻译人

2017-11-09　天津外国语大学

在2017年10月25日上午召开十九届中央政治局常委同中外记者见面会后，承担中国共产党第十九次全国代表大会（以下简称党的十九大）相关文件日文翻译任务的我校国际合作与交流处处长花超才被解除为期一个月的全封闭状态，并立即投身学校工作。

近日，我校收到党的十九大重要文件外文翻译组发来的致谢函，感谢学校以高度的政治责任感和大局意识，统筹安排，积极选派业务骨干，保证了外文翻译工作顺利完成，得到了中央领导同志和中央有关领导部门的充分肯定和高度评价。并赞扬了花超同志政治过硬、作风严谨、能力突出，严格遵守安全保密规定和工作纪律，服从工作安排，加班加点，认真细致完成交付的任务，为大会文件翻译工作做出了贡献。为此，我校新闻中心记者采访了花超同志，听她讲述在党的十九大翻译一线所书写的天外故事。

既高度保密又开放包容的党的十九大

翻译工作隶属于会议新闻组，包括外语翻译、民族语文翻译。由于保密工作需要，翻译人员要提前准备没有WiFi功能的电子词典和大量的纸质资料，以方便更好地开展工作。如果确实需要查找网络资料，则须到指定的电脑上操作。花超补充道："由于身边没有照相设备，所以在会场里看到其他代表纷纷合影时，心里也挺遗憾，但限于纪律，始终没有离开工作岗位。幸运的是，有翻译人员的家属是记者，在参与开幕式报道的当天于会场外相遇，帮着留下了一张宝贵的照片。"

9月27日接到党的十九大报告的纸质版，每人只能看到自己的一部分，彼此之间不允许相互交流，这也对翻译的统一性提出了更高要求。合并后的全文由负责终审的外国专家统一校对，据悉这是改革开放以来我国第一次邀请外籍专家提前介入参与全国党代会报告的翻译工作，专家涉及英、法、俄、西、日、德、阿、葡、老挝等9个国别。花超表示："党的十九大邀请外籍专家参与大会报告的翻译和校对，本身就是中国共产党高度自信的体现，在'中国声音'成为全球瞩目的重要时刻，有利于向世人展现更加开放、自信的中国以及中国共产党的形象。"

吃透报告主旨，注重大国表达

党的十九大翻译工作主要包括党的十九大报告、大会决议、党章、闭幕辞等内容，不仅在于传播党的声音，凝聚前行力量，更在于通过译文向世界传播中国共产党过去五年执政成就和未来发展规划。花超介绍："相对两会报告而言，党的十九大报告站在更宏观的角度，具有很强的政治性、思想性、时代性与战略性，既有宏大广阔的排篇布局，又有关联紧密的前后章节，这也对吃透文稿内涵提出了更高的要求"。

为了更好地理解原文，入会伊始，翻译组就对翻译材料特别是党的十九大报告的思路、内容进行具体解读，并统一了翻译的修辞、文风以及尺度。在党的十九大报告的翻译过程中，如果对中文术语表达有疑惑，中央编译局会联络报告起草组由专人负责从词语来源、使用场合以及延伸含义等方面给予解答，使得翻译人员可以准确、高效地理解词语内涵。

有些翻译甚至必须具体到标点符号的斟酌，以写入党章的"习近平新时代中国特色社会主义思想"为例，中文里本没有标点符号作为句读，但在日文表达里为了更好地突出重点以及展现中国共产党指导思想的连贯性，则翻译为"习近平'新时代中国特色社会主义'思想"，从而强化了新思想的特点。又例如，很多具有中国特色的词汇在翻译时要面临取舍，如报告中的"脱真贫、真脱贫"的翻译上，类似回文的结构在中国当下语境中有丰富的内涵，但由于字数限制，以及阅读人群限定在对中国有所了解的日本专家范围内，于是日文弱化了形式上的完全对应，舍弃了注释性的译法，合为一句而保留了两个"真"，译为"'真正'摆脱'真'的贫困"。再如"注重扶贫同扶志、扶智相结合"，尽管中文用词高度凝练，但为了有助于受众理解，在对中文含义进行确认后，在译文中将"扶志"与"扶智"拓展为"树立摆脱贫困的志向"和"给予教育层面的扶持"。

深度参与党的十九大翻译工作的天外力量

日文翻译组工作人员共9人，除花超外还有7位来自中央编译局，1位来自北京的高校。虽然天外在人数上所占比例并不大，但却通过一支无形的"编外部队"发挥了举足轻重的作用，这就是我校利用"十二五综投"资金购置的多语种翻译软件——塔多思（Trados）。中央编译局作为我校"党和国家重要文献对外翻译研究"博士人才培养项目的共建单位，获得了该翻译软件部分点位的使用权。"近年来，天外始终在探索使用机器辅助翻译并积极付诸实践。"花超说道。

塔多思软件不仅是单纯的翻译，更是一个吸纳了众多出版材料的术语库。译文是一个动态变迁的过程，同一个词汇可能在不同时间、不同场合对应不同的外文词汇，翻译人员则可以在塔多思术语库中搜索到历次翻译资料，从而结合对党的十九大的理解，比对并选出最适合的词语表达。本次塔多思的介入，成为"人工翻译"的有力助手，大幅提升了翻译效率及准确性，获得中央编译局以及外国专家的一致好评。

党的十九大翻译工作不仅仅是一次中外文、汉语与民族语文之间的文本转换，更是一

场向世界阐释中国声音深刻内涵的话语表达。如何展现中国共产党的责任和使命，凸显中国的气度与担当，这是站在党的十九大翻译一线的每一位译者都需要考虑的事情，这需要他们在迈向新时代中国的背景下，拥有更加开阔的视野和更加博大的胸怀。

"不要人夸好颜色，只留清气满乾坤"，近年来，以花超为代表的更加成熟、更加自信的天外译者正逐渐汇聚在展现中国形象的舞台中央，为推进中央文献对外翻译与传播，推动中国文化"走出去"做出属于天外的贡献。

来源 | 党委宣传部

文字 | 许也

女神学姐
"翻"进中科院，
天外"高翻人"
用实力说话

2016-06-17　天津外国语大学

提到最近大热的偶像剧《亲爱的翻译官》，夏苹慧笑着评价："平时大家就称呼我们为'翻译''翻译官'不是抗日剧里的称呼吗？翻译并不像剧中那么光鲜，也不那么传奇。一旦踏上翻译这条路，就要做好时刻接受别人的检阅的准备。"

她来自天外高级翻译学院，曾是天津电视台马航MH370事件专题报道同声传译，如今的她供职于被人视为"学术巅峰"的中科院，将天外翻译人"中外求索"的精神继续传扬。她就是高级翻译学院2016届毕业生夏苹慧，她今天要给我们讲一讲，如何才能"翻"进中科院。

语言水平不过关，与人闲聊都困难

夏苹慧认为自己是一个"勤奋型"学生，大一的时候，当别人都在兴冲冲地探索着各个社团、学生会时，她却能静下心来，将十一假期全部用来读书：花一上午的时间来逐词钻研一段十分钟的听力；对着美剧一字一句地模仿口型、发音；在学校最常去的地方是图书馆……"学语言永无捷径，唯有静下心来、下苦功夫。"不懈的努力让她打下了坚实的语言基础。

多年的积累使夏苹慧早已习惯生活中有英文的陪伴，她把每日听读作为生活的一部分。"做翻译一定要见多识广，才能理解别人在说什么。"她认为阅读各领域的原版书是最好的学习方法。一方面提高英语水平，另一方面拓宽视野，让自己成为一个有内涵、有趣的人。否则，当与国际友人交流时便会"无语凝噎空尴尬"，只能干巴巴地来一句"Do you like China?"

用"十万个小时"让自己"无可替代"

"导师告诉我，如果你花十万小时养成了一个技能，别人要取代你，就也得花十万小时，愿意下这功夫的人就少得多了。"夏苹慧十分清楚，随着英语普及度越来越高，翻译若是做不到"术业有专攻"，就很容易被别人取代。因此她把同传专业作为自己的考研选择。

"选择同传专业，就是选择一门没有捷径、只有苦功夫方能练就的专业技能。要想成为一名合格的译员，需要大量的翻译练习时间、阅读积累和知识储备。"在夏苹慧看来，同传学习培养的思辨能力和快速学习理解能力是她最宝贵的收获，使她得以自信地投入到翻译实践当中。

厚积而薄发，夏苹慧的努力得到了回报。她在全国口译大赛上斩获天津赛区一等奖，华北赛区二等奖，并在马航MH370事件期间担任天津电视台同声传译译员。

实习是探路石，也是搭桥砖

许多翻译系学生希望通过翻译实践提高专业能力，夏苹慧认为应当理性看待翻译实践。在她看来，在校期间每一次外出翻译，都只能反映自己在校学习期间的水平，不会因次数的增多而提高。"翻译实践最重要的意义是加深对行业的理解、知晓行业的规矩。简单来说就是'让自己越来越像一个翻译'。翻译水平的高低，则主要还是取决于平时所下的功夫。"

至于实习，她将其看作让自己明确学习目标、调整就业方向的修正过程。"只有接触实际工作，才能了解到每个行业真实的一面，从而判断出自己是否喜爱、适合这个行业。"对翻译专业的学生来说，最对口的实习莫过于外事翻译工作。天津市政府外事办公室和天津外国语大学共同建立了天津市外事人才库，夏苹慧得以入选，并借由这个平台获得了许多宝贵的外事活动经验。她曾在天津自贸区参与文件翻译工作，对翻译的认识进一步加深。

正是在这些翻译实践和实习中，夏苹慧接触到了"智库"这个概念，并对它情有独钟。在这份热情的驱使下，夏苹慧又先后在新华社瞭望智库和中国人民大学重阳金融研究院实习。这些智库实习经历让她对自己和智库行业都有了更为真切的认识，职业规划也因此更加清晰。在翻译实践和实习中所积累的各项经验，也帮助夏苹慧如愿以偿地进入了中科院工作。

翻译的日常远没有剧中浪漫

"平时大家就称呼我们为'翻译'，'翻译官'不是抗日剧里的称呼吗？"提到最近大热的偶像剧《亲爱的翻译官》，夏苹慧笑着评价，"翻译并不像剧中那么光鲜，也不那么传奇。一旦踏上翻译这条路，就要做好时刻接受别人的检阅的准备。"夏苹慧告诉记者，翻译永远是幕后工作者，"呼之即来，无需则旁落"。他们三餐不规律，下班往往遥遥无期，在不工作的时候，也要为了保持好的状态而每日练习。"所以做翻译跟剧里比起来还是很辛酸的，不过有更多人因一部剧关注到这个行业，还是让人欣慰。"

如今夏苹慧所在的研究所主要研究气候变化，每日与科研专业知识打交道的她，日后很有可能不局限于"翻译"这一职业，而成为这一领域的专业人员。"每当在给政府做翻译的时候，我真的会觉得自己是在为国家做事情。一想到我可以'学有所用堪报国'，自己的心里就写满了成就感。"话音刚落，这名身在中科院的天外翻译人靠在椅背上开心地笑了起来，眼神里闪烁着青春与自信的光芒。

来源 | 天外学生记者团

记者 编辑 | 王莹

责任编辑 | 闻名

图片由受访者提供

与天外"最美女翻译"一起生活是怎样的体验

2016-06-20 天津外国语大学

编者按：曾读过一篇对著名演员冯远征的专访，记者没有就个人成就或是思想高度做任何提问，却与冯远征聊起了"你的一天是如何度过的"。这位饱经生活历练的艺术家像唠家常一样吐露心扉，展现出了一名演员在舞台之下真实的自我。

这让我明白，"日常"是揭示每个人真实生活状态的窗口，因此这一次我们将以图片故事的形式，向大家讲述一名"天外美女翻译"真实的日常，带领大家真正走进"天外翻译人"的生活。

黄河清是一名天外高级翻译学院的在读研究生，就读于英语口译专业的她每天要用大量的时间处理学习任务。"学口译需要大量的练习，在读期间需要累积400小时的口译录音。有时候，做口译难度最大的不是内容，而是口音。曾经我认为澳洲英语是最纠结的口音，然而在中国矿业大会任展台翻译时，接触到欧洲、印巴口音的英语，发现它们更难理解，因此想做好口译，繁重的练习任务必不可少。"

很多人不知道位于逸夫楼报告厅二楼的几间"玻璃房"作何用处。据黄河清介绍，这就是"同传箱"，即翻译人俗称"小黑屋"的地方。它拥有隔音功能，以防受任何噪音干扰，因此译员都会在这个地方进行同传工作。"同传箱一般面积比较狭窄，翻译者往往要在里面聚精会神地坐上几个小时，很多译员会议结束第一件事就是把身体摊在椅背上，可见这项工作的辛苦。"

大家都美慕同传"时薪"的收入，然而高收入就意味着更高的要求。其中译前准备就是一项任务艰巨的工作，"同传人需要对要翻译的领域建立起基本的了解，才能保证翻译的准确度。比如要翻译一场金融会议，我们就需要抱着好几本专著了解相关专业知识。因此，做一个合格的翻译，You must know something about everything（你必须通晓各行各业）。"

"很多朋友都觉得口译的速记不可思议，几个小符号怎么就能代表一大段话。"黄河清笑着给我们展示一次作业的笔记，"例如，'"B/e ﹏﹏'就代表'然而，不稳定的经济形势不容乐观。'速记符号是很个人化的，如果说到经济形势乐观，我就会记成E加一个笑脸，就被同学形容为见钱眼开。（笑）"

尽管学习任务压身，这名"有颜有才"的"女文青"还是努力让自己的生活丰富多彩。读书是黄河清最主要的爱好，她的阅读理念是"买书如山倒，看书如抽丝。"，因为"读书享受的是内容，而不是数量"。自由主义的她阅读也是随心而定，"一旦发现自己某一个时刻很浮躁很功利，我就看一天书，让内心沉淀，把自己给救回来。"

经常泡在各大书店的她对众多文学领域都有广泛涉猎。她最关注的是讽刺文学，乔治奥威尔、布尔加科夫、毛姆、王尔德都是她喜爱的作家。"我最近在读魔幻主义文学，希望从作家笔下的怪诞中寻得真正的平静"。

在书海遨游之余，这名"女文青"也用调色板为生活涂抹色彩。大四才开始学画的她不在乎别人说"太晚"，如今的她已经学会了素描和国画。"画画可以静心，听着铅笔划过纸张沙沙的声音，看着瓶瓶罐罐在笔下渐渐成型，感觉就像微风拂过水面，带起欣喜的微波。"黄河清将画作缓缓铺展开来，好像一名即将参展的青年画手。

"我是个好奇心特别强的人，所以喜欢的东西有太多：书，电影，音乐，话剧，调酒……哎呀呀说不完啦（笑），我觉得世界上有趣的事情实在太多啦！希望可以一直保持活力满格的状态，把新奇的事物体验够！"

谈到承载着她无数梦想的高级翻译学院，黄河清为这个"精英之家"打起了广告。"静谧的外事小院，掩藏着神秘的高翻学院。或许只有你亲自来体验，才能知道什么是真正的'翻译官'。欢迎有理想有实力的同学来到这里，同做'天外翻译人'。"

来源 | 天外学生记者团

记者 | 闻名

摄影 | 范羿铭

编辑 | 王莹

天外没男生？翻译男神用品质生活驳倒"谣言"

天外翻译人

2016-06-30 天津外国语大学

早上刚过7点，在很多学生仍未脱离梦乡的时刻，李宏伟已经在宿舍里打理领带，准备参加上午的活动。六年的天外生活让他和天外有着说不出的感情。两年前，从英语学院保送至高级翻译学院，就读MTI英语笔译专业，慢慢走上了翻译的道路，入学时对"翻译"概念还不甚理解，如今"高翻院"的传统和灵魂已深入他的骨髓。

位于钟楼二楼的"翻译工作室"是李宏伟平时上课的教室。高翻的学生常称其为"204"（教室的房间号），颇有研究所般神秘的气氛。

笔译课除了日常的理论知识讲解和"Presentation"外，其中一项重要任务就是统稿，学生轮流上台展示课下翻译材料，再由老师带着大家一同进行修改。"我们翻译的资料都对专业要求比较高，包括今晚报海外版、天津市外事办的相关材料，北疆博物院翻译等，这些翻译任务既是练习又是实践，能够翻译这个级别的资料，也体现了各单位对天外翻译实力的认可。"

高翻人有一句真实的玩笑话——"装在箱子里的人，都走在写作业的路上"。李宏伟为记者展示了众多翻译材料中的一本，这本"新闻翻译"看起来十分厚重，足有400多页。这是李宏伟一个学期以来的"Portfolio"，这其中包括三大部分：一是"source text"（原文）；二是"target text"（译文），译文中又包括"first version""final version"（初稿和定稿）；三是translation diary，这其中包括"译前分析""翻译理论"以及"初、终稿对比"和"平行文本"。

李宏伟笑着告诉记者，每一个字都是"踏着脑细胞的尸体"落在纸面上的。随后他拿起了一本《语言符号学》翻译材料，"最近有幸在李晶老师的带领下参与了这本书第七章的翻译项目，虽然经常绞尽脑汁，不过能做这样的实践，的确是宝贵的经验与财富。"他的言语间透着几分付出后的成就感。

对于跨文化交际人才来说，培养外向型能力是关键。六年来，李宏伟参加了志愿服务、翻译实践等各类实践活动二十余项，获得的证书塞满了一个书箱。他不认为MTI笔译是一个"离不开书桌"的专业。"我们不可能钉死在书本里，做翻译要把视野拓宽，以后才能在涉猎多个领域时游刃有余。"他还担任着高翻学院学生会主席一职，对学生工作的处理也让他建立起了威信和信心。

李宏伟认为出国对翻译学习也有很大的助推作用。他曾随团赴美参加模拟APEC大会，这次经历让他对中西方语言文化差异有了更深的理解。"中英两种语言之间有很大差异，两

种语言背后都有特定的文化背景，这就诞生了很多只能用特定语言才能表意清晰的'文化负载词'。只有到当地了解文化背景，才能逐步消除语言之间的文化壁垒。"

接受记者采访时，李宏伟正在2016年达沃斯论坛的会场上忙碌着，寒假期间，作为3月最早一批上岗的志愿者之一，他就一直在达沃斯筹备办、市政府大活动办、外事办、天津港市委党校等进行工作。今年是他第三次参加达沃斯论坛志愿工作，曾为天津市人民政府副秘书长、加拿大皇家银行高级副总裁等提供翻译服务，获得众多好评。

在奔波于教室和会场之余，李宏伟把唱歌作为陶冶情操的方式。"晚会现场经常有他的身影，之前想不到能唱Maroon5 *Sugar* 的他还可以玩转杨坤《无所谓》的沙哑嗓，挺有意思的。"室友小姜向记者补充道。李宏伟还是运动场上的多面手，足球、篮球都玩得转，羽毛球更是多次获奖。"其实我是一个很爱玩的人，像飞镖、棒球这些冷门项目也都玩，其实之所以玩音乐和运动，是因为它们有时能给我带来很多的翻译灵感。再者笔译很多时候会长时间对着电脑，因此我选择用音乐和运动调节自己的状态。"

"别人培养语感可能会选择看美剧，我却选择看体育赛事的国外live。"观看英文直播的体育赛事是李宏伟兼顾爱好与学习的方式。为支持的球员或球队呐喊，同时也不忘保持学习状态。

作为一名即将完成学业的"翻译学长"，李宏伟觉得翻译专业让他"成长了很多"，在此他也为刚刚走上翻译学习之路的"新人"总结了一些心得："小学时老师就告诉我们，'上课好好听，认真写作业'。这两条基本原则同样适用于翻译学习，课堂上的高效加上扎实的积累，是成功的基石。更重要的是，翻译如做人，心要纯，要拥有严谨务实的态度，要有反复查证的自觉和耐心。"说到这些，本来一直面带乐天笑容的李宏伟骤然严肃起来，字里行间透着属于翻译人的认真。

来源 | 天外学生记者团
文字 | 闻名
摄影 编辑 | 范羿铭

早安天外 | 你见过清晨七点的天外校园吗

2017-10-12　天津外国语大学

当大地还揉着惺忪的睡眼
准备慢慢地张开双臂拥抱晨光时
有这样一群人
他们已经开始了一天的学习
他们虽然朗读着不同的语言
却在用同样的声音
说着同一句话
早安天外

藤蔓下的长廊清冽而悠扬
阳光透过斑驳的树影
照在晨读学子的书上
清晰又模糊
就像梦想的模样

在大多数人还在梦乡的时候
你选择了去聆听鸟语
你选择了与花香为伴
你选择了和梦想为伍
一遍一遍地放声朗读
一次一次地比较正音
这里是你的舞台
自己是自己的听众

不要放弃
坚持下去
总有一天会有人
欣赏你的风采
为你欢呼 为你喝彩

学海无涯苦作舟
书山有路勤为径
在这样一个早晨
小语愿意
把这样一句古老而又熟悉的诗句
再念一次

来源 | 天外学生记者团
摄影 | 陈婷玉 陈昊
文字 | 杨晨浩
编辑 | 钟晴晴

第二篇章 星辰

用芦苇编织
文化传承
的纽带

——专访"津之苇韵"项目
负责人王文文、刘嘉

本文荣获"第二届全国大学生网络文化节网文作品征集活动"优秀奖;该创业团队荣获"2015年创行世界杯创新公益大赛中国站总决赛"三等奖、创行中国最多元文化团队奖"

| 天外创业人 |

2016-04-28 天津外国语大学

芦苇画是中国汉族民间艺术精品的一朵奇葩,是汉族传统工艺与现代装饰艺术融合的结晶,它画面的本色天然,色泽淡雅朴素,具有浓厚的水乡特色。然而就是这样具有独特艺术内涵的传统技艺,却在多个地区濒临消亡的危险。一次机缘巧合让来自天外国际商学院的王文文和刘嘉发现了这一现状,于是她们决定开辟一个拯救文化产业的项目,用青青芦苇编织一条文化传承的纽带。

一次调研,撑起一片芦苇荡

当王文文和刘嘉第一次在古文化街瞥见大港芦苇画时,她们一定不会想到会为这一文化产品付出一年的心血。"我们发现芦苇画的摊位从主街退到了角落,这引起了我们的注意。"如果不是她们出于专业敏感,也不会发现"摊位变动"背后的产业现状。在与售卖者沟通后,她们带领所负责的天外"创行"项目组赴生产地进行实地调研,却发现当地编织中心仅拥有少量技术员和女工,订单大多来源于政府且数量很少。为解决技艺问题,她们联系了经验丰富的技艺工人赵富强老先生为编织中心作为技术指导。"赵老是一位重度烧伤的残疾人,他为传承传统技艺不顾病痛,这种匠人精神令我们感动。"项目组还协助编织中心举办了两次画展,扩展销售渠道,销售芦苇画199幅,26500人观展,总盈利37280元,为大港芦苇画产业的复兴注入了一股新的活力。

"津之苇韵"项目获得
创行世界杯多个奖项

探寻发源地,盘活一家工厂一座村

"在项目取得初步成果后,我们决定开展一次溯源。"王文文一行人为推进项目远赴河北保定,在白洋淀深处找到了全村人以编织芦苇为生计的端村。这里的芦苇画产业依赖着已是两代传承的鼎新工艺美术厂,但厂子的效益实在难以为继。项目组在进行考察后,对工厂的发展进行了两个方面的改善:一是优化管理制度,制定工厂安全细则,减少工人的安全隐患,提升流水线作业水平,提高生产效率;二是进行产品创新。在材料方面,为解决活性炭板芦苇画碳粉掉落问题,她们特地向一位天津大学的教授寻求专业指导,并联系技术工厂开发创新产品,用"水漆覆膜"技术解决了这一问题。在产品形式方面,他们向工人传授电脑

绘图技术，扩展定制业务，并创新设计了"汽车挂件""壁挂"等多种形式的创新性产品，为工厂拓宽了广阔的发展空间，也为整个村子的创收提供了新的可能。

社会效益获多方关注

经过不懈努力，她们的成果在各类平台斩获多方关注。在市科协推荐参加的大学生创业推介会上，企业名片如雪片般涌来，更有投资大户当场下单。2016年3月份，她们又举办了自己的产品发布会，为鼎新工艺美术厂拉来几十万的订单，为解决当地村民收入问题提供了巨大帮助。芦苇画创作所使用的芦苇多达1.5吨，有效缓解了当地芦苇焚烧所引发的环境污染问题，对改善水质、土质以及雾霾天气起到了不可小觑的作用；释放被占用土地面积可达200多亩，相当于10个足球场，创造了非同小可的环境效益。

真心相待，换得真诚回馈

越是传统，越容易保守。在王文文团队刚和经营工厂的冯家接触的时候，一心帮忙的他们却没有收到多少积极的回应。据称几年前央视的记者曾经要对他们进行采访，都吃了闭门羹。于是王文文和刘嘉就让所有团队成员和工人同吃同住，每次一待就是一个星期，终于用实实在在的交流和帮扶打动了村民。"最后我们亲切到什么程度？我们中的一位'糙汉'都能抱着冯姐的孩子聊天。为处理问题没吃饭就赶来，冯姐立马下一锅热面。"每次团队辗转来到端村，冯家人都会"五里相迎"。最重要的是村民们认可了项目组提出的生产方式，生产思维的转变才是最本质的进步。

展望未来，用创业承担更多责任

对于未来，她们打算将这个项目发展成一个创业公司，秉承天外"创行"团队"可复制、可持续"的理念，协助鼎新工艺美术厂巩固发展成果，并力图化木为林，将当地发展成芦苇画文化产业区，让芦苇画这一传统技艺的生命力更加坚实稳固。王文文认为自己的定位还不是一个创业者："我们不是为了创业而开辟项目，而是在解决社会问题的过程中发现了创业的机会。"以解决社会问题为基本目标的创业更加脚踏实地，让传统文化传承的纽带如芦苇般柔韧，串联起更多有志青年书写新的篇章。

来源 | 天外学生记者团

文字 | 闻名 吴维

编辑 | 贺蓝玉

勤创：秒速取快递，破解高校快递"最后一公里"难题

2015-10-19　天津外国语大学

　　随着电商的普及，网购成为了当今社会新的大众消费模式，高校学生成为网购大军中的"主力"，各大高校也成了快递收发的密集地。然而，高校快递服务却面临着诸多棘手问题：在多数市民和上班族已经可以享受快递公司"开门签收""下楼签收"的便捷时，高校作为网购密集地，师生们仍难于享受到方便快捷的快递服务。

　　多数学校并没有固定的校内快递服务站点，快递员大多在校门口"摆摊"来收发快递；校门口排放的快递仅仅通过名字两个字与三个字将快递分为两类，大大小小的包裹一溜儿摆开，三轮车横七竖八地停放着，既影响学校形象又影响通行安全。而快递校园取件时间比较短，大多集中在学生下课的时间段，需要在快递员限定的时间内跑到校门口"扒拉"出自己的快递，使得找快递也变成一件难事。特别是在"双十一"这样快递量倍增的时期，快递丢失、物品损坏、漏收信息、误领误拿等问题尤为突出。

　　"两个字的在哪？我怎么找不到我的快递啊！""这一堆都是两个字的，你再找找看！"下午4点左右，这样的对话在绍兴道校门口的路上不时出现，师生们穿梭其间，弯腰翻找自己的快递。"快递公司都是把快递件堆在学校门口，每次去取都得'长途跋涉'，翻找快递件如'大海捞针'，晚点去又害怕送快递的人走了。"一个刚刚找到自己包裹的女生说道。

创业的灵感来自身边，难题有时也是机遇

　　"天外勤创"（天津外国语大学学生勤工助学创业中心）创业团队"嗅到"了"商机"，锁定校园快递"最后一公里"的配送难题。为了攻克这一难题，天外勤创创业团队到快递公司一家一家地学习取经，在天津各高校快递站一次又一次地实地调研，最终提出了详细的解决方案与可行的创业计划，成立了我校校园快递服务站，开辟了校园快递服务新模式。

打通高校快递的"最后一站"，改变校园快递派发模式

首先，建立一体化快递服务站。天外勤创在2014年6月正式成立了"校园快递服务站"，站点设立在学生生活区的大食堂负一层师生服务中心，这样一来，同学们就不用"长途跋涉"到校门口取件了。服务站综合各家快递公司，一站式派送，从源头上解决了快递摆摊一条长龙的混乱局面。

其次，一站式校园快递，取件寄件更方便。实现智能化管理，革新传统取件方式。为了解决"找快递难"这一问题，勤创引进"急速"物流管理软件，实现快递智能化管理，对到达的所有包裹进行分类编号，然后整齐摆放到货架上。编号后，每一个包裹都有自己的"身份代码"，而包裹的信息相应地也将保存在数据库中。智能化的管理有效避免了快递丢失等问题，取件人只要凭借短信取件号，就可以快速定位包裹，便捷领取。

"5格65号。"一名取件的学生报出取货号码后，天外勤创的工作人员马上就找到了他的包裹，学生签字确认后，领走了自己的快递。"现在取快递特别快，而且取件时间很灵活，一直到晚上6点都可以，上课时也不用担心取货问题了。"不少在校园快递服务站取件的同学都表示这简直就是一秒钟取快递，取件时间也很方便。

"我们想做的首先是解决学校快递的最后一公里问题，为师生提供更多的便捷服务。天外勤创会不断探索新模式，希望能够建立高校物流新平台，这也是我们的创业梦。"在采访中，刚刚获得天津市大学生创业奖学金的勤创经理姜慧豪和她的团队信心满满地规划着勤创的未来。

来源 | 天外勤创

温林鉴：
创业之路，
一"网"情深

该创业项目荣获"'创青春'天津市大学生创业大赛"铜奖、"中韩青年创新创业论坛"优秀奖、"天外首届IEEC玑瑛杯国际英语+创新创业大赛"一等奖等

天外创业人

2017-06-05 天津外国语大学

在日前结束的我校"2017年天津市大学生创新创业训练计划项目"评审活动中，由英语学院温林鉴同学负责的网动力（天津）科技有限公司获评推荐参加国家级大创项目的评审。这是一个怎样的创业项目？为何从众多项目中脱颖而出一举获得评委的青睐？今天小语就带大家走近天外创业人——温林鉴。

我很幸运，找到了和自己兴趣特长相关的小事业

"在我最开始创业的时候，好像还很少听到身边有人说创业这两个字"，早在上高二的时候，温林鉴就开始萌生了创业的想法。和很多人一样，他创业的第一步很简单，从一点点卖运动款服装、鞋袜开始，因为身边大多数朋友都是打网球的，便有了第一个销售圈子。进入大学后，温林鉴凭借自身的网球特长和所学外语专业成立了"网动力"网球俱乐部，开设"网球+英语"的特色课程，并在全市范围内广泛招生，反响热烈。俱乐部初见规模，不满足于现状的温林鉴在此基础上又成立了天外"网动力"网球社，在全校范围内限额招收成员，首批社员共计24人。网球社的成立为原有的创业模式注入了新的生机，许多志同道合的朋友变成了创业伙伴，公司销售业绩也有了大幅提升。

从此，创业在温林鉴的心里扎下了根，同时也在他的生活中留下浓墨重彩的一笔。在被问及创业过程中遇到的困难时，他轻松地笑着摇了摇头："创业这些时间来，我没觉得自己遇到过什么太大的困难，最多也只能算是一些小烦恼，不足挂齿，踏踏实实地去做，尽力解决好就行。"

温林鉴看似平坦的创业之路离不开那些为他保驾护航的人们。学校招生就业处的老师和班级的辅导员给予了他很大的鼓励和支持，帮助他在校内玑瑛意谷创新创业实践基地申请了免费的办公场所，指导他如何与相关部门沟通联系，甚至热心地帮助张罗着宣传招生。这一切落在温林鉴眼里，化成了他心里满满的感激和勇气，"我很幸运，找到了和自己兴趣特长相关的小事业，也赶上了国家大力支持大学生创新创业的时代潮流。"

我的大学生活更圆满了

还是一名在校大学生的温林鉴已经积累了不少的社会阅历，也一点一滴积攒着自己的人脉资源。这里边不乏一些有创业经验的人，他们或多或少都在创业路上给予过他指导和帮助。创业是一次向着成功进发的比赛，比起短跑冲刺，它更像是一场马拉松，而大学生创业者独有的热情和单纯给了他即使跌倒也要重来的勇气。"有时候失败了可以再来，但有时候现实也会击垮一个人，可我从未想过放弃。"他坚定地说道。

创业让温林鉴更加明确了自己的目标，生活多了一重意义，而不是每天循环往复做同样的事情；创业也让他对未来拥有了更多美好的憧憬，为梦想的腾飞做好充足的准备。

学习工作之余，温林鉴时常背起行囊远游，足迹遍布全国16个省市。参加天津市大学生创客马拉松大赛并荣获一等奖；他还热心公益事业，积极加入"壹加壹"公益组织，为山区贫困的孩子们送去衣物，成为学校2015-2016年度优秀青年志愿者。"一个完整的大学生活，如果只有书本、单词、考试这些元素，等接触社会时，你会发现自己的简历上一片空白，毫无亮点，而那些成功人士往往就赢在他们广阔的见识和阅历。"

对话温林鉴，他的语气中总是洋溢着饱满的自信和激情："人生的赢家往往不在于拥有多少财富，而在于你是否真的实现了自己的梦想，或是过上了自己满意的生活，最重要的，是拥有一颗闲适自然的心。"

来源 | 天外学生记者团
采访 编辑 | 王艺儿

陈志翰：
创业其实
很简单

该创业项目荣获"天津市青年新媒体创意创业节手机软件设计大赛"一等奖，"天津市'创青春'大学生创业大赛"银奖，"第五届中国大学生服务外包创新创业大赛"创业实践组团队优胜奖

天外创业人

2015-04-22 天津外国语大学

陈志翰，国际传媒学院教育技术学专业11502班学生，心思维数码软件创意工作室负责人；天津翰社科技服务中心（有限合伙）创始人，企业法人。该创业项目荣获"天津市青年新媒体创意创业节手机软件设计大赛"一等奖，"天津市'创青春'大学生创业大赛"银奖，"第五届中国大学生服务外包创新创业大赛"创业实践组团队优胜奖。

在我们的印象中，所谓创业者往往是一身西装笔挺，肩挎牛皮公文包，手机从早到晚不离手的形象。而同为创业者的陈志翰则是一头阳光的短发，一件灰色帽衫搭配洋溢着青春活力的牛仔裤。很难想象这样一个脸上始终洋溢着青春笑容的"帅学长"已是一位公司法人。我们找到他时，他正忙着剪辑视频，听说记者的来意后欣然接受采访，将创业经历与我们分享。

只是因为在人群中多闲谈几句

"一切创业想法的开始，只是源于几句闲谈。"面对开场第一个问题，陈志翰给出了这样的答案。没有青春励志剧里的内心交割与大雨滂沱，只是平常的闲谈给了他创业的启发。"我们在工作室的时候给企业翻译文件，当时都是进行书面翻译，费时费力效率低。一次闲谈大家讨论网络App。我就受到启发，然后就按照这个想法做了这个平台（快翻）。"对于做线上平台，陈志翰在"心思维"数码软件创意工作室（以下简称心思维工作室）时就积累下了众多经验。学校众多网站和新媒体平台的搭建都出于他的团队之手。长时间的合作经验外加教育技术专业的对口优势，让他的起步更加顺畅，就这样，2013年，一名大三的学生开启了自己的App生涯。

从"心思维"到"天外合伙人"

陈志翰的创业团队雏形是他付出过多年心血的"心思维工作室"，这个组织成了日后创业的跳板。心思维的工作成果在校内可以说随处可见，如教学楼内宣传标语、公告栏、各宿舍楼内宣传标语等的设计，学校官方新媒体和学生自媒体的技术开发等。在校内积累发展经验后又开始尝试校企合作，翻译企业文件，进行企业推广。"我们当时接触的公司什么类型的都有，连卖孵化器的都有。"不同的需求让他的团队积累了更多自信，因而当他提出创业想法的时候，心思维团队随即成为他的"天外合伙人"，把学生组织顺利应用于创业实践，实现了许多组织社团工作的学生长久以来的梦想。

学生与创业者身份的转变："出了校门就别怕他们"

"刚开始创业时我们面临很多问题，比如说话方式、思考问题的角度等。一开始不敢和商家拉下脸来说话，一味随和，结果总是吃亏。有一个单位曾经想把支票机强卖给我们，我直接跑到银行总部去问询，没让他们得逞。"众多商谈经历让他也总结出了自己的经验，"在谈判之前，一定要明确自己的利益所在，还要洞察商家的目的所在，最重要的还要自信。你的身份不仅是学生，还是一个创业者，不要怕他，该拒绝的时候果断拒绝。"经验、认真、自信，一句简单的"不要怕"，就是陈志翰的身份转变宣言。

创新就是解决身边的"不爽"

当被问到如何进行创新时，陈志翰的回答很直接，"我认为创新就是解决身边的'不爽'，有人觉得充电器不通用非常不爽，于是有人发明了USB充电器，这个大家用起来很爽，创新就成功了。"他还饶有兴味地询问记者："今天你有什么不爽的地方，分享一下，我们一起创新。"在他的眼里，所谓创新就像吃饭睡觉一样简单自然，他从不把自己禁锢在办公桌前，整个团队工作也不拘泥于老套的形式。"我们团队平时都是在一起吃饭聊天中谈工作，桌上有人说了今天他哪里不爽，我们就一起讨论，放下碗筷就可以去做。"活跃的工作氛围，自由的工作方式，让陈志翰的团队体现出大学生队伍的新鲜活力。

关于未来："当然要继续创业，并且我还要读研呢"

对于以后的事业发展，陈志翰笑着告诉我们："当然要继续创业，并且我还要读研呢。""磨刀不误砍柴工"用在陈志翰身上可以说一点也不为过。从大一开始忙学生组织，大三开始创业，自称不是学霸的他还考上了浙江工业大学的研究生，这样的经历算得上两全其美。"到了那边会接触到更多专业性的人才，也可以吸收更多优秀的想法。至于创业，我还是会继续尝试做leader（领导者），如果遇到大师，就先跟着高人后面虚心学习，积累够了再重出江湖。"

虚心、自信、阳光、乐观，马上离开天外的他没有众多毕业生考研失败的低落和工作压力的无奈，四年的努力终于收获了丰厚的回报。阳光帅气的学长，自信幽默的"天外创业人，"陈志翰，新的征程，正准备走的更远。

来源 | 天外学生记者团
文字 | 闻名

吕欣阳：
一网打尽
天外事

2015-10-19　天津外国语大学

　　吕欣阳，我校英语翻译专业2015届毕业生，芥菜种子教育信息咨询有限公司创始人。在读期间广泛参与社会实践，积累大量经验，毕业之际开办互联网公司，打造天外"认知盈余网络平台"，用真诚的态度服务师生，用全新的理念谋求发展。如今，她和她的团队正在迅速成长，一颗充满希望的"种子"即已然生根发芽，为天外创业百花园再添一抹生机勃勃的新绿。

　　"不好意思，让你们久等了。"刚刚参加完创业基地落成仪式的吕欣阳带着微笑与忙碌同我们握手致歉，现实生活中的她，似乎要比她的创业自白中那个自信而出色的"学姐"多几分亲和的气息。大学四年拥有大量社团、实习等经历的她"带着公司毕业"，成立芥菜种子教育信息咨询有限公司，跻身互联网创业人行列，以独特的理念和不懈的努力在"认知盈余"的行业平台上勇敢探索，打造天外的专属"知乎"，让天外人尽知天外事。

为经历做"加法"是为人生做"减法"

　　"要重视大一到大三的六个假期。"对时间的充分利用让吕欣阳在大学的前三年基本实现了接触面最大化。加入校学生会、参加各种考试、从事志愿服务、进行实习……三年时间，梅江会展中心、丰田供应商、和君咨询等单位都留下她实习的足迹。"经历越丰富，越明白什么是自己不想要的。"忙时"脚打后脑勺"，闲时"吃香喝辣胖十斤"的职场初体验让她懂得这并不是自己想要的生活，而曾经日夜刷题准备考试的经历让她明白考研也不是自己的归宿。吕欣阳在积累丰富社会经验的同时缩小了选择的范围，促使她在面临毕业之时选择了更具挑战但更加自由的创业之路。

临近毕业，在迷茫中探寻创业方向

　　"书上说'创业一定要有自己的团队'，于是我们就来到了南开校招。"这是一次好似青春片的经历，一个即将毕业的大四女生，举着印有"创业"二字的A4纸，与几个朋友一起在人头攒动的招聘现场"呼唤"创业伙伴。当7位来自不同专业的创业者聚拢到吕欣阳身边时，"我们接下来要做什么"的疑问却让她陷入了困惑之中。无奈之下，她暂时遣散了团队。经过一段时间的思索，最终萌生了建立"人才中转站"的想法，将需要实习机会的在读本科生推送给企业，从而培养起一支属于自己的人才队伍。在大风肆虐的日子里，她与另一位志同道合的朋友敲遍津塔和平安大厦所有办公室的门，结果却是收获寥寥。在经历了那个迷茫而疲惫的冬天后，吕欣阳在2015年3月开办了"职人小菜"荔枝电台，邀请已经深入职场的学姐学长与大家分享工作经历，希望能在交流中找到前行的方向。"那时的我每天晚上在床上失眠打滚，往往拿起手机一看就到凌晨3点。"创业起步的艰辛给吕欣阳造成了不小的压力，然而她依旧坚持在这条自己选择的路上探寻着方向。

无心插柳引灵感，原来这就是"认知盈余"

在给学弟学妹修改简历的过程中，她建立了"小菜一班"微信群，鼓励大家把日常经历记录在群里，以便积累简历材料。在整理数据时她发现群里的三十多个活跃用户已经坚持记录了100多天的日常，而这些记录恰好能够回答身边许多人在朋友圈中求助的问题。某天，一个用户在群里求滨海新区教师选拔的概况，而另一个用户恰好有参与选拔笔试的记录，于是她就将两个人对接，解决了之前的问题。这次对日常数据的利用给了她很多启发：活跃用户的信息已经足够建立起微型个人数据库，如果将这些数据用于问题检索，并通过对接问答双方的形式进行信息交易，完全可以建立起一个付费问答平台。在把这项灵感付诸实践的过程中，她受到了百度前产品委员会主席郭丹老师的指点，明白了这种模式就叫做"认知盈余"。自己的想法有了理论依据，更加坚定了她把"芥菜种子"这个全新的互联网平台继续做下去的信心。

三重理念支撑，"芥菜种子"植根网络土壤

"我们做的是互联网公司，用户和数据是我们的核心。"吕欣阳一直把"抱用户的大腿"视为她的创业理念之一。她的平台专注于解答天外人的身边事，而这些问题往往无法在"知乎""百度知道"等平台上得到解答。"芥菜种子"之所以能让用户参与付费问答之中，就是利用了这种"久旱逢甘霖"的心理，而且问答双方的直接对接也大大提高了问题解答的效率，"用户的激励来得更实在、重要，所以我们也要给用户希望。"重视数据的力量是第二条理念支撑，"我们的终极梦想是做每个人的数据管家。"团队对每个用户进行数据分析，建立人物模型，从而总结出更系统的简历信息，这也与"人才转接平台"的创业初衷恰好契合。理念之三是"打磨市场"，作为互联网产品的推介者，专注天外市场，培育客户群，在产品的引爆点到来之时再迅速扩散。三重理念确定发展方向，助力"芥菜种子"在互联网土壤中生根发芽。

"做任何事前都要问自己，是一分，五分，还是十分想干。"无论是曾经因为一份可圈可点的简历而备受考官青睐，还是不论严寒酷暑坚持每天中午在食堂门口做宣传，都体现着她踏实而专注的态度。"我们要在半年内拿下天外市场。"说这话时她的脸上带着自信的微笑。芥菜种子在《马太福音》中被喻为最小的事物，而它在成长的过程中却有无形而巨大的力量与之相随。这种力量就来源于发自内心的坚持。一网打尽天外事，十分闯拼天外人。因为用心浇灌，芥菜种子终将根深叶茂，蔽日参天。

来源 | 天外学生记者团

文字 | 闻名 徐琳

韩冬：
让生活变得
简单而美好

2015-10-19　天津外国语大学

　　酷普英语，一个专注打造"线上线下相结合"的英语培训与测评模式，"免费为主、付费保过"的商业营销模式，并且得到2014年腾讯课堂近5万名学生满分反馈的互联网英语教育品牌。它的创始人就是我校研究生院2012级计算机辅助语言学专业学生——韩冬。这是一位有着五年新东方教学经历且成绩斐然的老师，也是一名本科就读英语专业后转而研究计算机辅助语言学的学生，"天津市大学

生创业奖学金特等奖"获得者。是什么让他毅然放弃了新东方的高薪职位转向自主创业?又是什么让他选择了如此新奇大胆的培训模式? 下面，就让小语来揭秘韩冬的创业经历。

放弃是为了做到更好

　　大三的时候,韩冬就在上市培训机构新东方担任大学英语主讲教师，连续多年学员打分第一名，但他并不满足于现状。韩冬经调查发现，市面上许多类似的教育培训机构存在诸多不合理的现象，如收费过高但实际效果并不明显。对此，一向以学生为本的韩冬决定自己创业。在新东方的执教经历给了他充分的教学自信和系统成熟的教学方法。他坚信，凭自己的努力可以为学生们提供更好的服务，帮助他们增强学习兴趣，提高备考效率，实现英语水平质的飞跃。

这只是我们应该做的

　　作为一家以互联网为依托的英语教育品牌，韩冬和他的团队没有仅仅把目光局限于线上教育。与其他外语网校或英语学习网站不同的是，酷普英语还在天津设立了实体学校，打造以"线上线下相结合"的英语培训与测评模式。这种模式从学生的角度出发，为学生提供了更多的选择。

　　公司"免费为主、付费保过"的网络直播课程模式让人耳目一新。不同于录播课程的观看，直播课程的定时上课和实时互动让学生的课程学习更有效果，不懂的问题上课时可以直接向老师提问，而每周固定的上课时间也最大程度地避免了学生的拖延。当被问到"付费保过"的这种自信从哪里来时，韩冬纠正道："这不是自信，这只是我们应该做的。"他表

示，既然有那么多人愿意选择听他的课，那就不能让学生们没有收获。学生们通过他的精心备课和耐心讲授把英语提高到一定的水平，这就是他工作的责任和义务。

为了梦想不言弃

　　和许多创业者一样，创业初期，韩冬也遇到过大大小小的困难。开始入驻YY课堂时的市场反应冷淡应该算得上是最棘手的难题。很长一段时间里听课的学生并不多，反响也不热烈，导致他们一度想过放弃。但实现梦想的渴望和腾讯课堂的出现，给了他坚持下去的勇气和希望。2014年秋，历经短短四个月的时间，酷普英语累积免费学员超过3万人，付费学员超过1000人，学员人数在同类机构排名第二，但机构好评远远高于其他机构，几乎满分，成为腾讯课程重点英语培训机构。截止到2015年3月，酷普的考试后成绩调查显示，有超过3/4的酷普学员最终通过考研英语国家线，通过率远远超过同类机构。

　　但韩冬对于线上教育这一领域的探索并没有止步于网络课程，他又带领团队开发了一系列优质的微信平台App系统，学生可以通过酷普的微信公众平台，进行高精准的词汇练习、听力练习、题目讲解，每天有超过500人关注酷普微信，成为线上App市场的一颗新星。谈到公司的发展，韩冬踌躇满志，未来将在现有的国内部四、六级和考研英语的基础上，增加国外部雅思、托福的培训课程。如果公司运营良好，业务还将拓展到其他语种，如日语、韩语、德语、法语等。

　　采访接近尾声，小语的视线再一次被墙上酷普英语的logo所吸引，这是一朵五色花，图案简单又活泼灵动。韩冬介绍到，这是由他本人设计的，五个花瓣分别代表了四级、六级、考研、雅思和托福这五大授课内容。简单的样式和丰富的色彩相搭配，就是他想表达的创业理念：创业就是要用自己的不懈努力让这个世界简单而美好。

来源 | 天外学生记者团

文字 | 董懿

多图+视频 | 这场国际文化"盛宴"，除了美食更有……

2018-04-28 天津外国语大学

驻足天外，放眼世界
不同国家均有特色美食
日式茶道与乌冬
东南亚国家的美味咖喱
英格兰的午后茶点
俄罗斯的罗宋汤、意大利的面条
苏格兰的tablet、坦桑尼亚的炸薯条
阿尔及利亚的纸杯蛋糕……

聚焦国内
不同地区和民族也各具文化特色
彩云之南的米线与鲜花饼
贵州的螺蛳粉
甘肃的牛肉面与肉夹馍……

然而，在天外，要感受全球各地的文化"盛宴"，不需要环游世界，不需要"吃土"攒上数月的旅费，只需参加一年一度的国际文化节，即可让你在校园内感受到国际风情！

第一视角看美食节请戳↓二维码1
美食集锦请戳↓二维码2

来源 | 天外学生记者团
摄影 | 南以离开摄影工作室 高鹏 今晚报 王晓明、渤海早报 史嵩
天外学生记者团 | 杨璐宇 邵祺 刘依琳 孙凡越 陈婷玉 向思雅
马佳俐 徐婷婷 袁靖舒
视频 | 范羿铭 刘依琳 孙凡越
文字 | 李品阳、王安若、吴依琳、钟晴晴

第二篇章 星辰

105

开栏的话

他们来自天外，如今远赴海外，或在那不勒斯的海岸感受意大利的奔放，或在伏尔加格勒的冰原领略俄罗斯的坚毅。

他们来自海外，如今却相聚天外，于五大道品味近代中国，于古文化街领略中华魅力。

天津外国语大学，
短短七个字构成一条跨文化交际的纽带，
将相隔千山万水的他们彼此连结，
我们的记者循着这一轨迹，
寻访这些万里结缘的天外人，
为各位展示源自天外的"双城记"。

第二篇章　星辰

蒋嘉雯：
我和印尼
有个约定

2018-02-05 天津外国语大学

本文首发于《中国青年报》2018-02-05 11版

"恭喜嘉雯，你被外交部录取了！" 2017年9月7日，正在印度尼西亚留学的蒋嘉雯，收到了母校天津外国语大学招生就业处老师发来的消息。

"我是一个不会把目标定得太高，但认定了一件事情就一定会努力做好的人。" 蒋嘉雯这样评价自己。说起自己被外交部确定为定向培养人才的经历，蒋嘉雯坦言她一直抱着长见识的心态，只是想努力去做好这件事情。

蒋嘉雯是天津外国语大学印尼语系15606班班长，在校期间她一直保持着各项第一名的优异成绩。在斩获多个奖项与荣誉的同时，她也获得了国家留基委公派留学奖学金，赴印度尼西亚加查马达大学进行为期一年的留学生活。蒋嘉雯班上的14名同学均按照奖学金情况和个人意愿分别进入加查马达大学、印度尼西亚大学、泗水国立大学和日惹国立大学就读。

说起对于印尼人的印象，蒋嘉雯用"耐心、平和、总是面带微笑"来形容。还没有来到印尼时，蒋嘉雯就在学校的印尼外教身上感受到了这些。她所在的亚非语学院经常举办各类文化活动，外文短剧大赛、各国文化节异彩纷呈。"那时候我们排练节目，外教总是特别耐心地指导我们，在我眼里她身上不仅有印尼人的平和，还有对生活的热忱与对中国文化的热爱。"蒋嘉雯回忆道，"节目排练任务重，外教就把每天晚上的时间挤出来，带着同学们一遍遍彩排。"这让她对印尼人产生了极大的好感，但那时的她没有想到自己的命运将会和印尼紧紧相连。

"用一个词来形容印尼的话，那就是浪漫。"在印尼已经待了半年的蒋嘉雯说道，"这里有山有水风景好，一切都是纯天然的，除了旅游宣传做得很好的巴厘岛以外，印尼还有很多非常美的地方。"

假期里，蒋嘉雯和同学一起游玩，走过了印尼不少的地方。她表示在印尼让她比较"闹心"的是交通工具的选择，"这里的公交和火车线路比较少，车内设备也比较陈旧。"她平时出门大多时候会用打车软件叫私家车，起步价9000元，约合人民币4.5元钱。

谈到印尼人眼中的中国以及"一带一路"，蒋嘉雯分享了几个在印尼发现的小细节：OPPO、VIVO等国产品牌手机在印尼的使用率极高，国产品牌联想的笔记本电脑在当地也十分畅销。周围的印尼人对于"雅万铁路"的建成充满期待，想要尽快在印尼感受中国高铁的力量。

"看到周围的印尼人都使用中国的品牌，就会自然而然地产生很强烈的民族自豪感。"蒋嘉雯骄傲地说，"尤其最近几年'一带一路'的倡议提出后，中国与印尼的关系更加密切，越来越多的印尼人认识到，与中国的接触和合作会给他们带来更多优质的机会。"

在印尼的半年，蒋嘉雯是在语言班学习，班上还有很多来自世界各地的留学生，他们常常交流各个国家的现状。当提到我国的便捷支付、高铁发展以及共享单车等新鲜事物时，总可以听到外国同学"这怎么可能？""原来还可以这样！"的连声惊叹。

"在印尼，我的一言一行都代表着中国。"蒋嘉雯只是"一带一路"沿线中国留学生中的一个，还有很多像她一样的大学生，用自己的一举一动为我国在国际友人的心里竖起一面面鲜红的旗帜。

"一带一路"为两国之间的友好发展提供了桥梁，也为无数中国"一带一路"沿线的留学生提供了极大的发展机遇，蒋嘉雯表示："我现在已经明确了个人之后的职业发展道路，会更加关注中国与印尼之间的友好来往。"她能深深地感受到自己肩上的光荣使命，也正在为将来成为一名更好的外交使者而不断努力。

文字 | 国际传媒学院 王一雪
（第九届天津高校传媒联盟副主席）
照片 | 由受访者提供

邓阮锦江：
回胡志明市，
继续我的
汉语梦想

双城记

2018-05-22 天津外国语大学

文章被《中国青年报》2018-6-4 11版转载 转载时有删改

　　获得"首届京津冀地区东盟留学生汉语大赛"天津赛区一等奖，热爱中文并将教授汉语作为自己毕生追求的事业，来自"一带一路"沿线国家——越南的我校2015级汉语国际教育专业硕士研究生邓阮锦江，即将结束自己丰富多彩的留学生活，重回故土，开启她作为一名汉语文化传播使者的职业生涯。

缘起《神雕侠侣》，情根深种中国

　　童年时代，家里电视上播放的中国武侠剧给邓阮锦江留下了深刻的印象，在诸如《神雕侠侣》之类的经典电视剧里，侠客们仗剑走天涯的豪迈情怀和出神入化的高超武艺让她深深地着了迷。尽管剧中的汉语成语像"调虎离山""声东击西"等翻译成越南语后，对于年幼的锦江来说有些"怪怪的"，但正是这份神秘为她以后学习中文带来了一种熟悉又新鲜的亲切感。

　　大学时期，邓阮锦江就读于越南孙德胜大学外语系中英文专业。同班中越混血的同学早已说得一口流利的中文，让她十分羡慕，而自己还需从"b、p、m、f"开始，顿时让锦江感到了巨大的压力。"一度想到过放弃，但还是庆幸坚持走下来了"，对中文懂懂的印象和象形字独特的魅力让锦江越发爱上了自己的专业，开始了疯狂地练习。班上的汉语老师曾有过留学中国的经历，看到锦江的努力，便建议她到中国进行更深入的汉语学习。于是，锦江尝试着提交了大学期间的成绩单和获奖证明，申请了中国政府奖学金，并积极备考了HSK（汉语水平考试）5级。等待的过程是充满期待和煎熬的，在无数次上网查询成绩后，锦江终于收到了天津外国语大学的录取通知书。

我眼中的中国人

2017年，邓阮锦江从来自东盟十国的近百名选手中脱颖而出，获得了"首届京津冀地区东盟留学生汉语大赛"天津赛区一等奖。在复赛演讲环节，她描述了自己眼中的中国人——一次黄山旅游的经历，让她结识了山下的一名脚夫，每天挑着几十公斤重的担子行走成千上万级台阶售卖当地特产，赚钱养家，供孩子上学，给老父看病。"中国人的身上有一股韧劲，为生活奋斗拼搏，努力实现更好的未来。"这是她所敬佩和想要学习的，"我眼中的中国很美，而创造美的正是那些怀着自信和梦想的中国人。"每个中国人都有着属于自己的梦想，无数个普通百姓的梦想汇聚在一起就成了伟大的中国梦。如今，中国梦正驰骋在"一带一路"上，与世界相连，而邓阮锦江沿着丝路来到中国，也将她的梦想注入到了这片土地。

谈及中国的课堂，邓阮锦江兴奋起来。一次成语课上，顾倩老师奇思妙想，将成语按照动物分组，通过让大家模仿动物的体态和叫声记住一个个晦涩难懂的成语。同学们惟妙惟肖的表演不时让课堂爆发出阵阵欢笑，在活跃的气氛中，大家不仅记住了"守株待兔""猴年马月"等成语的读音和写法，更是明白了文字背后有趣的故事和深刻的寓意。"在这样轻松的课堂上，同学之间可以相互尊重，自由表达，老师们专业知识丰富，充满人格魅力，深受大家的尊敬和喜爱。"邓阮锦江最喜欢顾倩和石梅两位老师，她们会通过丰富的课堂活动促进知识的理解，生活中也会给予留学生悉心的关照。老师们生动的讲课风格和高尚的人格魅力深深影响了学习汉语国际教育专业的邓阮锦江，从而坚定了她走上传播汉语和中华文化道路的决心。

"麻辣"教师养成记

2018年的天外春季留学生开学典礼上，邓阮锦江讲授汉语的视频花絮引起了新一届留学生的兴趣，"là辣、jiāo椒。"视频里的她耐心又认真，循循善诱，通过图片和中英文对照的方式为外国学生解释辣椒的含义，不时对大家的发音加以鼓励。

立志成为一名汉语教师的锦江对于教育事业有着自己的理解：一位优秀的教师不仅要有专业的语言水平，丰富的文化背景知识，组织活跃课堂的能力，还要有积极向上的世界观、人生观、价值观，给学生以正向的影响，就像老师们带给她的"正能量"一样。在上课时，她更愿意让灵活的课堂"以玩促学"，从而提高学生对知识的吸收度，让学生保持对求知的渴望和执着。在汉语教学中邓阮锦江也有自己的侧重点，"我觉得汉语的语音很重要，因为语音是口语和听力的基础，如果学不好发音，用汉语交流时很容易产生误解。"在教授汉语时，邓阮锦江会注意纠正学生错误的发音，有时会按照不同班级的学习进度来组织比赛，以赛代练，如初级班听写拼音，中级班听写汉字，尽力调动学生的积极性。学生们能够循序渐进，学有所用，自然会产生强烈的成就感。当遇到学生提出自己不太确定的问题时，她也会坦诚自己的不足，课后小心求证，给出最准确的解释。

在邓阮锦江看来，学习和教授汉语的过程是不同的。"学习汉语是教授汉语的先决条件，也是相互补充的关系。"锦江解释道，学习汉语的过程是一条单行线，只有学好汉语才

能教授给他人；而教授汉语是双向的，教学的过程中要不断充实自我，探求新知，注意学生的反馈。教学相长，学无止境，这也进一步增加了自己学习的乐趣。

回胡志明市，继续我的汉语梦想

4月21日，邓阮锦江参加了国家汉语教育专业硕士留学生本土汉语教师选拔考试的笔试。她认为，试题中的跨文化交际部分难度最大，对于不同文化背景的人来说，如何恰当地表达和传播中国文化是一门学问，涉及文化、心理、哲学等方方面面。眼下，锦江又开始为备战7月8日的面试忙碌起来。面试环节包括说课和才艺展示，她将在才艺展示环节演唱一首中文歌，这对于曾在学校国际文化交响汇之中外歌手大赛暨孔子学院奖学金生"我的梦想与中国"征文比赛颁奖典礼上，演唱中文歌曲《她说》并获得一等奖的锦江来说信心十足。"我觉得音乐是一个传播语言文化的桥梁，我也正是通过这座桥梁跨入了汉语之门。"获得教师资格后，锦江打算回到越南的胡志明市，应聘中文教师。她对自己毕业后的职业生涯有着清晰的规划，她热爱汉语教师这个工作，想要一点点积累经验，发挥所长，影响更多喜欢中国，热爱中国文化的人。

"一带一路"建设使得中国和越南的关系越加亲密，两国经贸文化交流不断发展，通过中国政府奖学金来到天津外国语大学的邓阮锦江，正在努力为两国的文化交融和民心相通贡献自己的力量。她向更多的学弟学妹介绍了中国政府奖学金——这个中国为深化与"一带一路"沿线国家的教育合作，为沿线国家专项培养人才所设立的扶持项目，指导更多越南学子来到中国求学，改变他们的人生轨迹，拓宽他们的发展方向，成为现代"丝路"这座跨越山河大海的友谊之桥上的文化使者。

对于将来的学生，锦江充满了期待，就像曾经的老师为自己打开了一扇门一样，她也希望能够陪学生走过人生的一段路，播种下一颗梦想的种子。

来源 | 天外学生记者团
文字 | 高歌
图片 | 由受访者提供

第二篇章　星　辰

宁怀颖：讲好中国故事，传播中医文化

| 双城记 |

2017-12-25 天津外国语大学

　　俄罗斯伏尔加格勒国立社会师范大学（下文简称"伏师大"）孔子学院中方院长宁怀颖自学中医理论7年，期间，不断进行经络疗法的实践与探索，在部分常见病的治疗与预防方面积累了经验。在任职两年半的时间里，宁怀颖利用自身俄语语言优势，先后多次多地举办了中医讲座，为中医文化在俄语国家的传播打下了一定的基础，为促进孔子学院间的合作，推动"一带一路"文化交流贡献了一份力量。下面我们就来回顾一下她的中医讲座之旅。

中医走进伏尔加格勒国立社会师范大学

　　2015年6月9日，宁怀颖首次尝试用俄语讲中医，专门为伏师大的教师们举办了一场中医讲座。她从中医发展史引入，通过对经络、阴阳五行、"望闻问切"四诊等中医基础理论的阐释，以及针灸、拔罐、刮痧、按摩、艾灸疗法等中医常见经络疗法的展示，详细地介绍了中医文化。现场的老师们饶有兴趣地亲身体验了拔罐、按摩等项目。没有想到，这个"第一次"引起了现场观众的极大兴趣，从此宁怀颖开启了她的中医讲座之旅。

　　2016年，伏师大孔院举办首届"中华文化专题周"活动，应俄方要求，5月16日至31日两周的时间被设定为"中医文化"周。在此期间，宁怀颖在孔院汉语教师的协助下，分别以《中医基础理论概要》和《中医治病与防病的方法》为题，为伏师大学生和孔院学员做了专题讲座。她的讲座注重理论与实践相结合，将深奥的中医理论讲得通俗易懂，生动有趣。

　　通过这一期的讲座，宁怀颖总结了一些经验，例如，讲座内容必须根据受众的年龄段和职业进行调整：为青年学生讲座时，以"感冒""过敏症"等实例为主；中老年人听众居多时，则以"心脑血管病""关节炎"等治疗案例为主介绍中医疗法；面对以教师为主的中年群体，可以多讲些"颈椎病""妇科疾病"等治疗案例。这样的讲座使受众听起来更有兴趣，理解起来也更容易，实用效果更加凸显。

中医走出伏尔加格勒国立社会师范大学

　　2017年9月28日，孔院在伏尔加格勒州"高尔基"图书馆举办"第三届全球孔子学院日"系列庆祝活动，宁怀颖为伏尔加格勒地区民众举办了中医文化专题讲座。她深入浅出地讲授了中医里的阴阳五行理论及其辩证关系，经络和经络疗法，着重讲授了艾灸、拔罐、刮痧、按摩等方法，并结合实例，现场示范，逐一介绍了常用的治疗心脏疾病、妇科疾病、感冒、咽喉炎等常见病的中医疗法及部分要穴的功效。现场的听众们纷纷主动上台要求做模特，亲身体验，有的在讲座结束后仍久久不肯离开，深入咨询病症及中医疗法。

中医走出伏尔加格勒州

2017年11月2日，受新西伯利亚国立技术大学孔子学院邀请，宁怀颖赴该市为来自俄罗斯西伯利亚地区8个城市的200余名汉语专业师生、医生、中医爱好者做了一场别开生面的中医讲座。此次讲座是新西伯利亚国立技术大学孔院举办的第二届俄罗斯—中国双边合作强化之路国际研讨会的重要议程。她以《中国传统医学——阴阳与经络的理论与实践》为题，系统讲解了阴阳、五行理论在中医中的运用，及中医治病防病手段等，着重介绍了经络疗法以及不同体质的食疗方法。讲座得到了主办单位的高度评价，新西伯利亚国立技术大学孔子学院为宁怀颖颁发了该校校长亲自签发的感谢状。

中医走出俄罗斯

2017年5月2日，受白俄罗斯国立大学孔子学院邀请，宁怀颖前去明斯克为当地师生、中医爱好者做了《中医阴阳、经络理论及经络疗法》讲座。讲座由外方院长托济克·阿纳托利·阿法纳西耶维奇（曾任白俄罗斯共和国副总理、白俄罗斯共和国驻中国大使）亲自主持。讲座结束后，托济克仍兴致勃勃地与宁怀颖探讨中医知识。他表示，这是白俄罗斯国立大学孔院首次举办由主讲人全程用俄语讲中医的讲座，消除了语言障碍，让听众更直接、直观地了解到中医文化知识。

我们相信，中医文化会越走越远，对中医感兴趣的国外人士会越来越多。我们期待下一站宁怀颖院长的中医讲座之旅。

来源 | 伏尔加格勒国立社会师范大学孔子学院　孔子学院工作处

文字 | 陈凤霞

这位超帅的外国小哥，汉语可能说得比你还好

2016-12-06　天津外国语大学

　　午后国际交流中心一楼的咖啡厅，一位眉清目秀的外国小哥正与身边的朋友侃侃而谈，流利的中文、俊俏的面庞还有如骄阳般灿烂的笑容让小语瞬间锁定了他。

　　他是来自乌克兰基辅国立语言大学孔子学院的大四学生，他是天外2015届优秀孔子学院奖学金获得者，他是2016年"汉语桥"全球总决赛欧洲冠军、全球亚军和最佳风采奖获得者，他是"全世界最会讲汉语的五个外国人"之一，他就是曾子儒。收获了鲜花和掌声的他，怀揣着初心重返母校，与天外的你我讲述他的别样中国故事。

语言为翼，飞跨亚欧

　　在很多乌克兰人的心中，中国在那遥远的东方，拥有着悠久绵长的历史、博大精深的文化，美却神秘，曾子儒也不例外，直到他进入了天津外国语大学和基辅国立语言大学合作承办的孔子学院。

　　2013年10月1日，孔子学院在只有一名院长和一名教师的情况下，招收四个班开班上课，曾子儒成了这个新成立的孔子学院的第一批学员。用他后来参加比赛时演讲中的话说："孔子学院在我面前渐渐打开一个新的世界，而我梦想的大门也由此慢慢打开。"他的中文名字"曾子儒"寄托了老师对他的殷切期望，"曾"来自他乌克兰姓氏的开头字母，而"曾子""儒"则契合了他的气质和志向。所谓传道、授业和解惑，老师之于学生，不但是知识的传授，更在于人格的培养。

　　学习汉语的过程道阻且长，乌克兰语和汉语分属完全不同的语系，汉字的书写和一些字词的发音都曾让身为欧洲人的曾子儒感到头疼。在乌克兰学习的时候，曾子儒会强迫自己坚持说汉语，哪怕有时答非所问、闹出笑话，他也一刻不放松、不懈怠。"儿化音我真的是练了很久，就像你们觉得大舌音很难一样，哈哈哈！"曾子儒随即颇为自信地展示了一长串大舌音。

入乡随俗，习惯使然

　　曾体验过西安南京的古都气息，也感受过北京深圳的现代发展。游历四方后，曾子儒认为中国各地虽迥异不同、各有特色，但各地文化却能完美融合、有机碰撞，这也是孔子提出的"和而不同"思想的最佳阐释。

"但我最喜欢的还是天津，我早已把天外当成自己的第二母校，把天津当成了自己的异国故乡。"曾子儒对天津的感情绝非嘴上空谈，入乡随俗的他十分接地气：早上买一套夹着果箅儿的煎饼果子和一杯热粥，拎着保温杯来到教室，宛若一个土生土长的天津学生。

　　来到曲艺之乡，怎能不会快板？汉语桥备赛期间，他特地学习了快板。从一开始的跟不上节奏、嗓音不洪亮，甚至还被夹到手，到最后参赛时的一鸣惊人，四个月的苦练没有浇灭他这份探索中国民间艺术的热情，反而与之摩擦出了火花。"我之前从没见过快板这种乐器，我认为这也是一种说唱艺术，更是融入天津、成为地道天津人的方式。"

汉语是艺术，也是桥梁

　　"汉语桥"比赛让曾子儒收获了成功与喜悦，也收获了很多来自五湖四海的朋友们。曾以为身处不同洲甚至相隔一个半球的距离而不会有任何交集的人，如今却因共同的语言——汉语聚集在一起。不同肤色、面孔的人们说着汉语，笑声充斥着房间，仿佛一个温馨的大家庭。"原来汉语也能成为世界通用语，感谢汉语让我们聚在一起！"

　　随着"一带一路"倡议的提出，中乌两国的往来变得密切了许多，两国关系更升级成为全面战略伙伴关系，中国也不再是那个乌克兰人民印象中的远方神秘国度了。提及此处，曾子儒泛起了笑容，"不管是古代还是现在，中乌都是这条路上的一部分。中国政府一直尊重乌克兰领土完整、国家独立，这点令我钦佩且感激。"

　　教育的力量是无穷的，曾子儒希望更多孔子学院能在乌克兰设立，开设中国文化讲堂，通过教授中国古现代文化从而使更多乌克兰人对中国有立体的感知。"我很愿意投身搭建两国关系桥梁的事业中，让中国人民体会到我们这份热诚的心。"

　　"成功的花，人们只惊美它现时的明艳，然而当初它的芽儿，浸透着奋斗的泪泉。"初初结识，人们可能仅艳美于曾子儒流利的汉语，但更让人赞不绝口的是他那极具中国式的思维。曾子儒是中乌文化交融的杰作，是中乌友好往来的大使，更是中乌密切合作的缩影，愿"一带一路"能继往开来，将中乌两国世世代代联结在一起，涌现出更多如曾子儒一般的使者。

来源 | 天外学生记者团
文字 | 王艺儿　王莹
摄影 | 杨璐宇

周琪:
"泰"长的
夏天

2016-03-15　天津外国语大学

日子一天天过去，转眼就到了倒计时回家的阶段，犹记得当初与好友共赴千里之外的忐忑与期待，不求岁月静好，只愿不负我心。

教学篇

2015年5月14日，飞机准时抵达素万那普机场，扑面而来的热浪让我真切地感受到这就是泰国。慌忙地拿到即将决定未来十个月命运走向的卡片，奈何全是泰文，甚至谷歌搜索结果仅限于它在东北部，加上临行前许多过来人反复哭诉泰东北的僻远落后，我也做好了未来十个月清心寡欲的最坏打算。但是，耳听为虚，眼见为实。乌隆他尼（Udonthani）——这个安静、干净的小城竟带给了我如家般的温暖。

我所在的St. Mary's School（圣玛丽学校）是一所女子教会学校，校园环境优美，教室宽敞明亮，老师们和蔼可亲，学生彬彬有礼。很久以来，我一直错误地认为泰国学生应该是有着黝黑发亮的皮肤，一笑起来露出洁白的牙齿。但在这里，女孩子们一个个白白净净，甚至有些学生肤色比我还要白，比我还怕热。从抵达学校开始，我收到的赞美达到了人生二十几年来的巅峰，每天都有不同的学生老师走过来，对我说"老师，na lak（可爱）""老师，suai（美）"，无需置疑她们的真心，看着她们清澈的眼眸，就能感受到这种发自内心的热诚。

刚开始，学生们对新的中国老师感到十分新鲜，她们愿意上中文课。但是，小孩子们的自觉性本来就很低，泰国学生更甚，她们经常在教室里走来走去，干一些与上课不相关的事情。而作为老师，打不得骂不得，还不能让她们不及格，慢慢地压力感和挫败感纷纷涌现。很多次，当只有我一个人卖力地在讲台上嘶吼，底下却欢声笑语好热闹时，我的心情跌到了谷底，泪水就在眼眶里打转。我不停地克制自己，不能哭，不能放弃，后来学生也发觉到老师声音有些哽咽，不约而同地停止讲话，甚至很多人主动站出来管纪律，还有一些学生竟然跪在我身边，向我道歉。我只得说着"mai ben rai，mai ben rai（没关系）"，让她们起来坐回去，整理好那些负面情绪，继续上课。

到第二学期，我一共负责21个班的汉语课，从小学一年级到高中二年级，学生处在不同的年龄段，使用的教材也不同，这不仅意味着要在考试时出7份不同内容的试卷，然后批改数千份试卷，更意味着有时候一天我要准备四种不同的教学内容，脑力体力连轴转。但是上的课越多，我越发地沉稳熟练，不再有初来乍到时的稚嫩，多了几分从容淡定，用耐心和爱心

与学生们朝夕相处，看着她们逐渐敢开口说中文，能开口说中文。

节日篇

　　泰国的节日多种多样，每逢节假日前一天，学校都会有各种各样的活动，让我至今难忘的有两个节日，一个是拜师节，另一个是母亲节。拜师节是在6月，当我坐在台上，看着学生们虔诚地跪拜在台下，更甚有学生跪着爬向我，送我茉莉花制成的手环，那一刻，我深深地感受到作为一名教师的光荣自豪以及泰国人对老师的尊敬。中国有句古话，男儿膝下有黄金，就算下跪也只能跪天跪地跪父母，而对于其他人过于"卑躬屈膝"则为人所不耻。但是在泰国，在学校、在寺庙，随处可见跪拜的身影。当我很久以后跪坐在清迈的寺庙中时，我不禁想到，无论拜与被拜，都是一种境界，礼拜别人，是去除自己的慢心，去除我执，培养自己的恭敬谦卑；受别人礼拜时，是培养自己不要生起慢心，反省自己的所作所为是否堪受此礼拜，告诫自己今后继续精进。

　　另外值得一提的节日是母亲节，当歌舞表演结束后，学生们哭着爬向自己的母亲，跪在母亲脚边，向母亲表示感谢或道歉。当时我初到泰国，并未有太强的思乡之感，目睹这一感人场面，千万种情绪涌上心头。儿行千里母担忧，她们还有妈妈可以抱着哭，而我只能独自在异乡消化为异客的辛酸苦楚。在这里，在泰国，我重温了感恩一课。尊师重道本是中华美德中重要的一部分，但放眼国内学校，我们淡去的优良传统，别人却坚持并传承了下来。

美食篇

　　作为一个生在北方城市里的孩子，当我说出从来没有见过椰子树时，着实被泰国本土老师取笑了一番。接下来她们又带我一一辨别木瓜树、香蕉树、菠萝蜜树、榴莲树。这些在中国价格颇高的水果却可以在泰国街边小巷随处见到。在这个充满热带水果盛宴的夏天，我的胃得到了充分满足，折合人民币只需一两块钱一斤的山竹、红毛丹、青木瓜、熟木瓜、绿芒果、黄芒果，生吃入菜两相宜。

　　除此之外，泰国的美食花样百出，街头小吃更是让人流连忘返。由于泰国天气常年湿热，当地人普遍喜欢吃酸、辣、甜等重口味食物，而辣当属我们东北部最够味儿。

　　泰国人大都很爱吃，很会吃，在校园里，哪里人最多，哪里肯定是有吃的卖，学生和老师们从来不会亏待自己的舌头。但是，令人羡慕的是，大多数泰国人都很苗条，怎么吃都不见胖，羡煞我等喝凉水都长肉的代表人物。曾经口味喜清淡的我，已经习惯了早晨糯米饭加鸡腿，课间休息加个餐，中午来份海南鸡饭，晚上街头遛一遛，就能饱腹而归，减肥什么的，在琳琅满目的美食美味前，都得靠后站。不得不提，泰国街边小吃确实是良心经营，货真价实，不像国内小吃街存在不卫生等问题。都说泰国人懒，他们也懒得去骗人。

旅游篇

泰国假期十分豪爽，从不用调休，甚至还会补休，这让爱旅行的我从来都是在路上，或者是在期待上路的计划中。利用丰富的假期，我去了现代化大都市曼谷，安达曼海上的明珠普吉岛，小城故事多的"泰北玫瑰"清迈等地。从北至南，所有旅行中都不缺操着不同口音在讲中国话的同胞们，当然在这个全球热门的度假胜地，随处可见金发碧眼的外国人，无论老少。

一旦踏出国门，一言一行一举一动，都可以用一个词概括，那就是"中国人的"。无论做得好不好，在泰国人（或者外国人）眼里，那就是kun jin（中国人）的形象，在越窄的圈子里，如在我们府上，在我们学校里，越要谨小慎微。在刚到学校时，哪怕是我坐在餐厅吃饭，都有小学生坐在一旁议论纷纷。作为汉语志愿者这个大团体中的一员，我深知代表祖国出来工作，是一种荣耀，但更多时候是一种战战兢兢，担心自己言行举止存在不得体的地方，给祖国抹黑。

一个在华欣念大学的学生告诉我，在华欣有很多中国人，她正在学中文，每次遇到中国游客，她都很愿意与他们用中文交流。大部分中国人都非常热情，但是她认为不是所有中国人都很好，也有些人让她不喜欢。她的中文表达也许并不太好，但是不置可否，中国游客在泰国举止不文明的报道在新闻媒体上数见不鲜，这些行为明显与我教授的教科书里勤劳勇敢、淳朴善良、讲文明懂礼貌的中国人形象不符，"全世界都在学中国话，孔夫子的话越来越国际化"，随着汉语热的兴起，希望走出国门的每个人都能成为一张代表祖国的名片。

时光飞逝，弹指一挥间，在泰国的日子已去而不返，第一次踏上异国他乡独自生活，有艰辛，也有快乐；有困难，也有成就感。对于那些泰国学生，我有着满心的感慨与不舍，对于泰国的风土人情，我是那般地难忘与留恋。但我知道有一天我终会离开，可那充满泪水和欢笑的日子，却永远定格在这一"泰"长的夏天。

作者简介：周琪，英语学院翻译系2015届毕业生。2015年5月，参加国家汉办赴泰汉语教师志愿者项目，任教于泰国乌隆府乌隆他尼圣玛丽学校，任期10个月。

照片 | 由作者本人提供

王博群：
基辅，
如彩虹般绚烂

双城记

2016-11-23 天津外国语大学

本文发表于国家汉办孔子学院总部官方微信公众号

做一个有趣的人，怀一颗热切饱满的心，拥有一只披戴光环的灵魂。

——题记

"你若盛开，蝴蝶自来；你若精彩，天自安排。"离开祖国，途经10多个小时飞行后抵达乌克兰首都基辅，竟毫无疲惫感，我小心翼翼地打量着这个陌生的环境。那一刻，我想做一只蝴蝶，迎着风，逆着光，让梦想照进现实。

坐在从鲍里斯波尔机场到宿舍的车上，我望向窗外。一路上布满外语的路标指示牌，蓝黄相间的花草围栏，成群结队觅食的鸽子，仿佛都在说：欢迎来到乌克兰，欢迎来到基辅！就这样，我的汉教之旅开始了……

我的心情每天都是不一样的颜色，而那天的周一是白色的，因为我穿了干净整洁的白衬衣来到基语大孔院。

白色的周一，
我们一行五人与孔院其他老师见面，
进行工作交接。

在孔院的11层，就是这个汉语之花盛开的地方，我们正式认识了几位海外志愿者老师们。孔院的每一处角落，柜子上的脸谱，门上的剪纸，墙上的中国结，无一不闪耀着中国色彩。我知道，未来一年，就在这里，我们即将绽放。

蓝色的周二，
孔院的天空，
像松软的棉花糖，
让人忍不住想要抓一把放在嘴里。

周二对我而言是蓝色的，我驻足认真地深吸了一口，想知道这里的空气究竟是什么味道。它是百合花的味道，是香草冰淇淋的味道，是巧克力蛋糕的味道，是牛奶咖啡豆的味道。我享受着这里的生活，和当地人友好地打招呼，写诗读书，静坐漫步；我熟悉着这里的工作，紧张高质的教学、丰富多彩的活动，我融进了这个优秀的团队，被感染在这个热火朝天的氛围里。

红色的周三，

灯笼中国结装饰着我们的活动现场，

喜气洋洋。

周三是红色的，属于我们的中国红。短短一个月，社科院学术座谈、中秋节庆祝体验、全球孔院日暨基辅国立语言大学孔院三周年庆典应接不暇，茶艺、书法、中国传统游戏、剪纸中国结、歌舞表演、《论语》诵读……大大小小的活动，活动里的每一个细节，都是孔院兢兢业业的老师们智慧的结晶。跨越千山万水的追寻，只为中华文化走向世界。当听到"你好，中国！"的字眼，我们有多么的骄傲和自豪！

橙色的周四，

学生们正在进行HSK模拟考试。

紧张和压力并不能阻挡他们梦想成真的决心！

吃一个甘甜适口的香橙，我的周四是橙色的。看到香橙，我便想起了小时候，每到考试，奶奶总会给我准备一个大大的香橙，奶奶说：香橙预示着"梦想（香）成（橙）真"！直到现在，我还一直保留着这个习惯。孔院的每一位老师都在全力以赴地和学生们一起备战HSK考试，真题模拟，辅导训练，真心希望每一个学生都能顺利通过考试，希望越来越多的学生申请到奖学金，有机会亲自到中国感受我们博大精深的文化内涵。在这里祝每一个努力的人都能实现梦想！

金色的周五，

在阳光的照耀下，

课堂游戏环节显得趣味十足。

周五金色的太阳升起，阳光照在我的脸上、学生的课桌上。我听到有学生说：今天的天气不错，阳光明媚。我习惯性地嘴角上扬，对于一位汉语教师志愿者来说，最欣慰的事情莫过于听见自己的学生用汉语流利地表达，我沉浸在这个温暖的世界里，每一个人都是我的小太阳，照到哪里，哪里便发光发亮。

绿色的周六，

他们是青春、生命、健康的象征，

我再一次回到了童年。

终于迎来了周六，它代表我最喜欢的颜色——绿

色。这一天，我的儿童班开课，十几个可爱的乌克兰小朋友，我和他们一起唱儿歌、做游戏、学汉语。我想让时间过得慢一点，和他们呆得久一点。绿色之所以是我最喜欢的颜色，是因为它象征着春天、健康、生命。孩子们带着我重新回到童年，感受生机盎然的春天，愿每一个孩子都能健康快乐地成长。

棕色的周日，

我想走遍乌克兰的每一寸土地，

喂食每一只鸽子。

借着周日，走走这里散发芬芳的土地，看看这里多彩旖旎的风光，所以我的周日伴着土壤的棕色。教堂、博物馆、画廊、剧院、公园……我用相机拍下每一处走过的风景，记录下值得回忆的瞬间。人生的意义就是走走停停，再回首的时候，由衷地感慨：遇见你，真幸运！

这便是基辅不同颜色的七天。如果你怀着多彩的眼光去看这个世界，那你看到的世界便是彩色的。未来，故事还在继续，我对这里的生活和工作充满了无限的力量和期待。也许只有真正经历过，才能体会到《西去东来》演绎的那一幕幕人与人、心与心交流的传奇。而"路漫漫其修远兮，吾将上下而求索"的信念，也将支持着我勇敢坚定地走下去。

安静的夜晚，闭上眼睛，外面雨滴敲打在窗户上，风吹动树叶发出的声音清晰悦耳。我的内心深处，有阳光也有雨水。这时，我不禁想起曾有无聊的爱心人士把《百年孤独》改名为《抵御孤独的治愈系小说》。在基辅，无孤独不浪漫，你不是一个人……

高山仰止，景行行止。虽不能至，然心向往之。愿我们这些普普通通的种子，洒满世界各地；愿每个人都能以梦为马，随处可栖。

作者简介：王博群，我校高级翻译学院俄语笔译专业2015级硕士研究生，国家汉办汉语教师志愿者，2016年8月27日，赴乌克兰基辅国立语言大学孔子学院担任志愿者教师，任期一年。爱好摄影、读书的她，想做那个外在自由、内在明亮的人。她享受现在的生活，既可以安静教书，传播中国文化，又可以开阔眼界，实现梦想。她说，基辅的冬天玉盐飘撒，在这里，每一个人都是会发光的。

来源 | 孔子学院办公室
　　　　基辅国立语言大学孔子学院
照片 | 由受访者提供

韩国，似曾相识的"他乡"

范文艳，2011级韩语系学生，国家奖学金获得者，曾任亚非语学院学生会副主席。2015年6月30日，被国家留学基金委公派到韩国庆熙大学留学，开始了她为期6个月的韩国之行。

双城记

2015-11-25 天津外国语大学

同根同源，这里的月饼叫"松糕"

来到韩国5个月了，不曾感到陌生，亦没有远在异国他乡的彷徨之感。在韩国没什么特别的禁忌，与韩国人交朋友也很容易，虽偶感价值观有些许不同，但很少有交流障碍。毕竟都是东亚国家，有很多同根同源的文化所在。如中秋节学校会发放类似于月饼的叫作"松糕"的小点心，还会在纪念世宗大王创造韩文字（类似仓颉造字）的韩字日邀请我们参加书法比赛。相通的文化背景拉近了中韩学生的距离，在我看来，除了语言，我们没有什么不同。

说文解字，韩国人也懂"先见之明"

因在首尔，大家说的基本是"韩语普通话"，只要有一定韩语基础就不会存在理解问题。原汁原味的日常韩语往往语气平淡，没有韩剧中那么"矫情"。而且韩语中的汉语元素也让我感觉更加亲切。很多来自中国的俗语和成语都被直译成韩语词汇，如"先见之明"就有相对应的韩语词，同样是四个字，意思完全相同，发音也相似。而且汉字在韩国人的生活中也扮演重要角色，每个韩国名字都会有对应的汉字词，在一些比较正式的场合也经常会用到汉字。走在异国街头看到祖国的文字，是一种十分亲切的体验。

品味韩料，我们都吃"咸菜就米饭"

很多人都渴望到韩国吃上一顿"正宗韩料"，实际上韩国当地的料理口味与在中国韩国人做的料理口味相差无几。韩国人日常的确是"顿顿有泡菜"，种类以萝卜和白菜居多。和我们相似的是，他们平时的主食也是以米饭为主，不过主菜则多为汤菜，少见炒菜。韩国是没有早点的，物价也很贵（尤其是食品），校内价格是中国的一倍左右，校外则是两三倍左右。然而这都挡不住一颗吃货的心，众多美食里我大爱的有烤肉、辣炒鸡排、海鲜葱饼……不过最近天气越来越冷了，特别想念家乡的火锅。韩国人也十分注重餐桌礼仪，和大多数中国家庭一样，必须是长者最先动筷。不过如果喝酒的话，端起酒杯要避免冲着前辈或上级，这一点要比我们更加讲究。

身在异国，与同胞温习家乡情怀

9月初，学校为我们组织了一次"homestay"活动，在两天一夜的时间里体验韩国的家庭生活。在这段充满温情的体验里，韩国阿姨为我们传授了"正宗韩国大酱汤"的做法，我也用西红柿炒鸡蛋、红烧肉等家乡菜为韩国友人呈现了"中国味道"。看着两位韩

国老人的慈祥笑容，以及中国学妹脸上无须掩饰的幸福，触景生情，觉得身处异乡，似有家人陪伴，让留学在外的孤单苦楚在这一刻好似全部爆发出来，却又被眼前的温暖治愈。这也是我在韩国这片异域最难以忘怀的一天。

触摸首尔，这个城市像天津

从天津来到首尔，我感觉这两个城市有许多相似之处。同有现代化都市的繁华，也同有"五大道""韩屋村"这样的历史建筑群。从天外来到庆熙，有基本相同的授课方式，也有全中国留学生组成的班级。众多相似让我很快融入这里的生活，在繁忙的街道上随心漫步，在僻静的校园里遗梦远方。多彩而充实的留学生活给我许多惊喜，也让我变得更加坦然，愿这生活将我继续打磨，他日有幸再归时，用平实心境道一句"当时只道是寻常"。

来源 | 天外学生记者团
文字 | 闻名 周晓
编辑 | 傅博文

精巧刀工里的中国情深

2015-11-27　天津外国语大学

　　校徽作为一所学校的重要标志之一，可以端庄大气地出现在各大活动的背景中，也可以小巧玲珑地被用在文创产品的装饰上。而这次，校徽竟然被雕刻在了西瓜上，还被朵朵开得正艳的牡丹簇拥着。我校来自乌兹别克斯坦的留学生高山和迈克，为他们所热爱的天外带来了这份精美的礼物。小语怀着崇拜与好奇来到国际交流中心一楼的咖啡厅，探访"西瓜雕刻"的幕后"匠人"和他的朋友们。

骨子里的中国情深

　　初见高山和迈克，只觉得这是两个阳光帅气的中国小伙，高眉深目，宽敞的肩膀撑起了运动装，透着英气，怎么也想象不到眼前精雕细琢的"西瓜版"校徽是出自这样的大男孩之手。

　　出乎意料又情理之中的是，高山出国留学前就是一名有着精湛刀功的厨师。他谙熟乌兹别克斯坦近年来正流行的雕刻工艺，从业7年来，技术已经十分娴熟，每逢国家的盛大节日或是酒店的重要宴席，一定会亲手奉上精美的作品。如今到了中国，他依旧怀有"匠人们"特有的创作热情——在一切可得之物上练手，甚至一块小小的肥皂在他手中也会化作怒放的玫瑰。

　　已在乌兹别克斯坦业内小有名气的他，怎会选择放下收入不错的工作，踏过万水千山来到中国留学呢？"一直听说中国地大物博，而且是一个有着深厚历史文化底蕴的文明古国，有很多名胜古迹，比如故宫、长城，还有京剧，很想深入地了解它们。"说到兴奋之处，高山换了一个舒服的坐姿，手支着下巴，努力拼凑尚未熟悉的中文词汇，双目炯炯有神。

　　"便士已经捡够了，现在我要抬头看看月亮"，毛姆的名言形容当时高山的心情再恰当不过。经过充分的准备，他终于背起行囊出发，亲自去揭开这层笼罩在邻国的神秘面纱。

初探中国，这里比想象中更好

　　来天津两个月有余，高山和迈克已经初步适应了学校的生活。尽管已经坚持自学了7年中文，可是真正来到中国后高山才发现，在当地的语言环境下想要用中文和别人交流仍是力不从心。好奇心可以作为学习语言的出发点，但语言环境和背后的努力才是学好外语的关键。在他们看来，天外与其他学校相比，更有语言氛围，也能很快寻找到自己国家的同伴并且认识其他不同国家的朋友。在老师和朋友的帮助下他们找到了学习的语伴，"这里的学生对我们十分热情，即使语言不通，每个人脸上也都挂着友好的微笑。"

学习之余，自然少不了去领略中国的风土人情。"这边的城市建设和生活消费比想象中的还要好。"迈克中肯的说，黄崖关长城一行更是让他们感叹于中国古代防御工事的坚固和雄伟。不过比起名胜古迹，更让他们回味无穷的还是五味俱全、微妙中见分晓的中国菜。迈克笑着说，"刚来中国时吃了火锅，味道好极了"，而高山则惦念着天津名吃煎饼果子，希望对天津传统菜色一探究竟。

"一带一路"，连接你我

愉快的交谈接近尾声，这时他们的一位朋友，同样来自乌兹别克斯坦的张浩加入进来，还友情充当了翻译。酷似美剧老友记中Rose的他，竟有些面熟，一问才知道是今年四月份学校举办的中外美食节上的"大厨"。因为是本校的硕士生，张浩中文的流利程度令人惊讶。"乌兹别克斯坦人对中国的印象非常好，热情好客又踏实能干，我在本国做翻译时和很多中国人都是很好的朋友，"张浩谈吐优雅，彬彬有礼地说到，"中国国家领导人提出的"一带一路"倡议惠及邻国，加快了乌兹别克斯坦的基础设施建设，促进了两国关系发展，同时也带动了乌兹别克斯坦人学习汉语的热潮。"他希望可以通过语言帮助更多的国人了解一个强盛友善的中国，两国关系可以发展得越来越好。

来源 | 天外学生记者团

文字 | 康榕

摄影 | 孙晗

June:
我来自阿拉巴马，带着一颗热忱的心

双城记

2015-12-08　天津外国语大学

"We have a space & rocket center!"

"I never take a public bus before I come here."

"We have cows, pigs, and horses.

We are really close to nature! "

"I am June Howard,

from Madison, Alabama, nice to meet you!"

　　在微信的虚拟世界里，June的热情就好似她的名字一般，透过冰凉的屏幕向我们释放着六月夏日的奔放。初次见面，她那伴着大大微笑的开场白更平添了这个来自阿拉巴马的美国姑娘的可爱。作为一个申请到全额奖学金来天外进修中文的"外籍学霸"，她的身上有怎样的故事呢？

我们那有一个世界上最大的太空基地

　　繁华、喧闹，先进、发达，这些是我们谈到美国时会想到的形容词，而June成长的地方则在田纳西河河畔一个风光迤逦的僻静小镇上。带着轻快南部口音的她，自小便对大自然有着一种特殊的热爱："我们和大自然非常亲近，Alabama有大片的农场和草原，那里有许多的奶牛、马群和小猪。"尽管能亲密接触到大自然的生活方式，悠闲而自在，但乡间闭塞的交通却常常让她困扰："我来中国之前从未坐过火车甚至公共汽车，来天津后我才第一次坐了地铁。"

　　说起Alabama，就不得不提位于Huntsville全世界最大的太空基地。那里收藏着世界上最全的美国探索太空的历史记录，甚至还包括当年"阿波罗"号太空相关项目的展览。June向我们介绍道，"太空基地里有一个博物馆，那里收藏着许多火箭和航天飞船，我们还有一个太空夏令营的活动，人们可以报名参加，在模仿太空的特定生活环境里住一个星期，住在里面就好像住在太空中一样。"

这是我第一次被这么多高楼大厦包围

　　拿到全额奖学金来中国学习的June是个名副其实的"学霸"。喜欢学习语言的她，也有自己的学习心得："多练！我觉得有很多的中国学生都不敢和我说话，"June的语气中带着遗憾，"其实我是很欢迎大家找我练习口语的，如果你说得不好，我也不会介意。我想我代表了大多数英语母语者，我们真的很愿意和大家一起练习。"这是来自June的热情邀约。

天外的新生活常常让June赞叹不已："我好喜欢它！它真的很棒！老师有趣负责，食堂饭菜种类丰富，学校的地理位置很方便，你几乎可以走路去任何地方，而且地处市中心，这是我第一次被这么多高楼大厦包围。"而来自世界各地的新朋友们的聚会也在陌生的国度给了June家的感觉，"我们一起出去玩，一起吃饭购物，这种感觉棒极了！"

尽管June十分适应新环境，但在学习上，中英文的差异也让她常常犯难："汉字太难了！要习惯从字母到方块字的转换真的非常苦恼，需要花大工夫去记忆。不过还好，中文学习也有方便的地方，就是不会改变时态和语态，我非常感谢这点，这让学习中文句子容易很多。"

你应该尝试所有新鲜事物

除了喜欢学习语言，June还有很多其他的兴趣爱好。在Alabama时，她是学校管弦乐队的一员，负责演奏低音提琴。在天外，June也十分活跃，爱好尝试新鲜事物的她加入了跆拳道社团。"我一星期练一次跆拳道，但是我现在还是一个初学者，哈哈！我以前从来没有尝试过，加入跆拳道社团觉得很有意思，并且能交到许多中国朋友。"

同样热爱旅游的June在两个多月的时间里已经去了北京、内蒙古、河北。明年1月，她还会和爸爸一起去哈尔滨看冰灯节。"我有一个超长的中国旅游地心愿单，哈哈！我真希望可以去中国的所有地方！"

最后，学音乐出身的她向我们极力推荐了The Avett Brothers乐队的作品。The Avett Brothers是一个从北卡罗来纳州芒特普莱森特小镇走出来的民谣摇滚乐队，他们的音乐融合了蓝草音乐、乡村、朋克、流行音乐、民谣、摇滚、酒吧音乐等，还融入了拉格泰姆音乐

风格。作曲家Hans Zimmer也是June的挚爱，这个为《盗梦空间》《狮子王》《加勒比海盗》等著名大片配乐的作曲家，想必大家也不陌生。

美国乡村民谣《哦，苏珊娜》里这样唱：

I come from Alabama
With my banjo on my knee
I' m going to Louisiana
My true love forto see
我来自阿拉巴马
带上心爱的五弦琴
要赶到路易斯安那
为了寻找我爱人

同样来自阿拉巴马
而June远跨重洋
她要到那古老的中国去
追寻她的梦想
June comes from Alabama
With her beating heart
She has arrived China
It' s a new world
It' s a new start

来源 | 天外学生记者团
文字 编辑 | 罗拉
照片 | 由受访者提供

史蒂芬：18岁苏格兰小鲜肉闯荡四海神州

2016-01-11 天津外国语大学

编者按： 电影《神探夏洛克》的热映再一次让卷福和花生CP的人气飙升。而本期双城记要采访的主人公，居然和《神探夏洛克》原著作者柯南道尔来自同一所大学——位于苏格兰首府爱丁堡的爱丁堡大学。

关于苏格兰，你了解多少

J.K.罗琳在苏格兰写下第一部《哈利波特》，发明世界上第一部电话的贝尔同样来自苏格兰。在世界格局中，一向低调的苏格兰前一阵子又因寻求独立更添了一分神秘色彩……

Stephen是位来自苏格兰的小鲜肉，在微信上活跃的他在现实生活中却显得很腼腆，举手投足间透露着优雅的绅士风范。这位刚满18岁的小帅哥在苏格兰上完中学后便直接来到中国留学。如此勇气，不禁让人想问，是什么原因让他年纪轻轻便选择背井离乡，横跨整个欧亚大陆，踏上"古老而又神秘"的中国？他和他的故乡苏格兰又有着怎样的故事？

我家就住在海边，推门就看得见大海

Stephen生活在苏格兰的一个临海的小镇Arbroath上，他的家，真可谓是"面朝大海，春暖花开"。"我们那时常下雨、刮风，每当暴风雨来临时，海面就会变的异常愤怒，波涛汹涌。不过大多数情况下海面还是很平静的。"住在这样的地方，闲时看看落日，听听海鸥的歌声，睡觉时有轻柔的海浪声入耳，想必是大多数人梦中的画面。

"我们那里还有很多的山峦和峡谷（glen），但是和蓟县的盘山不太一样，都是野山，没有现成的道路，需要你自己去探索。山上很平坦，没有大树，都是一些低矮的石楠植物（heather），爬到那些山峰的顶端，你就可以看到很美的峡谷。"

Arbroath小镇最为人熟知的身份是作为签订《苏格兰独立宣言》的地方，除此之外，Stephen还为我们介绍了Arbroath的特色美食——烟熏鳕鱼（ArbroathSmokie）。这是一种用烧热的木头慢慢烘烤的苏格兰的特色鳕鱼（haddock）。Stephen说，Arbroath Smokie烤熟后会外焦里嫩，十分美味。

那些短裙实在是太难穿了

谈到苏格兰，我们首先想到的必然是苏格兰短裙（kilt）和风笛（bagpipe）。不过这位苏格兰小哥似乎不是很"待见"这份民族瑰宝。

"我8岁的时候穿过一次，很重，穿着很不舒服。所以我很长时间都不想再尝试。"Stephen撇撇嘴说。"Kilt经常在婚礼或是舞会上穿。在苏格兰，不同的部落（clan）会有不同的属于自己的短裙的格子图案（tartan）。当你穿上不同图案的裙子，别人就会知道你来自哪一个部落。"原来在我们看起来差不多的苏格兰短裙其实有上百种不同的格子图案，据说，苏格兰格子注册协会记载着几百种不同的格子图案，大多以家族姓氏命名，代表不同的苏格兰家族。

"至于风笛，其实是一种很难的乐器，需要有很大的肺活量。在一些重要的场合会演奏。我是不会吹的。"苏格兰小哥憨笑地说，"I'm not very musical."

比起北京我更爱天津

说起为什么会来中国，Stephen说："首先我对汉字很感兴趣，作为世界上最难的语言之一，我很想挑战一下自己；而且中国是一个旅游胜地，有很多壮观的山河湖海，我对这里的美景十分向往！"

决定来中国时，Stephen还不满18岁。"那你不害怕吗？你才这么小，就离开家来这么远的地方"，我们不禁好奇地问。"不会的，我喜欢去新的地方体验经历不一样的生活，离开家我也会变得更独立。"与中国许多一直成长在父母保护的羽翼下，直至跨入大学校门仍然需要家长照顾呵护的孩子相比，这位小小少年的独立精神更加让人佩服。

"在中国，我认识了来自不同国家不同地方的朋友，我们一起聚会，一起过圣诞节，一起去旅行，我觉得很开心。"这位闲不住的"热血青年"在天津逛过的地方甚至比我们都多：古文化街、水上公园、奥体……甚至还去了蓟县。"还是更喜欢蓟县的山，很壮观。漫山的大树，秋天叶子红了，很美，还有独特的雕像，路也很宽。爬爬不一样的山，挺有意思。"

Stephen周末还经常会去北京逛逛。但是他说："相比之下我更喜欢天津。北京太大太拥挤了，去哪里都要坐很久的车。而天津的话，去哪里都不远，人们也很友善，乐于助人，食物也很可口，我在这儿觉得十分舒服。"

谈到中国的其他城市，Stephen如数家珍："哈尔滨、西安、成都、桂林、杭州，我还特别想去这些地方看看，那些美丽的自然风光，我真期待，特别是漓江。以前在我的印象中，谈到中国，我想到的就是长城和漓江。我已经去过长城了，所以还想去看看漓江。"

爱运动，爱旅行，爱摄影，年轻就是要多闯荡

羽毛球、橄榄球、足球等运动是Stephen的挚爱。"运动可以让人富有活力，精神满满。"

Stephen回国后将在爱丁堡大学就读地理专业，他说这是他很向往的一个专业。"我家有一个地球仪，从很小的时候我就喜欢盯着它看，看上面不同的国家、城市，不同的地理环境，一看就能看很久。"今年18岁的Stephen已经去过三个大洲，近十个国家。"我梦想的职业就是一份能和旅游相关的工作。"

Stephen还是一位摄影爱好者，尤爱拍摄风景和动物。"能把旅游时这些精彩的美景记录

下来，我觉得很棒。"因此，刚来学校，Stephen便在社团嘉年华上毫不犹豫地选择加入天外学生记者团的摄影技术部。"参加了一次培训和几次活动，不过培训的内容是中文，对我来说还有点困难，我还在努力尝试，部长也会用英文跟我交流。不过和大家一起玩还是很有意思的。"说罢，他向我们展示了他拍摄的一些作品。

"想要环游世界，亲自体验世界各处的山川、河流、湖泊、海洋等不同的地质景观，这对我的专业也会有所帮助。况且，我还年轻，有很多机会，一定要多去看看外面的世界。"Stephen笑着说，眼神笃定。

苏格兰诗人Robert Burns曾写过一首诗Auld LangSyne，后改编成歌曲在世界各地被传唱，这首歌就是《友谊地久天长》。在此，我们也将这首歌送给Stephen，愿他早日梦想成真，愿我们的友谊地久天长。

Should auld acquaintance be forgot
And never brought to mind
Should auld acquaintance be forgot
And auld lang syne
For auld lang syne,my dear
For auld lang syne
We'll take one cup o kindness yet
For auld lang syne
怎能忘记旧日朋友，心中能不怀想？
旧日朋友怎能相忘，友谊地久天长。
友谊万岁，朋友，友谊万岁！
举杯痛饮，同声歌唱友谊地久天长！

来源 | 天外学生记者团
文字 | 罗拉
编辑 | 康榕
照片 | 由受访者提供

袁佳莹：
去山的那边
看海

双城记

2015-12-03 天津外国语大学

袁佳莹，我校日语翻译专业2012级本科生。大一通过英语四级、日语N2考试，大二通过英语六级、日语专四、日语N1考试，获得2013年度天津外国语大学住友商事奖学金。同年获得日本文部科学省国费奖学金的留学机会，前往东京外国语大学留学一年，并成为在校考中位列最高等级的留学生。后保送就读我校高级翻译学院日语同声传译专业研究生。

元气十足，平易近人，整个采访过程中丝毫没有距离感的交流伴随着她时刻挂在脸上的微笑，让这冬日的瑟瑟寒风也不再那样刺骨。小语不禁感叹，原来学霸也未必高冷，点滴耕耘就能收获麦浪。

一山望着一山高

"我对日本动漫很感兴趣，喜爱少年漫画，不爱少女漫画，好玩好看的动漫都会吸引我。"日语虽被认为是传说中"笑着进去，哭着出来"的语言，但兴趣却使这位二次元少女忘记了背单词记语法的枯燥与无趣。"我最喜欢的动漫是《火影忍者》，因为这是我第一部真正意义上接触日语的动漫，重要的是剧情好看。"也许正是兴趣起到了微妙的催化作用，使梦想之帆顺利启航。

说起自己的青春奋斗史，袁佳莹便提到了另一位学霸——我校日语同声传译专业研三的刘俐君。"赴四川支教，作为志愿者参与达沃斯论坛，参加日语研讨会，日语零基础却在大一时就高分通过N1考试，别人能做到的，难道我就做不到？"想要让自己更加优秀的信念推动着她明确目标，全速前行。"一山望着一山高"，虽为学霸，但把更厉害的学霸作为自己赶超的榜样，袁佳莹大一顺利通过了日语N2考试，积极备战出国。

如果山的那边仍然是山

虽然作为国费留学生（在当年留学选拔考试中成绩最优异的同学才有资格成为国费留学生，除享受学费免除政策外，还有奖学金）去日本，不必为生活费、学费发愁，但为了更好地接触日本社会和锻炼自己，袁佳莹曾兼职做收银员。尽管有每小时950日元（折合人民币50元左右）的高工资，但工作强度非常大。每天工作6小时，连续工作3小时才有半个小时的休息时间，仅上下班就要花费2小时的车程。

如果山的那边仍然是山，就用信念凝成海。虽然有不少留学生耐不住辛苦，中途放弃兼

职，但袁佳莹最终坚持了下来。她说，虽然日本的同事们都很友好，但还是会对外国留学生辞职指指点点，因为身在他乡的一言一行代表了国家，因此"再累也要做好"。

生活并不全都像日漫中那样美好

"一次因为客流量太大，来不及将一盒鸡蛋用胶布固定在袋子里，而是和蔬菜放在了一起便受到客人的责备，客人还叫来了领班。"现实中的日本人注重细节到有些"刻薄"。这是袁佳莹与日本人打交道最直观的感受。

但是，下班后的聚餐却又是另一种完全不同的氛围。

"食事会上，员工们可以用帽子打上司的头，和他玩闹，而在食事会之后大家又'若无其事'地继续工作。"这种"公私分明"也许看起来很奇怪，却是一种很好的解压方式，她到了日本才真正深刻体会到的。

终于看到山那边的海

和中国一衣带水的日本，饮食生活又是什么样的呢？

"不止生鱼片和寿司，这里还有很多别的菜品，比如炸猪排、拉面、沙拉，还有各种米饭类的食物。中国料理也改变了味道，以便更适合日本人的口味。"在日本，袁佳莹大多自己在宿舍做中餐，这样既省钱又合自己的口味，或者在学校吃，经济实惠。"在学校一份牛肉盖饭为30元，而在外动辄50~60元，吃得好一点就得100多元。"

走出国门，怎能不好好看看外面的世界，京都、冲绳、九州、大阪……都留下了她的足迹。

京都和大阪多为古建筑，京都的清水寺、金阁寺、银阁寺都与中式建筑相仿，但她最喜欢的还是北海道。"那里的雪和温泉都让人印象深刻，当初就是因为想看冰雪祭才去了北海道。"著名的"白色恋人"工厂，冒着热气的露天温泉，冰雪节上整条街的冰雕，这样的景致大概只有身临其镜才能真正感受到其中的美妙。

日本的文化同样丰富多彩

"观看歌舞伎表演，整个过程很安静，只有唱词人用歌声唱出剧情"。唯美的烟火大会，在一星期前就有人将写着名字的塑料布贴在地上占座，当天人很多，但是却很有秩序。还有盛大的学园祭，整个学校都会参与，用一个星期的时间来筹备。"有手工制作的食品、鬼屋、电影室，还有女仆咖啡和执事咖啡。"在一饱眼福与口福之后，还能体验日本的文化，山那边的那片海，果然也有它的精彩。

海边拾贝

虽说袁佳莹在去日本前就过了N1考试，但真正到了日本，交流上还是会有困难。"和日本学生一起上课时，老师的语速很快，跟上节奏有些费劲。而如果出去和日本当地人交流，他们的语速更快，还会夹杂口音，基本上听不懂。"正如"纸上得来终觉浅，绝知此事要躬行"，她说："到了日本之后，才发现自己要学的还有很多。"

"不只是日语，放弃英语是血的教训。"在日本有很多留学生，当想说的话无法用日语表达出来时，就会用英语。"在国外，人们总是认为中国人英语很好，所以如果遇到留学生向你问路，而你又不会说英语，真的很尴尬。"

不仅如此，日本的大学教育更多体现了一种自主性。那里没有考试，而是写期末论文，平常的课程可以自主选择，而且不局限于语言类，而是各类课程，10门必修课要选择2门。同时，他们很强调小组合作，往往是老师布置写有关日本的论文后，进行小组讨论，确定题目、制定大纲，切实可行后再进行分工。

正所谓"读万卷书，行万里路"，但当谈到学习日语的一些经验时，袁佳莹坦言没有捷径可走。正如同海边拾贝，是一点一滴的，积少成多。"背单词是基础，还要再加上你长期积累形成的语感。可以通过看日剧培养语感，看的时候先不看字幕，听懂后再看，并把不会的词背下来，记住在什么场合使用。"对于即将到来的N2考试，袁佳莹还不忘贴心提示，N2不是总分及格就是及格，而是要各个方面都及格。现在离N2还有几天时间，最主要是提高听力和阅读能力，多听多练就会有所进步。

阳光、质朴、谦虚、自强，从日本留学归来的她并没有停止自己追逐梦想的脚步，这个元气十足的暖心少女还在继续脚踏实地地前行，并且不时仰望星空。袁佳莹，她的目标远远不止于那片海，她的梦想一定会在自己的努力下散发出更加耀眼的光芒。

来源 | 天外学生记者团
文字 | 郭靖
编辑 | 傅博文

朱树：
我只想
做到不忘初心

2015-12-19 天津外国语大学

朱树，2011年考入我校斯瓦西里语系，2012年于坦桑尼亚达累斯萨拉姆大学进行为期半年的学习，并以演员身份参加坦桑"春晚"，歌唱斯语版《医疗队员到坦桑》。在外学习期间，她利用自己的闲暇时间，教在坦的中国人斯瓦希里语。四年大学生活中多次获得校级奖学金、优秀学生干部等荣誉称号，同时，也是一名热心的志愿者。2015年6月毕业的她，现在在刚果金从事斯瓦西里语翻译工作。

斯语，是我的第一选择

说起斯语这个语种，人们都会觉得它既神秘又让人向往，朱树在说起这个专业的时候，好像还是充满了那时的激动和好奇："斯语是我选择的第一专业，最开始就有到非洲大草原上看狮子的梦想。家里人一开始都在和我商量，但是我希望给自己创造一个机会。"从入门到学精，她有自己的经验，"这门语言开始的时候很简单，往后接触的语法多了，可能就有一个混乱的阶段，千万不要慌张，慢慢地沉淀一段时间，自己再把教科书从头看起，你会发现好多以前不懂的都懂了，学会融会贯通，这样思路会慢慢的清晰起来。"

不同的契机，不同的感受

2012年，朱树以优异的成绩被派遣至坦桑尼亚留学。期间，她在坦教中国人斯瓦西里语，积极参加当地志愿活动。"在坦桑参加志愿活动其实有个人原因，就是为了多锻炼一下自己的口语。但是活动之后，面对当地人感谢你时真诚的笑脸，自己也是由衷地开心。久而久之，我意识到自己不仅帮助了别人，还从志愿活动中得到他人的肯定。"这段留学经历不仅让她巩固了所学知识，对非洲的热爱也就此奠下根基。"第一次去坦桑留学的时候，想着可能一辈子就来这一次了，可是在这里长期工作之后，又想着可能自己一辈子都要留在非洲了。"回想起当时的情景，朱树表示，这仍是她一生难忘的经历。

刚果金的生活让人哭笑不得

毕业之后，朱树所供职的中国公司总部派她去刚果金做翻译工作，这使她第二次踏上了非洲大陆。初来乍到，朱树独身一人在刚果金的生活真的是有点焦躁。也许有人不太了解刚果金这个国家，最直观地说，它是全世界最穷的两个国家之一，生产力非常落后。"平时使用的纸币都已经磨损得看不出金额了，很少有两层的小楼，房子都是砖制的，经常停水停电。满地沙土，交通条件很差。超市是当地的有钱人才可以进去的，而且医院平时清静极了，因为大家看不起病。但是，这里的教堂和学校可以说是最'豪华'的建筑了。"说到这些，朱树的语气中不免透出遗憾。只有真正经历过贫困，才有想要改变的欲望。在当地艰苦的生活环境下，孩子们的教育问题一直都是她揪心的。

随遇而安之后，为非洲之崛起而读书

说起初心，她说往大了说那就是"为非洲之崛起而读书"，往小了说就是提升自己，以一颗平淡而愉悦的心面对生活，用自己的努力为这里带来一点点改变。有句话说"爱笑的女孩子运气都不会太差"，和运气相对的是努力。假如说不努力而只靠好运气，或许有50%的机会成功，那么朝着目标不断努力再加上好运气，成功率就是100%。对于一年只能有两个月回家的假期，朱树表现出来的淡然让人有些诧异，但是她笑笑说，这已经很好了。面对现在蓬勃发展的中非建设，作为口语翻译的她，正一步步用自己的努力为加深中非友谊，推动中坦两国文化交流融合默默贡献着自己的力量。"为非洲之崛起而读书"，以绵薄之力促进当地经济民生改善发展，朱树，一直在努力。

在和朱树交流的过程中，坚韧和乐活乐观应该是最合适她的两个词。也许正是这样，她才能从容地面对现在的艰苦，坚定自己的信念，活出自己想要的精彩。

来源 | 天外学生记者团
文字 | 傅博文 孙婓奕
编辑 | 范羿铭

于杨涛：跟随习总书记的出行路线，去埃及看看那里的天外人

2016-01-21　天津外国语大学

　　一个简易的旅行包，一台单反照相机，一支军用水壶，一匹健硕挺拔的骆驼，还有一串沙地上单调的脚印。他，就以这样简单的装束来到了沙漠环绕的中东国度——埃及。胡夫金字塔下，他感叹古代文明的伟岸；狮身人面像前，他低头默念虔诚的祝愿。他来到埃及，不是去挑战万里沙漠的酷暑，也不是去探索法老王的秘密，而是来建造一座中埃文化交流的桥梁。他，就是我校亚非语学院2014届毕业生，赴埃及对外汉语教师志愿者——于杨涛。

同为文明古国，文化天壤之别

　　初到埃及，于杨涛开始对外汉语教师工作的地方是在距离首都开罗110千米的伊斯梅利亚市的苏伊士运河大学孔子学院。这里风景美丽、气候宜人，大学所在的伊斯梅利亚市也一度被誉为"埃及最美的城市""运河的新娘"。真切地生活在埃及这片沙漠上，才深刻地体会到这个与中国同属四大文明古国的国度，在民风和文化上有其独特的一面。

　　"埃及是一个穆斯林国家，因此他们更注重宗教礼仪，普通民众对财富的追求并不是那么强烈，每天只上半天班，生活节奏慢，压力小，虽然不富裕但幸福指数很高。"在与当地人打交道时，于杨涛很容易被他们的乐观和闲适所感染。尽管融合了法老文明和贝都因文化的传统，但随着当今世界全球化趋势的发展，当地人的性格也兼具了东方人的沉稳与西方人的热情。在埃及，经常会遇到"问路变带路"的情况，当你问路时，路人往往会热情地直接把你带到目的地，不管他顺不顺路。平日里陌生人之间也会互相帮助，这里的民风基本可以用淳朴自然来概括。

　　饮食文化自然也不同于"舌尖上的中国"。埃及的蔬菜只有沙拉一种吃法，肉类都是以烤为主，虽然没有中国的炖、炒、煮、炸等烹调手法，却又不同于我们印象中的韩国烤肉。如果说韩国烤肉更注重肉质和口感，那么埃及烤肉则是更注重肉与其他调料混合的味觉刺激。尽管埃及人的烹调手法单调，但埃及的玉盘珍馐仍旧无法让你停杯投箸。

　　其实令人根本停不下来的当地美食属当地的甜点。除了西式点心外，埃及特色甜品种类繁多，有酥脆的糖丝里面包裹着碎核桃果仁的"库奈法"，有金黄爽口、甜而不腻、咬一口奶香十足的"盖塔伊夫"，还有用杏仁、橄榄、葡干等炸制而成的外焦里嫩的"法官的美食"。其他还有法提易拉、欧姆阿里、牛奶米饭等，各具特色，但都离不开一个字——甜！

有一种青春叫志愿者

于杨涛的对外汉语教师志愿者工作分为2014年9月到2015年7月和2015年9月到2016年7月两个任期，主要工作分为三大块：一是完成孔子学院的正常教学任务；二是辅导埃及学生参加汉语比赛，如汉语桥等；三是参与一些文化交流活动的组织筹办。

奔波于各种烦琐的事务当中，答应了接受采访的于杨涛却几度与记者"失联"，每次都是等待很久之后才收到他的微信回复，"不好意思，这边正好搞活动，比较忙，咱们继续"。说起为什么毕业后选择出国做对外汉语教师志愿者工作，于杨涛思索了一会儿："现在想想可能是大三的时候有机会到孔院留学，就在那时对这份工作产生了兴趣和敬意，而且在埃及可以提高自己的阿拉伯语水平。虽然没有企业外派那么高的工资，也不能积累很多的职场经验，但还是愿意为对外汉语志愿者工作付出努力和青春，这是一份不悔的选择。"

俗话说"万事开头难"。当于杨涛真正开始从事相关工作后才发现，对外汉语教学绝不仅仅是讲授拼音、汉字、组词造句那么简单。想要真正胜任这份工作，不仅仅要掌握对外汉语教学的相关知识，还要对中华传统文化有相当程度的了解和掌握，历史、文学、艺术等，都是外国学生的关注和兴趣所在。除了知识的储备，磨练自己的性格，注重自己的言谈举止也非常关键。身为一名对外汉语教师，要站在讲台上侃侃而谈、言传身教，展现华夏文明和儒家经典的要义和精髓，不能有恐惧心理和畏难情绪，反而应该气有浩然，自信坦荡。如今，于杨涛经过一年多的历练，教学工作已经进行游刃有余有余了。他说："尽管忙碌，却在对外汉语教学工作中找到了人生定位，实现了个人价值。面对学生，面对知识，人的心很纯净，只要潜心其中，就一定能够做好。"

跨文化交流使者的天外情怀

"母校"这个词，也许对五湖四海的天外学子来说就是自己的第二个家，对于于杨涛的意义更是如此，因为天外有他最美好的回忆。曾经青春年少，曾经逐梦翔翔，收获知识、友情和爱情，更重要的是"学校为我提供了一个阶梯式锻炼和前进的平台，提供了一个展示自我、发挥能量的舞台。"

在大四的最后时刻，于杨涛由于工作需要赶赴埃及没能参加毕业典礼，这让本该圆满的大学生活留下了些许缺憾。但他却说，回忆就好比明月，纵有阴晴圆缺，依旧掩盖不了皎皎银色的美好。

独在异乡为异客，每逢佳节倍思亲，身居国外，总免不了对祖国和亲人的思念。然而作为一名对外汉语教师志愿者，心中的责任和使命让于洋涛不再畏惧漂洋过海的风浪，不远万里，用"中外求索、德业竞进"的天外精神感染世界友人，将五千年源远流长的中国文化传播到异国他乡。

最后，于杨涛为即将出国的学弟学妹们送上了几条暖心贴士：第一，生活自理能力需要锻炼，不会做饭的同学要抓紧学了。第二，出国是一个机遇，多让自己置身于他国语言环境中提高口语能力。第三，身体是革命的本钱，出国学习生活首先要保重身体，量力而行。第四，入乡随俗，尊重当地文化。

来源 | 天外学生记者团

文字 | 刘子轩 闻名

童趣 |
当天外遇上
简笔画

2017-04-20　天津外国语大学

花开枝头的时刻
有你在身边就好
如果可以
我愿捡起散落在土地间的某一朵
装在你的衣裙间
留在你的发间
常驻芬芳

初来乍到的你

某一年的夏末秋初
你拖着行李箱
手中攥着刻了校徽的通知书
脑海里回旋着电影中大学生活的桥段
走向拥有一处红色楼群的方向
也许当时的你并不知道
你是如此纯净美好

夜下芬芳

学习总是有愁眉不展时
有时你会想到那株紫丁香
也许有它在身旁的夜晚
心绪能更加安分
而梦总会更甜一点

最美的天马行空

你总会有许多想法
要怎样自拍才能拍得好看
还有很多奇思妙想
比如
为什么砸下来的苹果没有被牛顿吃掉
这些小小的念头
充斥了你的生活，丰满了你的灵魂

李馨：这就是我理想的工作，我热爱的工作

2016-04-19　天津外国语大学

　　《西去东来》由孔子学院总部出品，是首部呈现东西方语言文化交流交融历史，展现中国语言文化海外传播历程的文化纪录片。全片共分"语言的力量""文化的命运""春天的脚步""大象原无形""美丽的差异""未来的呼唤"6集，每集50分钟。该片创作历时两年，摄制组远赴五大洲50多个国家和地区实地拍摄，采访了200多位国际知名大学校长、著名专家学者和孔子学院中外方院长、教师、志愿者。在第四集《大象原无形》中从32分56秒开始，报道了我校教师李馨以及其丈夫曹凡从事汉语教师志愿者的经历。

　　人物简介：李馨，女，国家汉办孔子学院专职教师，现在我校孔子学院工作处任职。先后在泰国从事汉语推广工作6年，在美国康涅狄格州、密歇根州从事汉语推广工作4年。主要从事"汉语沉浸式"项目工作。荣获汉办赴泰、赴美优秀国际汉语教师志愿者荣誉称号。2006年参与泰国教育部联合中国驻泰使馆教育组拍摄的《志愿者在泰国》纪录片，该片作为全国各志愿者培训高校的行前教育学习片。2013年经汉办及美国大学理事会推荐，受邀作为访谈嘉宾出席美国规格最高的研讨汉语教学的会议——"全美中文大会（波士顿）"开幕式。获得美国大学理事会颁发的"Certificate of Honor"荣誉。多次接受泰国、美国当地媒体以及国内《光明日报》《中国青年报》等媒体采访报道。多篇文章入选汉办优秀志愿者文集以及汉办官网电子期刊。

最初开始时得到了父母无条件的支持

　　2004年，当李馨提出想走出国门当一名汉语教师志愿者时，父母特别支持。最初在泰

国，孔子学院给志愿者的补助是每月200美元。因当时汉语教学资源极其匮乏，志愿者们往往还得购买教具，剩余的补贴连解决温饱都不够。面对艰苦的环境，每个月的月初李馨除了收到来自父母的关心和鼓励，还有一笔额外的生活费。

没有了经济负担，也不需要为未来积累财富，在6年泰国、4年美国的志愿者生涯中，李馨与她志同道合的丈夫曹凡每到一片土地，每教一个学生，都会收获常人体会不到的快乐。

因为好奇，所以热爱，所以坚持。李馨说："这是一件多么新奇的事情，而且是一种全新的职业，在以往几代人当中都不可能发生。首先就是对它有好奇心，然后有兴趣，随着工作的持续深入，你投入全部的身心和精力，就会把它变成一种理想。"

沉浸式教育　全新的挑战

2013年，当他们来到美国格林维尔时又接到了一个新的挑战，这种被称作"沉浸式"的教育项目指的是一个孩子从幼儿园到12年级有多门课程，一直要用纯中文教授。科学家发现，一个人学习语言的最佳生理年龄是7岁之前。在美国，法语和西班牙语早已开始了沉浸式项目，汉语还是刚刚起步。这就要求老师每次讲的话都必须是有效的语言，要用尽量简短易懂的词，让学生能够猜到你说的是什么，还要通过大量直观的视觉可以辨认出来的教具让学生理解。为了让小镇里的人们能够直观的感受到沉浸式汉语教学的优势，在一个月内，李馨夫妻俩自费举办了16堂公开课。当微薄的志愿者补助严重透支时，他们便跑到当地的小餐馆、教育中心去拉赞助。

学生家长的理解和支使我们的项目得以继续

李馨告诉记者："当家长们发现这些学生去迪士尼见到中国人，可以去跟他们说话、对话时，他们突然发现我们这个项目做得可以让学生能够在如此短的时间内就看到这么明显的进步。一开始，密歇根小镇上的家长们不认为学汉语是一个好的选择，但是当他们看见自己的孩子能够在如此短的时间内掌握中文，能够和当地的中国人对话，这些家长们的态度变成了'为什么不学呢'？。"

奉献是快乐的，对绝大多数人而言，"蜜月"只有30天，但李馨和曹凡却有过不完的"蜜年"。对这个正在编织着梦想的新式家庭来说，每一年都是不一样的人生体验。

李馨表示："如果你告诉我目标是未来成为千万富翁、亿万富翁，那这个目标对我来讲没有什么意义，因为它不能提供给我愉悦感、成就感、幸福感、满足感。如果有一天，我不做这个项目了，我也一定会做关于教育方面的其他工作，比如说有机会可以参加世界儿童基金会。这是我理想的工作，我热爱的工作就是这些。"

文字 | 孔子学院总部出品纪录片
《西去东来》采访实录

朱丽：文化可能是冲突的来源，也可能是进步的动力

2016-04-20 天津外国语大学

《西去东来》文化纪录片第五集"美丽的差异"从17分15秒开始，报道了原葡萄牙里斯本大学孔子学院中方院长，我校教师朱丽的事迹。让我们一起走进朱丽老师志愿服务生活背后的故事。

起步艰难

2005年，天外与里斯本大学合作，开始筹备葡萄牙的孔子学院，但起步并不顺利。在葡一年间，朱丽的身体状况每况愈下，体重由98斤降到92斤，血小板降到70。"又气又累"，她如是说。累，是每一个开拓者必然的遭遇，但令朱丽与伙伴们最难接受的是外方院长无处不在的戒备心理。朱丽回忆说，"当时在孔院没有话语权，很多事情等到决策了才被通知"。

这也难怪，任何事情在彼此不了解的情况下，首先的态度就是防备。在多次冲突碰撞之后朱丽意识到真正需要改变的是自己。朱丽尝试着转换思路："不要抱怨，不要站在自己的角度看对方。要站在接纳的角度，站在对方的角度去看待对方，这样处理事情会很简单。"

对人尊重才能赢得尊重。随后大家把对外方院长的称谓从"外方院长"改为"葡方院长"，仅仅一字之差，却折射出平等交往的理念与态度。

慢慢步入正轨

时间融化坚冰，里斯本大学孔子学院也终于步入正轨。随着孔子学院的发展壮大，葡萄牙人学习汉语的热情也与日俱增。前里斯本大学副校长、葡萄牙里斯本大学孔子学院葡方院长玛利亚·特蕾莎教授说："中文作为一种越来越受到关注的东方语言，深深地吸引着葡萄牙人。我们国家作为世界很小的一角，不能偏安一隅，必须要主动认识世界才行。"

2013年，就在里斯本大学孔子学院刚刚完成新的规划急需助推之际，玛利亚教授从里斯本大学副校长的岗位上退了下来。常年的国际化交往使她对孔子学院的意义有深刻的认识，她毫不犹豫地接受了邀请，出任葡方院长。里斯本大学孔子学院就此进入了一个全新的发展阶段。

分歧不可怕，可怕的是不敢面对分歧

"孔院发展到今天，得益于前几任中方院长和中方教师的很多工作"，朱丽笑着说道，"飞跃性的发展还得益于我和葡方院长特蕾莎的合作。"特蕾莎院长解释道："我们会经常遇到分歧，我会向她解释有些事情在葡萄牙是怎样处理的，她也会向我解释她的思路，因为在中国是另一种处理方式。"分歧不可怕，可怕的是不敢去面对分歧。中葡有着漫长的交往历史，虽然由于种种原因，两个国家和两国人民还有隔膜、生疏，但缔造文化纽带是百年千年的事业，只要我们真诚相待，敞开心灵，失去的一切最终都能用心找回来的。

"葡萄牙是一个热心的民族，是一个诚实的民族，所以在这里会收获很多意想不到的幸福。"朱丽如是说。"应该说，在中葡关系方面，孔子学院是有贡献的。同时，孔子学院的建立也影响了中国和葡萄牙政府加强双方关系的趋势。"特蕾莎充分肯定了孔子学院在葡发展的重要意义。

相异的文化自然会有不同的观点，在全球化的今天，不同文化间的理解是和平与发展的基础。文化可能是冲突的来源，也可能成为进步的动力。

文字 | 孔子学院总部出品纪录片
《西去东来》采访实录

王欣：
"武"能教你打
棒球，"文"能
带你习英语

小语专访

2016-06-29 天津外国语大学

"在天外只要上过他的课，都有资格说：'我的英语是体育老师教的！'"来自英语学院的小王同学说。这句话不是对教学质量的调侃，而是课堂的真实写照。他独具匠心地将中英双语教学运用在体育课上，"圈粉"无数，他就是我校棒垒球体育教师——王欣。

双语教学，让学生接触最正宗的棒球文化

"Strike！"在"接球手"接住来球后，"裁判员"王欣立即用英文提示这是个"好球"。他的课堂上，会用中英双语解释棒垒球专业术语，为学生们打造别开生面的"双语体育课"。当"投手"打出一个"坏球"，他会高喊一声"Ball！"；当攻方队员出局，他便高举手臂附上一声"Out！"每一个动作都体现着他作为国家一级裁判员所具备的专业风采。"棒球的裁判用语、比赛转播都是英文的，用英语教学，能让大家更好地理解比赛规则。"作为天津市唯一一所开设棒垒球课程的高校的专业任课教师，王欣对于这个项目有着自己独到的见解，"棒垒球课不是为了培养运动员，而是为了让学生接触到正宗的棒球文化，在双语教学的引导下，提升跨文化交际感知度。"

改革创新，体育试卷"进化"为"全英版"

为了给学生完整的双语体育教学体验，王欣选用"全英试卷"对学生进行理论考试，这项举措使棒垒球考试成了每年学校考试周的"刷屏"科目。"这到底是英文考试还是体育考试""不愧是外国语大学，体育都用英文答"。听说自己的试卷成了朋友圈的热门话题，王欣笑着说道："最初的笔试卷子其实是中英混搭的，很多同学对英文部分表达了充分的支持，这对我产生了莫大的鼓励。"为了不辜负学生们的支持，他坚持背单词、读课文、看美剧，俨然一名英语学院的学生。在英语水平提高后，试卷终于"进化"为"全英版"。体育教学部主任许勇从微信朋友圈里看到了学生们对王老师双语教学的认可，第一时间转发点赞："多年来，王老师不断改革和创新教学方案，追求最佳授课效果，最难能可贵的就是这种持之以恒的精神。"

健体育人，将"永不言败"的精神传递给学生

"'体育'一词应该拆分开理解，既要突出'体'，带领学生们强健体魄，又要强调'育'，把教化育人作为核心内容，王老师的课堂是对'体育'的完美诠释。"体育教学部副主任李骏提起这位执教十五载、一直深受学生喜爱的老师赞赏有加。在王欣看来，体育精神是课堂教学的灵魂，鼓励学生把"操场"看作"赛场"，把每一次对抗练习视为专业比赛，他将"永不言败"的精神传递给同学们，让学生在潜移默化中提升抗压能力。王欣还为自己的学生立下规矩：不迟到、不早退，不因天气稍有变化就轻易调整课程安排。看似严苛的课堂纪律丝毫不影响师生之间融洽的关系和活泼的氛围，每逢选课，王欣的棒垒球课都保持极高的"人气"。

"Assist！"浑厚的嗓音再次回荡在操场，王欣看着因接杀成功而兴奋不已的学生，脸上浮现出满意的笑容。每次都身着全套棒球服准时出现，只为给学生带来饱满的精神状态；坚持用双语进行体育教学，只为让学生真正感受到"跨文化交际"氛围。这名"教英语的体育老师"，以职业棒球手的专业态度打造"双语体育课堂"，为学校实践教学和国际化人才培养增添了一抹亮丽的色彩。

来源 | 天外学生记者团
文字 | 王莹

我们喜欢的样子你都有
——杜树标

小语专访

2017-11-28 天外青年

你以为天外的男神仅仅有活力青年、社交达人和大学霸吗？不，你错了！我们致力于搜寻身边的榜样男神，在那些优秀的学子身后，也有老师和辅导员在做他们坚强的后盾。

大学里，我们最熟悉的人莫过于辅导员了，本期天外男神将聚焦于其中一位，让我们一起走进他的生活、他的世界。或许他留给大多数人的第一印象，停留在他的外貌上，身材挺拔，举止温文尔雅，标志性的微笑里透露着自信。但其实他的风度与魅力并不局限于外表，奖学金、挑战杯、研究生科技进步二等奖，发明专利等荣誉也是他男神的另一面。这并不是别人家的辅导员，他就是杜树标老师，我校国际传媒学院2017级新生辅导员，也是学生心中那位和蔼可亲的"杜辅"。你一定很想知道他是怎么从一个典型的理工男转变成一位暖男辅导员吧，快和我们一起从不同角度了解这位优秀的"男神"辅导员吧。

理工暖男的人文关怀

"开心、辛劳、压力大"，杜树标用这三个关键词来形容自己目前的工作。秋去冬来，看着一个个新生从最初的青涩懵懂、热情高涨，到体验大学的第一课，渐渐变得独立坚强，他深感欣慰，也享受这份"机缘巧合"的幸福。

"说实话，我真的从来没有想象过自己会成为一名老师"，毕业于天津大学电气与自动化工程学院的杜树标是个不折不扣的理工男，但缘分使然，冥冥中的指引，让他来到国际传媒学院成为了一位辅导员。"当第一次被人叫老师的时候，真的好有油然而生的自豪感，确实让我觉得特别开心。"

这份职业远非外界所想象的那般清闲。辅导员的工作琐碎且繁杂，他们时常处于一个"白加黑"的工作模式，全天候、全方位为学生护航。"每天在这加班确实非常辛苦。新生一来事情特别多，每个人情况又不一样，需要面对不同的学生、家长。"特别是迎新季，每天都充满了挑战和压力，随时随地处于战备状态。"突发事件特别多，辅导员就像'灭火队员'，只要和学生相关的辅导员就需要直接负责，需要你去及时灭火。但往往'摁下一个葫芦出来一个瓢'，需要时刻紧绷着一根弦，随时可能有紧急情况发生。精神上的压力真的存

在，不希望学生出现意外情况。"

在成为一名辅导员之前，杜树标对这个职业的印象源于自己大学时的辅导员，感觉他们每天的工作就是在办公室里记考勤，偶尔转转班、开开会。但实际上这只是表面现象，那只是工作中很小、很轻松的一部分。面对实际情况，他渐渐发现看似轻松的背后更多的是身体的辛劳与精力的付出，学生的大事小情都牵绊着他的心。在实践中，杜树标渐渐总结出了自己的工作经验："大多数问题来源于日常学生管理，学生们的问题五花八门，面对各种复杂的情况，你要思考先处理什么，再处理什么，合理安排，恰当处理，这是一份充满挑战的工作。"杜树标和记者分享了一些工作中比较棘手的事例，如同学们的执行力有待提高，虽然老师反复强调，但大家对于老师的要求和建议总是听不进去。不论是学习还是平时的安全教育，像是迟到、旷课、宿舍里使用违章电器等，仍屡禁不止。2017级新生刚刚踏入大学，很多细节上的处理还有待完善，他希望同学们能从身边点滴小事做起，努力成为更好的自己。

亦师亦友的"可爱杜辅"

正式场合中的"杜老师"，也是小萌新私下里口口相传的"杜辅"，作为天外最年轻的"男神"辅导员，对于"杜辅"这个外号，杜树标也打趣道："同学们很俏皮地给我取了这个名字，我还比较喜欢，因为很可爱。"他感动于同学们对自己的肯定，"这个称呼是对我的职业很形象的描述，也是对我的一种肯定吧，作为一名辅导员，我有责任为大家服务，这让我对自己的工作有了很好的定位。什么暖男啊、帅气啊，都是次要的，在其位，谋其职，我希望能够在问题上多多帮助他们，虽然有些问题看起来比较简单、幼稚，但是需要耐心仔细地去解答，希望同学们能体谅老师的良苦用心。"

为了更深入地了解学生，杜树标时常出现在学校举办的各种品牌活动中。丰富多彩的校园文化生活能够帮助大一新生尽快融入新环境，产生归属感，还可以在学习等方面给予他们一些指引，切切实实帮助到他们。各具特色的活动和比赛为学生们展示自我、彰显个性提供了多样化选择，在不同场合里，杜树标看到了学生们平时不会流露的另一面。想要走近当代大学生，就要了解当下年轻人的想法和真实生活状态，也要时刻更新自己的思想，积极与年轻人接轨。"我每天最开心的就是睡前翻翻朋友圈，看看同学们都发表了什么感想收获，从他们身上体验当代大学生的文化是什么样的，希望能和学生们在思想状态上融为一体，给大家在人生道路上做一些指导。"

象牙塔内的青葱岁月

虽然完成了由学生到老师的身份转变，但过程中的困难可想而知。由于本科学的是电气工程自动化专业，研究生攻读的是计算机应用方向，杜树标从未想过自己会来到一所文科院校工作。文理学科跨度之大，使他不得不从零起步，在实践中摸索，期待不同思想与灵魂的碰撞能够擦出不一样的火花。

说起大学生活，四年时光荏苒，依旧历历在目，作为一个过来人，杜树标向记者讲述了自己的经历。"大一大二是最美好的。初入大学，每天无忧无虑，除了学习就是在社团和小伙伴们一起玩。那个时候觉得大学四年很漫长，有很多憧憬，感觉会学到很多知识，甚至邂逅一段美丽的爱情。可到了大三大四，就觉得大学生活快结束了，有了无形的紧迫感。"他建议同学们要学会处理学习与活动之间的平衡，因为最后找工作看的还是专业知识和技能，而不是参加了多少社团活动。在谈到部分同学存在"上大学后成绩不重要，重要的是培养交际和综合能力，考试不挂科就行"的观点时，杜树标也给出了自己的建议：大学没有定式，可以允许个性和自由的存在。但大学同样也是学习专业知识的黄金时期，应当充分利用好自己的时间，打牢基础，学有所获。希望每一位同学都能够找到适合自己的最优解并勇敢地走下去，享受青春的美好！

披星戴月下的生活调剂

研究生毕业后的杜树标几经辗转选择了辅导员这个职业，并在天津成家立业。谈起家庭，时常在朋友圈晒幸福的他脸上露出了掩藏不住的甜蜜，繁忙的工作背后是家庭给他的最大的理解和支持。"辅导员这个岗位确实不轻松，家人每次看到我抱着电脑处理突发情况都表示理解，毕竟都是从学生时代走过来的，明白学生遇到事情第一时间会寻求老师的帮助。"

有人说辅导员的工作是琐碎与枯燥的，日复一日的重复使得原有的激情渐渐流逝。对于杜树标而言，把琐碎变成常态、将枯燥化为精彩，这是工作的哲学，也是生活的哲学。工作外的他热爱篮球，可惜的是，繁忙的工作使他无法抽身。"很遗憾来到天外以后一次篮球都没有打过，我的全套装备都已经准备好了。转眼到了冬天，下班以后天都黑了，打算来年开春的时候和同学们一起打打篮球。"

谈到未来的人生及职业规划，杜树标坦言能确定的只有现在："远的还没想过，我现在就想把这届学生安安全全地接进来，顺顺利利地送出去，希望他们能通过四年在天外的学习，成为国家的栋梁之才，能够奉献青春，服务社会。"

来源 | 天外青年(天津外国语大学团委)

文字 | 房宇馨 王祯珍

当帅气外教遇上"么么哒"

2015-04-14　天津外国语大学

　　他是被学生称为帅气萌萌哒的求索荣誉学院外教，他是谦逊温和、知识渊博的南开大学博士，是在《非诚勿扰》成功牵手安德烈亚卡的英国新好男人。今天，让我们一起走近Chris欧阳克，聆听迷人英伦腔，感受来自英格兰的魅力。

　　采访在Chris的公寓里进行，他特地下楼迎接并亲切地与记者握手。走进Chris的家，记者第一眼就看到了经常出现在微博（@Chris欧阳克）里的尼布拉——Chris养的一只喜欢上蹿下跳的活泼的龙猫。Chris热情地叫我们坐下，跟我们讲述起他的故事。

缘结天外，爱在天津

　　来中国之前，Chris求学于世界著名的约克大学（University of York），主攻社会学，研究生阶段则专攻信息管理和数据库应用。除了求学，他还在世界各地边赚钱边旅游，足迹遍布新西兰、加拿大、韩国、日本等国家，取得硕士学位后，他决定来中国求学。说起对天津的印象，他认为这是个很宜居的城市，闲暇时可以一个人在五大道散散步，喝杯咖啡，品尝美味，生活平静而美好。用他的话说，这些年，天津已成了他第二个家，煎饼果子是让他印象最为深刻的味道，他时常欣赏着海河的夜景流连忘返，驻足凝视桥头昏黄的光晕。Chris还谦逊地说自己中文并不好，而当记者问到他是否会讲天津话时，他毫不犹豫地喊出了"火柿子"（西红柿在天津的叫法）。

　　在南开大学取得博士学位之后，Chris便被我校聘为外籍教师，在求索荣誉学院教授英语。谈起在天外的教书经历，他不假思索地用了"love"这个词，这里能给他一种有能力帮助别人，创造新事物的感觉。Chris钟情于外大校园的小而精致，还有风格独特的建筑，更是对食堂三楼风味餐厅的饭菜赞不绝口。这里的生活与英国传统的生活方式有很大不同，如果用一个词来表达他对天外的感受，便是"extraordinary"。记者忍不住向Chris求教英语学习的方法，"最重要的就是找一个语伴，多交流、多练习，此外看一些英文影视作品也能有所帮助。"他认真地回答道。

与你相约，非诚勿扰

谈到Chris，就不可避免地谈到《非诚勿扰》。2014年寒假，他参加了《非诚勿扰》节目的录制，并与安德烈亚卡成功牵手，引起了广泛的关注。出乎意料的是，Chris的《非诚勿扰》之旅是一次意外的收获，节目组在网上找到他，并在他去北京时进行了面试。几天后，Chris就接到了节目组的邀请短信，当时他并不信，以为又是学生们的恶作剧。没想到几周后，节目组的电话来了，他才反应过来这是真的。虽然最终他和"心动女生"小卡因为两地距离等原因没有走到一起，但两人却成了十分要好的朋友。

Chris曾经有一个活泼的中国女友，总喜欢跟他说"么么哒"，这便成为他最早学会的中国词语。此后，幽默风趣的Chris在微博或者和学生的亲切互动中，也经常回复他们"么么哒"。

热爱旅游，忠于梦想

Chris爱好广泛，如足球、跑步、读书、看电影、品尝美食，最热衷的就是旅游。除了在世界各地旅游外，他的足迹也遍布中国。北至哈尔滨南至广西桂林，特别是四川的九寨沟和安徽的油菜花，回忆起这些地方，Chris双手竖起了大拇指，一连串地赞美道"Amazing""Brilliant""Unbelievable"。如画的美景让他对中国产生了更深的感情，他把照片发到Facebook上，引起朋友们一片惊叹。

旅途中，Chris必做的事就是与当地人交流，从而更深刻地体会当地的生活。Chris一直感叹旅行带给了他很多，让他学会了用不同的眼光来看世界，看别人的生活。旅行赋予他灵感，丰富他的知识，帮助他了解更多历史和文化。

谈到未来，Chris表示短期之内不会离开天外，因为他希望看到自己的学生毕业，他和学生们之间已经有了深厚的感情。如果可能，他还希望写一本书，中国会是里面不可或缺的一

部分。当然他还会继续自己最爱的旅行，希望自己的双脚能够踏遍世界的每个角落。真诚地希望这个把朋友圈叫做"friend barbecue"，把向日葵叫做"瓜子的妈妈"的可爱英国男人梦想成真。你给世界带来"么么哒"的温暖，世界也会与你温柔相待。

来源 | 天外学生记者团

文字 | 徐雯 曹志鹏

小语专访

2017-06-14 天津外国语大学

"当时我们真的是太激动了。"提及恢复高考这一举国沸腾的事件，宋赤军眼神好似穿越时空，闪烁着青年时代求知若渴的喜悦。40年前，决定搭上恢复高考首班车的宋赤军已经参加工作3年，心中充满了能否如愿进入大学的忐忑。如今，他作为天津外国语大学的知名校友重回母校，回望了那场改变无数人命运的人生大考。

在那个动乱的十年里，接受正规的教育几乎是不可能的事。小学三年级时，宋赤军在天津外国语学校就读，一年后"文化大革命"爆发，学校就地解散。直到1970年5月，天津外国语学校（中学）恢复，宋赤军再次被录取，并进行了4年半的学习。"当时我们都没有能用的官方教材，学习资料都是蜡纸打字加手刻制作的。而且每年要去学校的农场拉练三个月，用来'深入工农'。"1973年前后，天津市政府向中央报请成立天津外国语学院，并拟将天津外国语学校的学生集体并为第一批学生。但最终这一计划没有实现，也让宋赤军与圆梦大学失之交臂。

1977年10月，恢复高考的消息传来，这让已经参加工作3年的宋赤军重新燃起了对上大学的希望。然而当时参加高考需要经过所在单位的同意，有些单位为防止人才流失，甚至对员工隐瞒恢复高考的消息。"当时我们单位还是比较开明的，只是希望我们这六七个人不要一起去考，但最后还是全放行了。"对此，宋赤军认为自己受到了命运的眷顾。"1976年唐山大地震后，友谊宾馆受损停业，要不是因为这个，我估计单位也不会放走我们。"最终，这些怀揣梦想的青年如愿踏上了"文化大革命"后首次高考的征途，把期待和希望寄托在这项停滞了十年的人才选拔制度上。

对于宋赤军来说，准备高考的过程充满了困难。首先是时间紧迫，10月得到通知，11月上旬就要参加考试。由于白天还要工作，他和同事们只能在夜里学习，而且由于没有复习大纲，他们"根本不知道出什么题"。同时，他还要克服复习资料的匮乏。"当时我们几个同事互相帮助，谁哪科好就帮扶差的。另外我三个姐姐都是'老三届'（"文化大革命"前的中学生），她们有一些学习资料，还能给我们提供参考。"就是在这样的条件下，宋赤军用不到一个月的时间完成了备考，步入了即将决定命运的考场。

宋赤军回忆，自己高考印象最深的一科就是数学，原因则是"根本不会"。"当时考试开始的铃一响就有好几个学生站起来了，要交白卷。因为根本就答不了。当时外校的学生只学过两年的初中数学，这种水平拿来高考肯定是不行的。一个女生考了12分，就是外校同学中的最高分了，她母亲还是数学老师呢。"虽然面对试卷一片茫然，宋赤军笑着回忆说，"当时还是尽力答了一遍，写不明白了就画图解释，不过最后我的成绩还是零。"

恢复高考的首届考生仅过了一个多月就得知了录取结果，凭借着优秀的外语成绩，宋赤军如愿考入天津外国语学院。这一消息传到家中，最激动的人是宋赤军的大姐。"我的大姐是'文化大革命'前的高考生，当时录取通知书刚下来，中央就下令废除高考。她也就痛失了上大学的机会。到恢复高考的时候，她已经有了两个孩子，也就放弃了参考。"十年之隔让同样参加过高考的姐弟二人走上了不同的命运之路，这也是特殊年代的典型缩影。

当年入校的新生只有200多人，但天外对学生的重视程度丝毫不减。"当年我们的老师是中国恢复联合国席位后的第一批同声传译员，学校还配备了20多名外教，当时这在全国都十分罕见。"而且当时普通民众不允许收听短波电台，学校专门给学生们开放了收听BBC、美国之音的"特权"，这对语言环境缺失的学生们来说可谓雪中送炭。

在改革开放亟需语言人才的背景下，1977级天外本科生成为各单位"争抢"的对象。大学毕业后，宋赤军被分配到天津国际投资公司，后调配至天津贸促会任职。从此真正学有所用，成为一名对外经贸工作人员。"很多人一辈子都没出过国，1983年我第一次公派出国就去了北欧，当时就感慨上过大学真的不一样。"在工作期间，他曾远赴英国与外商谈判，促成新中国成立以来我国在海外最大的一笔投资项目。身为恢复高考后的第一批高校人才，为我国改革开放初期的拓展建设贡献了一份属于知识分子的力量。

"恢复高考让我们这一代人重新燃起了对生活的希望。"570万名考生，最终录取27万人，宋赤军通过了仅为5%的录取率的筛选，在时代的交接站踏上了由知识铺就的人生轨道。又一个十年将至，千千万万个有志青年将继续接过这份厚重的试题，完成推动社会进步的命运答卷。

来源 | 腾讯大燕网
文字 | 天外学生记者团 闻名
摄像 剪辑 | 陈可嘉

邹瑜:
勤奋铸就外交梦想 回首不忘母校恩情

小语专访

2014-06-03 天津外国语大学

5月24日清晨，连绵细雨的彻夜洗礼终于赶走了多日来叫嚣着的闷热，空气也变得湿漉漉的，让人心旷神怡。就在今天，天津外国语大学校友会欧洲语言文化学院分会成立了。阔别多年的校友们纷纷从四面八方赶来，天外学生记者团的学弟学妹早早地便恭候在会场门外，有幸采访到了外交部校友邹瑜。

邹瑜，2002级法语专业校友，在校期间曾担任班级团支书、法语系学生会主席。2006年成功考取外交部，驻外期间曾主管礼宾、领事、办公室、新闻和文化事务，兼任大使秘书。2010年以来在外交部领事司工作，先后参与了吉尔吉斯斯坦、埃及、利比亚、日本等重大撤侨行动，参加了处理中日钓鱼岛撞船事件、湄公河13名中国船员遇害事件和马航MH370客机失联事件工作组。近日，被授予外交部"巾帼建功先进个人"荣誉称号。由她撰写的《任何时候 人民利益高于一切》被人民日报总编缉吴恒权赞为"一堂生动的爱国主义教育课"。

志存高远，勤学不辍

据邹瑜讲述，当她在大一时得知可以报考外交部的消息后，便立志要实现自己的外交梦，这也就要求她必须有扎实的外语功底。而大一的她在一开始便遇到了巨大的困难——发音。众所周知，音标和字母学习是外语的入门课，准确发音可谓是外语学习的基础，而法语的发音是比较复杂的。受方言（福建话）习惯的影响，邹瑜不仅难以按要求发出准确的音，她甚至听不出正确与错误读音的差别，每堂语音课上都成为老师的重点帮扶对象，怎么也迈不过发音这道坎一度让邹瑜很有挫败感。但她就是有一股不服输的劲儿和不断反思的精神。无数次模仿标准发音宣告失败后，她开始尝试先练普通话再练法语。于是，她每天一遍遍地听中央台新闻广播，并极力模仿播报新闻的普通话发音，努力教自己的耳朵分辨卷舌音、鼻音，让口鼻配合发出吐字清晰的普通话，与此同时，结合对普通话发音的体会，不断琢磨解决法语发音问题。功夫不负有心人！在第一学期期末的口语考试中，仅有两个人的发音获得老师的高度认可，邹瑜便是其中之一。说到这儿，邹瑜颇有感触地说："这次经历对我的影响很大，从此面对困难更有自信了，同时更加坚信天道酬勤的道理。"

储备知识，提高能力

外交官，这一让人心驰神往的神圣职业，让那些带着光环的精英人士，更是需要不断学习和全面发展来完善自我。回忆起自己的大学时代，邹瑜告诉记者，她很庆幸自己当时除了学好专业知识外，还积极参与了学校的各种活动，使自己的能力得到了充分的锻炼。本着"凡是有可能的机会都去试一试"的想法，她活跃在校园的各个角落——篮球队里她是队长，全国大学生英语竞赛中她捧得一等奖。她特别强调"成为一名外语人才，学好中文同等重要"。要做好对外交流工作，不仅要熟练掌握外语，也得精通母语，了解中华文化，才能准确传译，且言之有物，这是她的经验之谈。也正因为邹瑜有扎实的中文功底，她曾在《人民日报》《北京青年报》《中国新闻周刊》《香港文汇报》发表过自己的文章。参与编写的首部《中国领事工作》蓝皮书已于日前出版。最后邹瑜还嘱咐记者们："要培养自己各方面的能力，总有一天会派上用场。"正所谓储备知识，提高能力，迎接未来。

感恩母校，报效祖国

邹瑜表示，外交官在别人眼里可能只有光彩照人的一面：谈判桌上的唇枪舌剑，宴会场里的觥筹交错，外事场合的西装革履、谈笑风生。但高强度的工作，夜以继日的坚守，顾大家而舍小家的场景其实更为寻常。尽管经历过一些艰辛，但她毫不后悔自己的选择，因为肩负的责任是光荣的，能将青春献给祖国的外交事业是幸运的。

采访临近尾声，邹瑜饱含深情地说："今天我能成为一名外交人员，首先要感谢培养我4年的母校，感谢各位老师的谆谆教诲和严格要求。一直以来，我深为自己是一名天外人而骄傲，今后将继续遵循'中外求索 德业竞进'的校训，为成为一名优秀的外交官而努力。在这里也衷心祝愿母校越来越好，每一位天外人越来越好！"

来源 | 党委宣传部、校友工作办公室、欧洲语言文化学院

记者 | 天外学生记者团 程沛祺 徐雯

照片 | 由受访者本人提供

秦士杰:通往北大的成才之路

2015-01-04　天津外国语大学

秦士杰，天津外国语大学英语学院2011级本科生，中共党员。他品学兼优，3年专业总成绩稳居学院第一，现已被保送至北京大学攻读美国法法律博士，同时修读中国法双学位，立志成为具有国际视野和全球竞争力的跨国精英法律人才。今天，请随记者一起走进这位"学霸"，看看通往北大的路上有哪些精彩、哪些不为人知的辛苦与付出。

名副其实的"学霸"

他对学习始终心怀信仰，严格要求自我，脚踏实地，在图书馆默默与浩瀚的思想相伴，静心求学。他外表温润谦诚，内心恬静自喜，有着广阔而丰富的精神世界。他学习成绩平均分大一91.28分，大二93.91分，大三93.87分，三年总成绩在学院五百多人中名列第一，荣获了国家奖学金、天津市王克昌奖学金特等奖、天津市十佳大学生、天津市人民政府奖学金、天津市三好学生等重要荣誉。他连续三年蝉联天津外国语大学一等奖学金，蝉联校十佳大学生，蝉联校三好学生，蝉联校魅力之星，并当选2014年天外"我最喜爱的十大青春人物"。

作为英语专业的学生，他的听说读写译各方面的专业素养均十分扎实，取得托福115分，专业英语四级口笔试双优秀等级，在全国大学生英语竞赛中获得全国二等奖。在研究生推免考试中，他以复试97.5分这一全国最高分的成绩保送北京大学攻读跨国法学教育尖端项目；同时他还获得了北京外国语大学英语学院和高翻学院录取资格。

他极其热爱读书，坚信阅读为他维系着一种超然于现实的姿势，把书当成了他生命的一部分。他读的杂而广，从福山的《历史的终结与最后的人》到冯友兰的《中国哲学简史》，从戴蒙德的《枪炮、病菌与钢铁》到黄仁宇的《万历十五年》，从历史、经济、政治到更抽象的法律、哲学，他对人文社科体系这一庞大建构充满了热情。在埋头读书的3年里，他的心境越发纯粹凝练，沉心去完成对世界与自我的探索，对宇宙、人生有了更深刻的体验。

读万卷书，行万里路，这是从小父母对他的教育。读书之余，他满世界到处跑，一路水月共影，江山几何，用脚丈量，乐此不疲。他很享受这样一个过程：到一个陌生的地方坐一些冷板凳，而后融入别人的生活，赢得别人的尊重。在国外校园午夜静寂的雪地上，在国际青年旅舍温暖的地铺上，他和新结识的国际友人谈身份认同，谈自我实现，谈如何才能与这

个社会建立更加广泛而深刻的联系。他对世界始终怀着一颗不倦的好奇心，眼中总闪着奇异的光芒。他觉得，万里路让他得以见自己，见天地，见众生。

正是丰富的阅历和博览的群书，赋予了他远超同龄人的思维深度和跨学科的知识底蕴，在由联合国协会世界联合会主办的首届中国青年国际事务能力竞赛中，他获得多位国际组织和外交部专家的认可，荣获亚军，入选国际事务青年领袖人才培养计划，获得联合国与国际组织研究中心与联合国协会世界联合会举办的国际会议讨论席位。

与此同时，他对中国传统文化有一种很深刻的寄托和认同，因为他坚信，要成为真正的国际化人才，首先要精通母语，立足本土，持存一种中国情怀。他受家庭气氛的影响，自幼便熟读中文经典。他对中国语言文化充满自信，尤其喜爱文言散文和古典诗词。儒家道统对他的影响极深，而长大后通过在西学中的浸润和对比，他反而更加坚定了对中国传统儒家思想的追求，"为天地立心，为生民立命，为往圣继绝学，为万世开太平"。他渴望成为像陈寅恪、梁启超、朱自清那样的学人，学贯中西，为国家民族传承与担当。

宏辞论道的"辩手"

他在英语辩论、英语演讲、模拟法庭、模拟联合国等领域屡获殊荣，他相信公共演说能产生改变人心的力量。

大一时初次接触英语辩论，他便代表学校参加外研社杯全国大学生辩论赛并获得全国第九名。经过两年多的积累，他成长为中国英语辩论界最杰出的辩手之一。曾获得第十四届议会制冬季英语辩论锦标赛亚洲总决赛季军和最佳辩手，创造了中国学生在该赛事史上最好成绩；2013年欧盟"青年人在行动"国际辩论赛总决赛亚军和最佳辩手；2013年中国辩论学院杯全国英语辩论总决赛季军和最佳辩手；中国首届英国议会制辩论赛中国大陆区最佳辩手等三十余项海内外专业竞赛奖项。荣誉之外，更重要的是，辩手生涯给了他一个为理想辩护的平台，让他学会包容不一定赞同乃至对立的观点。究天人之际，通古今之变，成一家之言，在论争时，他不仅要看到辩题来源的背景、最明显的争论点，还要联系到辩题背后那些更深远、更广阔的普世原则、人类道义。

在2014年全国优秀大学生国际法模拟法庭邀请赛中，他晋级总决赛四强，得到耶鲁大学法学院前副院长、LexisNexis全球法学院项目副院长、香港大学法学院教授等国际法律界专家的高度评价，并受邀访问香港特别行政区立法会、高等法院、国际仲裁中心；在首届北京语言大学全国公共英语即席演讲邀请赛中，他战胜来自中国香港地区，以及韩国、日本、孟加拉国等国家的选手，获得总决赛亚军，为中国大陆学生最好成绩；在北京大学亚洲国际模拟联合国大会中，他凭借精湛的英语文件写作和对议题的深入分析，得到主席团一致认可，获最佳立场文件奖，后来这篇文件被选为天津市模联大会唯一官方写作范本；凭借娴熟的磋商谈判能力和国际视野，他在天津区域模联大会中获得杰出代表奖，突出表现引起主新闻中心的多次专题报道，并作为校代表在闭幕式上发表演讲。一次又一次，在国际舞台上，他向全世界发出了中国青年的声音。这种声音便是依托国际视野和跨文化交际能力，积极参与国际讨论，表达中国情怀，展示中国自信。

<h3 style="text-align:center;color:blue">史上最年轻的"评委"</h3>

由于在一系列专业赛事中的出色表现，他和来自美国、澳大利亚、英国、新加坡等国的资深专家一道，受邀担任第十七届"外研社杯"大学生英语辩论赛全国总决赛特邀主评委，成为外研社杯17年历史上最年轻评委和唯一学生评委。他还先后受邀担任康奈尔大学中国杯全国大学生英语辩论精英赛主评委、第二届全国中学生学术英语公共演讲与辩论联赛全国总决赛、2014年中国辩论学院杯全国英语辩论总决赛、第三届全国高中生英语辩论冠军赛等十余项国家级重要赛事的主评委。

此外，他还受到清华大学、外交学院、北京外国语大学、国际关系学院、北京航空航天大学、中央民族大学等多所高校邀请推广辩论活动并担任培训工作，为同龄人讲解议会制辩论的形式和技巧，帮助他们理解基本的政治思想和哲学概念。他先后接受《渤海早报》《城市快报》、北方网等专题采访，获得凤凰网、腾讯新闻、搜狐等多家门户网站转载；而天津新闻广播电台《Hi天津》栏目专门为他制作了为时一小时的个人专访，畅谈求学之路、思辩人生。在他看来，辩论已经成为一种生活方式的选择。在辩论中经历的一切——瞬间的感悟、合作的精神、热忱和奋斗乃至失望沮丧——都早已超越了辩论本身的形式，并且值得为所有人共同感受和分享。

在我校2014年优秀学子表彰暨事迹报告会上，秦士杰题为"我的成长之路"的演讲博得满堂彩，也让现场师生们潸然泪下。下面就让我们通过文字，一起细细品味秦世杰成长的心路历程。

各位老师、同学：

大家好！

我是来自英语学院2011级的秦士杰，现已被保送至北京大学，攻读美国法法律博士。能够再次站在事迹报告会的讲台上，我感到非常荣幸，去年曾和大家分享过万卷书与万里路。今天，我想站在大学的尾巴上，再谈谈我的成长之路，谈谈我从未在天外与人分享的故事。

我出生在一个闭塞的小县城里，至今都不通火车，每年过节回家，都要辗转倒腾四五次，很不方便。直到上大学之前，我们一家三口都住在一栋40多平米的老公寓楼里，一进门全是油烟味，楼道间一盏灯也没有。我的父母早年在国企改革的浪潮中下岗，我父亲在外面打临时工辛苦奔波，母亲就在家附近的农工商超市当售货员卖水饺汤圆，上夜班，每月才600元钱。有时家里粮食不够了，她就从超市拿回一些赠品馒头给我们母子俩当饭吃。因为家境不好，当同学之间攀比谁得了多少压岁钱，或是过生日得了什么礼物，我总是躲得远远的。有很长一段时间，我的头脑里都没有生日这个词的概念，因为大学之前，我从来都没过过生日。

但我非常感谢父母，他们鼓励我读万卷书，从这个小县城走出去，看到更大的世界。物质可以贫乏但精神却要自由宽广，富贵不足保，但诗书忠厚之泽可及于无穷。我至今记得，我和母亲每月都会拿一个装稻米的大麻袋，坐三个小时的公交车到市里新华书店去买书，再把一麻袋的书扛回来。我读书很快，一天就可以读上两三本。而我书橱里的书，我父母也全部都读过。书，是我们一家三口生命的一部分。

初一时，我先后拿到了县里、市里英语演讲比赛冠军，获得了到省城参赛的珍贵机会。想到能和大城市里的高手，包括南京外国语学校的学生同台竞技，我又激动又紧张，但是我没有指导老师。为了能听出我的语法错误，完全不懂英语的母亲开始自学英语，她买回大量教材，语法、词汇、口语，整日整夜地练习。后来她竟能听懂我的即兴演讲，而至今，她依然保持着看央视英语新闻频道的习惯。那次比赛是我第一次去到省城南京，最后我拿到了全省季军，当时的前十名除了我之外全部来自南京外国语学校。当母亲在家里看中国教育电视台的直播，看到我手捧奖杯的那一刻，她说，她哭了。

现在你们看到的这张照片是我们总决赛最后环节，屏息等待结果的时刻，值得一提的是，站在我身边的黑衣短发的女生，她是那次比赛的亚军，而现在她包揽了中国几乎所有英语演讲比赛的冠军，代表中国参加世界演讲赛并斩获世界前六强。巧合的是，几个月前保研面试时我刚刚碰到她，现在我俩都已被北大录取。不同的成长轨迹，但应该是相同的梦想与努力，让我们在燕园再次相遇。

回想这十多年的成长，我想说，贫寒像凛冽的酒，喝过才敢提着虎拳往前走。直到现在出去比赛，为了节省钱，我依然时常会选择去住青旅、睡机场、睡火车站。坐火车我也尽量选择硬座或是站票。当然现在家里条件好了一些，不用国家补助也能上得起学，何况还有奖学金；读书很方便，再也不用提着麻袋去进城购书；见识越来越广，拿了30余项海内外奖项，担任了诸多国家赛事评委，母亲也不会再流泪，虽然上回我跟她说我第一名保上北大了，她又哭了。但是我想，真正的财富，也许不是后来的舒适，而是当年的贫寒；不是后来的安乐，而是当年的忧患；不是拱手示人的冷暖自知，而是破釜沉舟的卧薪尝胆。

这也是为什么一直以来我对学习心怀信仰。去年同样的时间我在这个台上说，学习可以赋予一个人超越自身地理、社会和时间的制约，赋予所见所历的事和物更多更深层意义的能力和习惯，从而得到更广阔的生命体验。如今我再次送出这句话，与台下诸君共勉。

谢谢大家！

作者 | 莪苓

阚平：
把勤奋作为
人生的底色

2017-11-16 天津外国语大学

　　阚平，英语学院2014级英语（英美文化）专业学生，连续3年学习成绩、综合测评均位列全年级第一，曾获国家奖学金、天津市王克昌奖学金特等奖、校长一等奖学金、校长特别奖学金、校"十佳大学生"等荣誉。她把英语演讲作为承载自己梦想的小船，先后获全国大学生英语竞赛全国特等奖、天津市冠军；"外研社杯"英语演讲比赛全国二等奖，天津市冠军；中国日报社"21世纪 可口可乐杯"英语演讲比赛全国二等奖。她努力成为中外交流的文化使者，担任夏季达沃斯论坛志愿者，活跃在天津大剧院翻译、"洛杉矶·安徽之友"夏令营助教、天津市义工服务队等舞台上。今年10月初，她以全国第一的成绩通过北京大学研究生推免考试，在此之前也取得南京大学、北京外国语大学录取资格。

事在人为，努力成为父亲的骄傲

　　说起对自己成长影响最大的一个人，阚平毫不犹豫地说是父亲。从事英文相关工作的父亲，每天中午都把电视调到英文频道，经常打趣地问她能不能听懂节目里的内容。当时刚上初中的阚平从不愿意承认自己听不懂，而是在背后偷偷地努力练习。

　　不知不觉中，阚平开始着迷于播音员地道流利的口语和自信大方的台风，总是聚精会神地听他们播报资讯，注意他们在台上的站姿和手势，模仿他们进行采访时的灵活应变和轻松幽默。有时候阚平会独自站在镜子前，想象着自己是一名正在和外派驻地记者进行连线的播音员，脑补一个轻松或激烈的场景，用英文和对方侃侃而谈。

　　就这样，她逐渐生出了对英语公共演讲的兴趣，也是在父亲的激励下，阚平练就了一手漂亮的英文花体书法。

　　对阚平寄予厚望的父亲，面对女儿取得大大小小成绩的反应，永远都是微信上一个微笑的表情，生活中更是没有过多的夸赞。"我一直都不觉得自己是父亲的骄傲，在很长一段时间里，向老爸证明自己，其实是我努力提高英语最大的动力。"

　　当得知被北京大学录取时，阚平第一时间把这个消息告诉了家人。那天，父亲发的是一个龇牙笑的表情，后面跟着一句："爸爸为你骄傲！"简单的话语瞬间让阚平湿润了眼眶。

阚平坦言，其实回头看，她对父亲充满了感恩，这份深沉的爱让她少了分傲气，多了份动力，也幸运地通过"每天吃饭时在电视机旁"观看英语节目找到了自己的心之所向，在公共演讲的路上越走越远。但她始终明白，父亲为她创造了良好的语言环境，引导她树立起优秀的学习习惯，最终能否成功，还是取决于自己是否足够努力。"决定未来的归根结底不是别人，而是自己，我一直坚信事在人为"，阚平坚定地说，"每本书、每堂课、每场比赛都把握在我自己手中。大学生活只要稍加留心，其实用来学习和充实自己的机会很多。没有空虚的生活，只有散漫的态度。"

谁的青春不迷茫，记得给心一个港湾

大学生活难免会有低谷。阚平的两个低谷期一个是刚步入大学，另一个则是大三学年末。"刚上大学的时候很迷茫，因为不知道接下来的4年要怎么规划，迟迟不肯全身心地投入到大学的生活节奏中去。"就在记者惊讶于学霸也会有这样的苦恼时，阚平却很庆幸当时的自己问了这样的一个问题。

为了寻求答案，她咨询过很多热心的学长学姐，一位学姐的话点醒了她。没有人能够预知未来，很多时候你想要取得的某个成绩，是一路走来累积而成的结果，是付出之后的奖励，并不全在于最开始的那一步迈得如何。

"只要迈出去这一步，就算成功一半了。"如此，阚平迅速找回动力，先从认真听讲，做作业，预习复习开始，做好一个学生应该做的事。就是这样脚踏实地地一路走来，她的英语能力更上一层楼，各种机会也随之而来，演讲比赛、辩论赛、英语翻译实习……阚平发现有了坚实的基础，结果不必强求却也不出预料，即使在没有特别准备的情况下，也能进行得很顺利。"任何时候静心打磨自己才是真理。如果平日里不愧对自己的学习，收获果实的季节就一定能如约而至，这大概就是水到渠成后的释然吧。"

大三下学期面对高手如云的北外夏令营，繁忙的期末考试季，阚平一度感到力不从心，想要放弃北外夏令营的考试。那段时间她几乎每天都和家人通电话，从父母那里汲取慰藉和力量。不论是赛前，或者任何感觉不到归属感的时刻她都会想想父母，家庭是在逆境中为她引领方向的灯。"困难再大，一想到爸妈的无私支持，心就像在迷雾中找回了方向，泊回了港湾。每个人都应该在心里留一片充满安全感和爱的空间，不一定要是父母，朋友或恋人也未尝不可。"说到这里，阚平调皮地笑了一下。

厚积而薄发，英语学习无外乎虚心积累

九层之台，起于垒土。学习从无捷径可言，语言的学习更是这样。3年的时间，她从最初完全听不懂《疯狂英语》，到VOA新闻的似懂非懂，再到TED演讲不看字幕也能完全理解，从最初的英美音不分到如今练就一口纯正的美语，从英语课本到《经济学人》《时代周刊》等原版杂志，再到阅读晦涩的专业论文，阚平积累了大量原汁原味的英文表达，品味了作品的精妙之处和背后的思想。

曾几何时她误认为英语专业无非是对语言的打磨，写一手漂亮的英文文章，说一口流利的口语。在领略了多元文化之后，她才明白，语言其实是文化的载体，其生命力的最

终源泉蕴藏在千百年的文化积淀中。"作为一名语言类专业的学生，最终决定你所站高度的，并非语言技巧，因为技巧多加磨炼便可趋于完美，而知识的储备却最终决定着你能理解几重深意，吐露何种思想，达到怎样的精神境界。"

采访中，阚平反复提到"谦逊"二字。她例举了一个在北大复试时的经历：正式面试前考生要在没有任何辅助工具的情况下，在10分钟内读完一篇近1000字的学术论文选段，之后面试老师就文章内容轮流提问，问题精细到词句。阚平说，大三下学期她深知自己学术素养有待提高，便啃下了老师布置的论文提纲写作，没想到在那样的场合居然派上了用场。"要积累的东西很多，目光也要放得长远。"很多知识的价值不能简单地用它眼前的实用性来衡量，虚心学习为的是不断提升自己。

"学海何处觅捷径，佳绩方从勤中来"，这是阚平在王克昌奖学金评审会上对自己的总结。现在看来，她的成功似乎璀璨动人，但这硕果背后的辛勤与汗水，非亲历无以知晓——从对浩如烟海的英文卷宗的迷惘到独立啃下专业论文的举重若轻，从演讲比赛的战战兢兢、自我怀疑到大方从容享受舞台与灯光，从初入大学的漫无目的到如今心智成熟后的淡薄包容，她一直是脚踏实地的耕耘者，也是孜孜以求的奋进者。这个女孩始终把勤奋作为自己人生的底色，一路走来，她的成功绝非偶然，她的优秀是一种习惯。

来源 | 天外学生记者团
文字 | 杨晨浩 孙倩
图片 | 来源于受访者

第二篇章 星 辰

罗拉：
世界，
大不过一颗心

2017-10-10 天津外国语大学

导语：九月保研尘埃落定后，我的大学生活算是提前接近了尾声，最终有幸录取于中国人民大学国际新闻传播专业。长夜破晓，梦想成真，这一切，我很感激。

接到官微的约稿百感交集，在这个平台我撰写过那么多故事，安放了那么多回忆，却是第一次变成故事的主角。一时间记忆像细雪缓缓飘落，关于记者团，关于我的大学，前者见证过我在后者的无数次成长。

我和天外学生记者团的故事

在我圆梦的过程中，天外学生记者团功不可没。从大一到大四，它是我大学生活中无法分割的一部分。

大一为学校官微"双城记"品牌栏目供稿，采访多位国外留学生，提高了我的英语口语能力与人际沟通能力；大二在官微开设TFSU街拍专栏，有了让自己满意的作品，也认识了些许今后确定不会走散的朋友；大三在老师的推荐下前往人民网天津频道实习，参与了第十三届全运会、2017中国旅游产业博览会、2017京津冀协同发展创新驱动峰会等会议的报道，实地学习如何采写新闻。在人民网实习期间发表多篇稿件，其中一篇还被中央人民广播电台转载。

记者团赐我与媒体江湖的初逢，帮我开拓了同龄人可能还未触及到的视野，并助我登上更高更广阔的平台。我在人大面试时还提到了记者团以及在媒体实习的故事。在记者团这些年，我学会了积极地感知，缜密地梳理，优雅地写作，批判地思考。将来无论新闻是不是我职业的终点，这些在学习过程中培养的能力都将陪伴着我的一生。

关于时间、规划与效率

大学三年忙碌且充实。除学习之外，实习、科研、社团、志愿者、社会实践我都参与过。这些活动始终围绕着一条主线，那就是传媒领域。我加入的社团是记者团，实习自然也在各大媒体，科研写的是与传播学相关的论文，志愿者报名的是媒体部门，这些看起来多样却又统一主题的经历，成功帮助我通过人大初轮筛选。

有学弟学妹问我如何兼顾学习和其他活动，我想说的是，人生的每一个阶段，都需要我们有一种能力——同一时间完成许多重要事情。其实不用过于烦躁慌张，做好时间规划并高效执行即可。如实习期间经常有些课不能去，这时候需要真诚地与老师沟通，清楚地表达你的诉求，同时确保课后一定把课程补上，不影响学习成绩。在此也真诚感谢那些信任我、给我时间放心去闯的老师们，感谢天外的包容、理解和鼓励。

关于选择，机会错过不会再来

最近有不少学弟学妹与我联系，无论对传媒领域是否有兴趣，关键词都离不开学习和生活中的迷茫。

其实人生没有什么正确的选择，只有努力让你的选择更加正确，正如《存在主义心理治疗》中说的："正确的方向是在达到目的的过程中，而非目的的达成。不是走入旅馆，而是走向旅馆。不是得到桂冠，而是追求桂冠。"

很多事情不要在你准备好之后再去做，因为这时候往往就失去机会了。大一时老师让我采访留学生，我也曾因为英语口语不自信而婉拒过，但在老师的鼓励下还是硬着头皮去做，最后发现在这过程中不但口语能力得到提升，对中外文化也有了更深了解。在人民网实习时便更有经验了，很多时候我可能还没准备好，但也很乐意去做一些活动，因为这就是最宝贵的学习机会，如果错过可能就一去不复返。

今后无论你想从事哪方面的工作，是否准备好，都要勇敢地踏出第一步，之后的路，边走边看。人生无非是选择与矛盾的综合体，无关对错，关键在于我们需要有勇气在矛盾中做出选择并承担一切后果。

付出有时是另一种形式的归来

至于付出这码事，需要摒弃吸血鬼式人格：不想付出只想回报，或一旦付出就定要回报。刘瑜曾经说过，功夫常常是会负有心人的，功夫负不负有心人本该没有那么重要，"有心"的价值是不能用"负不负"来衡量的。这话虽有些过于理想化，但毋庸置疑付出是收获的必要条件。

正确的付出是不会白费的，有时候可能会以另一种形式归来。耐心一些，生命很长，不必着急年轻时的得失，静心读书与成长后，所谓的机会一样还在那里，而你走向它时便更有底气了。此刻的我就想回到3年前抱一抱那个心灰意冷的女孩，对她说你失去的都可以再拥有，且也许是更好的东西，在时间的维度里，我们永远都有机会。

世界，说到底，大不过一颗心

"广场上，人挤人，你不知道方向在哪里，但如果你站得高一点，看得远一点，就会发现周遭的种种拥挤对你毫无意义。"在这个过于浮华匆忙的时代，成功的公式并不一定是高GPA+社团leader+牛实习，它也存在其他定义的方式，属于自己的方式，要不停去探索。路途可能布满坎坷，但既然是自己受益的事，那么无论如何也不需要抱怨自己付出的辛苦。

大学时光太宝贵了，把眼光放长，学会寻找灵魂深处最质朴的快乐和感动。我想，无论我们走哪条路，都应该真诚一些，积极上进，耐心等待，很爱自己能宽容人生风雨，知晓生活真相而温柔生活。世界，说到底，大不过一颗心。

作者简介：

罗拉，2014级英语学院国际新闻专业学生，国家奖学金获得者，先后在《渤海早报》《厦门日报》、人民网天津频道实习，现已保送至中国人民大学国际新闻传播专业。

图片 | 由受访者提供

"石头"纸袋的摘金之路

2016-01-19　天津外国语大学

　　2015年12月4日至10日，由世界发明智慧财产联盟协会主办的"2015台湾国际发明设计比赛"在台湾地区的高雄举行。本届展览会共有来自中国、美国、日本、韩国、印尼、马来西亚、加拿大等20多个国家和我国香港、台湾地区的参赛选手，汇聚了发明协会、院校、机关团体以及民间组织等发明创造力量，作品达到500余件。我校国际传媒学院2014级广告学专业刘甜、胡婧雯两位同学凭借杰出的创意和突出的表现喜获金奖。尽管已经进入紧张的期末备考阶段，两位同学还是毫不犹豫地答应了记者的采访，跟大家一同分享成绩背后的辛苦和收获。

想去冬季的台北看雨，那就要做到最好

　　谈起参加比赛的初衷，刘甜有点羞涩，除了对设计的热爱，还因着想要去体会一番"冬季到台北来看雨"的心境。"9月初从网上看到比赛的邀请函，想去台湾的念头就在心里蠢蠢欲动，因为曾欣赏过很多台湾的文学作品、电影、音乐，对那里有一种美好的想象，于是就找了同班同学胡婧雯一起报名参赛。"在辅导员老师格根其的鼓励下，她们下定决心"要做就做到最好"，于是开始了长达近3个月的构思创作。设计是辛苦的，设计师是孤独的，而作品诞生的过程却又充满了惊喜。从最初想法的确立到最后通过作品表现主题，经过了无数次的推翻、重做、修改、润色，包括想法的产生、全盘推翻、再产生，六易其稿，已经记不清大大小小做了多少次修改，她们努力捕捉每一瞬迸发的灵感，以咬定青山不放松的精神，全

身心地沉醉其中。

加入中国传统文化元素，功能性与美观性相结合

　　"我们最终确定了环保纸袋的外观设计，一共3款6个，希望能够适应市场需求并得以推广，便于重复利用和回收，减少白色污染。"据刘甜介绍，纸袋整体造型简洁大方，容量大，折叠后可随身携带，其最大的亮点在于巧妙地融合了中国传统节日和文化元素，色彩明快，很吸引人眼球。《春·余》主题的设计理念是每逢春节，老百姓喜欢博个"富贵吉祥，年年有余"的好彩头；《午·晌》的主题则是端午节吃粽子，以祭奠面临亡国之痛抱石投江的爱国诗人屈原；而《秋·绵》中缱绻的嫦娥和可爱的玉兔栩栩如生，意寓中秋佳节花好月圆人长久。指导老师郑璐璐提起两位"爱徒"的设计赞不绝口："她们非常认真，经常跟我交流想法，然后回去不断修改完善，所以我更多的是帮助她们建立信心。"郑老师希望学生的作品能够有设计语言，有鲜明特点，表现方式可以引起强烈的视觉冲突。"她们的设计既有现代感，又融入了中国特色，将功能性与美观性相结合，而且重视环保，做得非常棒。"

"石头纸"的突发奇想其实源于平日的积累

　　带着作品和满满的信心，刘甜和胡靖雯一路难掩兴奋地赴台湾参加决赛和展览。可是现场参赛的大多是偏实用性的发明，有的甚至是已经在市场推广的产品，这让两人顿时心里没了底。"反正离决赛还有两天的时间，改！"刘甜当机立断做出决定，可是时间有限，老师又不在身边，怎么修改让两人一筹莫展。有压力才会有动力，在这样一个充满挑战的环境下，她们的创意被一次次激发。"平时我喜欢看一些设计、装饰类的杂志，比如《装饰》《艺术与设计》，从中了解最前沿的设计理念，寻找灵感。刚好之前有看到'石头纸'的这个概念，它的出现解决了传统造纸污染给环境带来的危害问题，又解决了大量塑料包装物的使用造成的白色污染及大量石油资源浪费的问题，刚好适用于我们的作品。"这一创意得到了由各国专家组成的评审团的肯定和认可。刘甜告诉记者，石头纸技术是国内领先，世界先进的新技术，"石头纸"在台湾地区也才刚开始推广，还没有被广泛用做环保纸袋的材质。它纸质优、成本低、吸墨性强、防水性佳、好折叠、易装订，未来市场前景广阔，评委们非常看好。知识的储备点燃了关键时刻的灵光乍现，她们的金奖实至名归。

好的广告一定能打动自己，并让看广告的人记忆深刻

没有坐享其成的收获，没有随随便便的成功。课堂上的刘甜和胡婧雯踏实勤奋，谦虚好学是所有任课老师对她们的一致评价。2014-2015学年，两人分获校级励志奖学金、二等奖学金，以及国际传媒学院三好学生"博才奖"。刚开始接触专业课的学习，全新的领域让她们充满好奇和向往，她说"对'中外艺术史'和'电脑图文设计'两门课比较感兴趣，这是通往广告学专业的大门，介绍了很多设计理念，可以启发我们的创作灵感。"对于什么是好的广告，刘甜也有自己的看法，她说"我认为好的广告不仅能够吸引和打动自己，还可以让所有看过广告的人都留下深刻的记忆。我个人很喜欢公益广告，像是央视的公益广告《筷子》，还有台湾大众银行广告三部曲《不平凡的平凡大众》都曾深深地打动了我。"正是这种对广告的热爱让她们在完成课堂学业的同时，依托专业所学，积极参加各种设计类竞赛，不断锻炼自身，丰富见闻。

金奖的获得是一次比赛的终点，也是刘甜和胡婧雯向着更高目标前进的起点。期待她们像破土而出的小草，努力地进行光合作用，将所见所学转化为自身成长的养分，设计出更多好的作品。

《春·余》

《午·晌》

《秋·绵》

来源 | 天外学生记者团

文字 | 窦文彤

杨楠：
风中的一棵楠木

小语专访

2017-03-16　天津外国语大学

杨楠，高级翻译学院2015级日语口译专业研究生，2016年度"中国大学生自强之星"提名奖获得者。关于他的故事，与站在"金字塔顶端"的"模范生们"不太一样，这是一个实诚的学霸。

光　芒

翻开杨楠的履历表，仿佛有一道道的金光扑面而来：从本科到研究生，每年综合测评与学习成绩均为第一名；本科获国家励志奖学金、天津市人民政府奖学金、校一等奖学金……通过全国高校的激烈角逐，中方教育部、日方文部科学省的层层筛选，以第一名的成绩获得全额奖学金名额，赴日本北海道国费留学；留学期间受到中国驻日本国总领事腾安军先生，中国驻札幌总领事馆文化参赞张鸣，北海道知事青木雅典以及北海道政界人士的亲切接见；从清华、北大等9所名校生中被选中代表中国大学生访问日本，受到中日政要的接见和日系名企的参观邀请……最近一次得奖是获评2016年度"中国大学生自强之星"提名奖。杨楠很少谈起自己的成绩，对他来说，那些似乎只是旅途中的惊喜，而不是为之奋斗的终点。

近来，杨楠没事的时候会刷《熊出没》，看着自称"俺们"的两只熊他觉得轻松愉快。刚开学的日子还算从容，每天起床挑感兴趣的日语资料看两个小时，然后读读书、写写毛笔字、打打羽毛球。"晚上过了六点我一般就不看书了，不然夜里可能睡不好，会踢被子。"平日里杨楠带着一副细框眼镜，很阳光，思索的时候眉头会微皱。当他向记者模仿熊二，说"熊大我想吃蜂蜜"的时候，咧开嘴可以露出整整八颗牙齿。

转　变

坐在记者面前，杨楠意料之外地健谈。他的语速不急不缓，声调沉稳，从日本留学经历开始可以一直讲到自己会做好吃的菜，最拿手的是京酱肉丝。他作为总策划人组织过学院寻访校友的社会实践活动，担任过模拟联合国大会、中国矿业大会等大型活动的志愿者，甚至做过不少国家级赛事的日语随行翻译。"其实这些都是后话，我在上大学之前是那种在人们面前说话时都会发抖的男生"。

初高中时候杨楠还很内向，不太敢说话。同学不爱和他玩儿，连三好学生的竞选也才得到5票。直到大学，第一次上台做"presentation"还非常害怕，哆哆嗦嗦着说完了，居然收获了不少掌声。"后来那个展示我拿了第一名，当时我就想，还是要大声表达自己的想法。虽

说做人要谦虚，但你不说出来也没人知道你到底在想啥啊，不是吗？"从本科到研究生，杨楠一直都是班长，时刻关注班上每一位同学的冷暖和思想动向，想同学之所想，急同学之所急。这些看上去微不足道的小事让他告别了过去那个沉默寡言的他。"人不能畏畏缩缩的，一定要懂得表达、要敢说。"

后来他遇到的困难也有不少，经历过大二N1考前刷分时的昏天黑地，度过了大三下学期长达五个月对日本方面留学批复的漫长等待，还无数次站在时间节点上为未来犹豫不决。但他总忘不掉第一次勇敢站出来大声说话的感觉。"有过第一次自我挑战成功了，下一次面对困难就感觉更有勇气和力量，可能就是这样的信念让我把每个难题都解决了吧……可以说大学是目前截至我人生中最重要的转折点。"

楠 木

前段时间笔译翻译资格考试没过，杨楠准备再考一次。他享受这种受挫折磨砺后更加充实的感觉。研究生的生活挺平顺，前几天老师上课说了杨楠的一个错误，他心里动了一下，这让他有点沮丧："我以前不会太在意犯错或者失败的，老记挂着结果就不能放手去做事，可能是现在挫折太少了？"

以前想过当大学教授，也想过做翻译，后来他想了想自己喜欢听NHK新闻，所以最终还是决心备考公务员。拿到公费名额前他没想过出国留学，获得保送资格前也没想过留校读研，一切看似意料之外，却又都水到渠成。当被问到"今年有什么计划"的时候，他想了半天才说："今年是我本命年……那就希望今年顺顺利利吧，年底报了三个考试，希望付出之后有所收获。"

杨楠对自己从来没有什么长期而又宏大的目标，当记者满怀希望想从他这里取得什么独家高效的学习方法的时候，他的回答也无非是"背单词，听力很重要，周末要多复习"，听上去是最平淡的小事，可他就这么年复一年地坚持做了下来。

越了解杨楠，越感到他无声的力量，他像一棵沉默的楠木，缓慢地、坚定地，向上生长，向下生根。

徐 步

　　采访结束时天色已晚，初春的风刮得很大，杨楠从国际交流中心走出来，习惯地走在人群后面，脚步徐徐。父母总对他说"要低调"，他想当上公务员之后从基层做起，如果有空的话能继续做自己热爱的日语翻译更好。杨楠说到他最敬佩的是日语学院的刘泽军老师，刘老师喜欢研究论文，虽然有同学不理解他，但是"不需要到多高的位置、得多大的荣誉，能这么一直做自己喜欢的事就够了"。

　　小路很窄，路上人流拥挤着向前，杨楠面前有几次留出了缺口，但他还是往后退了退，等到大部分人脚下扬着尘土用力挤出去后，才又慢悠悠地跟在人群后面。他走得很稳，身影渐渐模糊在远方。他有时候也会想，如果没有留在母校读研会怎样，或是当时没有选择日语专业会怎样。即将告别学生时代走向崭新的未来，但他并不害怕："我想，我可以在眼下的每一件事情里找点乐趣出来，有兴趣做了，再难的事儿也能做成吧。"

来源 | 天外学生记者团

文字 | 崔馨月

照片 | 由受访者提供

刘雨勍：
里约和腾讯
都是我从未犹豫
的人生

2016-09-19　天津外国语大学

编者按："身边的人从来没觉得我是一个"95后"小女生，我自己也不觉得，相比同龄人，我越发地老了。"想想她经历过的一切，再看看眼下她的从容，我不觉得这全然是玩笑。

里约奥运赛场前线记者，腾讯体育在职实习生，学院青年志愿者协会会长的多重身份给予了国际传媒学院国际新闻专业的大四学生刘雨勍诸多荣耀，但她只说自己是"刘雨勍"。

对话刘雨勍，根本不需要你准备什么。优雅的谈吐、丰盈的内容、侃侃而谈的方式和自如而强大的气场，让她始终掌控着谈话的中心，却也能清晰地把握记者需要的素材与方向。这种老道的处事技巧常让人感叹，这个女孩有着跟同龄人不同的气质，务实又冒险，持重又灵活，韧性又任性，老成又孩子气，目标明确又直觉至上。

烈日灼灼　夜奔匆匆

8月的里约是沸腾的，热情似火的海洋里总有那样一拨人为我们默默记录着这场狂欢的盛宴。刘雨勍也是其中一员。在由腾讯体育联手国际体育记者协会，以及共青团天津市委员会和天津日报传媒集团共同主办的"相约里约·优秀青年体育记者计划"中，刘雨勍以复赛、决赛双重第一的成绩突破5000余人重围，成功进入里约奥运会腾讯体育记者代表团178人的阵容，成为其中年龄最小的一员。

十多天的巴西之旅，现在回想起来让刘雨勍感叹"好像一场梦一般"。穿梭于奥运场馆与直播间，记录、采访、拍摄、陪同运动员家属，将近30小时的长途飞行、11小时的时差，乃至每天从凌晨4点工作到转天早晨6点的高强高压也并未能让她动摇。有一次她正陪同运动员家属购物，临时接到工作通知需要从当前场地辗转至几千米外承接工作任务，她二话不说安顿好家属，不顾自己疲惫的身体，在里约烈日炎炎的中午一个人狂奔两三千米，最终出色地完成了任务。"别总想着我是女孩子就应该被照顾，不能做苦活、累活。"在刘雨勍看来，工作就是工作，是绝不能以任何理由为借口去拒绝的，"关键是你自己心里得清楚，你来了就是来学习的，不是来交朋友的，也不是来享受的，这样才能真正学到东西。"

井井有条的安排和如此强大的抗压能力并非天生。其实早从今年三月份起，刘雨勍便在北京腾讯体育BD（business development）组做了诸多准备工作。参与很多奥运小型赛事的采访工作之后，她也有了更多接触篮球界小天王麦迪，乒乓球新秀马龙、张继科，女排大将袁心玥、张常宁等人的机会。"体育比娱乐单纯得多，运动员也是凡人，他们在比赛完后也要忍着疲劳去参加节目采访，每个人都不容易。"虽然在奥运会过程中出现过比赛场馆订票失误等小插曲，但也正是这趟旅程，让刘雨勍的人生开始发生改变。

只要我想要 100%拿到

墨子说："志行，为也。"动机与行为结合起来，才能完成一番事业。从巴西归来，刘雨勍结束了她在腾讯体育BD组半年的实习，但她并不满足现状，她想要的不仅仅是这些。"我想要在腾讯实习满一年，这段经历对我很重要。"刘雨勍坦言，"就是不想被别人问起从巴西回来之后都做些什么的时候，只能说自己待在学校。"她坚信自己有能力继续做下去。最终，刘雨勍赢得了腾讯汽车主管的青睐，里约归来还来不及喘息，便全心投入了新的工作环境。"人生有太多的不确定，也有很多误会与失败，该低头的时候就得学会低头，可能也正是因为我懂得隐忍与自省，才能一步步走到今天。"

在实习道路上做得风生水起，学校的专业学习刘雨勍也从未放弃。由于自己从大三上学期便开始在北京实习，学习与工作很多时候不能兼顾，刘雨勍提前便和团委老师、专业课老师做好了沟通，保证自己各科的期末考试成绩均在85分以上。由于两年来学习成绩良好、表现优异，学校给予了刘雨勍极大的帮助和支持，提起老师们她总是心怀感恩。曾任学院青协会长，骑行穿越天津滨海新区北大港湿地保护候鸟、积极参与关爱尘肺病人和残障儿童公益活动，这些宝贵的经历对她最大的影响便是懂得了"一个团队爱心的力量"。在大学里，综合素质的提升是刘雨勍最看重的东西。"机会对于大家都是均等的，想要得到，就要有不服输的心气和强大的综合素质。"

把自己"抛出去"的过程很难

生长在一个传统的天津家庭，刘雨勍笑称自己全家人都没有出过天津市。从小到大，自己都是在天津成长，在天津最好的初中、最好的高中熏陶下，她擅长从情绪中抽离的性格在童年时期便露出端倪。"我一直以来都是这样，顺着自己的性子但不由着自己的性子，让自己有一个好心态，不被情感所困，用让自己最舒服的方式去努力。"由此细究起来，她身上"忍受压力的海量气囊"既是天赋，也是不断修炼而成的。

从天津到北京，从校园到社会，刘雨勍的每一步都是自己"血拼"的结果。两年专业知识的积累和工作技能的锻炼，多次为《每日新报》《渤海早报》供稿，演讲能力出众，这些都为她日后的工作增添了资本。但这看似轻松的成功却得来不易。初到北京，刘雨勍面对什么都是新的。回想起那段最苦最累的日子，刘雨勍感慨："实习的时候挤在一间很小的宿舍。有一次，当我累了一整天忙到凌晨回家想洗个澡的时候，突然发现所有东西都落在了单位，那一瞬间突然就崩溃了，陷入了绝望之中。可能你们无法理解，能将人打倒的就是那样一个小小的瞬间，其实我只是想洗个澡而已啊。"这大概就是"压垮骆驼的最后一根稻草"吧。

不该被复制 也不去想未来

在刘雨勍看来，每个人都有自己选择的权利，都有自己成功的方式，她不是一个范例，更不是一个榜样。现在的她更想踏踏实实地做好每天的工作。"不要太在意结果，确立自己的目标，找一个让自己最舒服的方式，不要太刻意，不要勉强自己，有一个不服输的心态，剩下的只要去做就好了。"都说机会是留给有准备的人，刘雨勍也给自己的学弟学妹以建议，"多看书，要积累一切你可以用得到的东西，训练自己的逻辑思维能力和为人处世的方式，这样等到机会来临的时候，你就可以真正抓住。"

和所有的"90后"一样，刘雨勍不愿意给自己的未来以太多束缚。人生确实有太多的不确定，只有多尝试、多接触，才能从实践中了解到自己真心想要的是什么，才能日复一日为之去奋斗，才能真正做到完美。

名字中的"勍"是强劲的意思，但她更喜欢别人叫自己"京京"，少了一点力量，多了一丝亲和。只做行动派，不做梦想家。在冒险和稳重之间寻找平衡之道，她一直意志坚定，步履不停。

来源 | 天外学生记者团
采访 | 孙娈奕
编辑 | 傅博文

祖鹏：
用高考志愿表
回报这份资助

小语专访

2014-07-27　天津外国语大学

本文发表于《中国青年报》2014年07月27日01版

在刚刚揭晓的天津外国语大学2014级本科生录取名单中，"祖鹏"这个名字让天津外大研究生张晓晖特别喜悦——这是他所发起的"母亲助学金"和"天外雷锋团"帮助过的一个孩子。

2014年高考，祖鹏考了574分，是他所在的河南省南召县文科第五名，超出河南省文科一本线38分。他在志愿表上填写了天津外大法语系。他了解过，小语种专业就业前景好，而且自己对学习语言很有兴趣。更重要的原因是，出于对"母亲助学金"和"天外雷锋团"的感激与信任。

祖鹏家在农村，父亲常年在外地打工。在他初二那年，母亲被查出身患癌症。作为家中独子的他很早就肩负起生活的重担。近年来，张晓晖发起的"母亲助学金"公益项目来到南召县进行帮扶，并对祖鹏所在的南召一中展开一对一支援。生活窘迫的祖鹏也在受助之列。

"我们年级共有26名同学接受了'母亲助学金'的资助，连续3年，每年每人1000元。虽然听着数目不大，但我们不仅能交得起一个学期700元的学费，剩下的300元还能当作生活费或者补贴家用。"谈起接受资助，祖鹏心里充满了感恩，这笔及时的资助让他重新燃起了对大学的向往。

祖鹏原本以为公益资助就是领导来给大家发放资助金，然后一起合影留念，没想到"母亲助学金"除了在经济上给予帮助，张晓晖和"天外雷锋团"的成员还与他们保持密切交流，平时有问题或者有心事也可以倾诉。

"母亲助学金"是张晓晖2006年偶然发起的，迄今已经募集了近70万元的善款和价值40余万元的物资，帮助贫困生2000余人次。在南召一中，已有多届同学受益，其中与祖

鹏同一年级受资助的26名同学全部通过当地高考本科线，最好成绩是县理科第一名和文科第五名。

在资助这些同学的过程中，"天外雷锋团"的同学也来到这里，开展暑期支教，主要在村办小学讲授英语、美术、体育、音乐等课程。读高中时，祖鹏看到前来帮扶支教的雷锋团成员劳碌奔波，也主动参与其中，帮忙带路、搬运和发放物资。

高考过后的这个暑假，祖鹏也没闲着。他不仅要照顾再次入院治疗的母亲，还要抽时间打零工赚取大学的学费和生活费。即使时间十分紧张，他仍然紧随"母亲助学金"的步伐，先后参与对当地其他6所中小学的志愿帮扶活动，用自己的知识和力量去帮助更多山里的孩子。他用听法语歌洗去自己一天的疲累，尝试着模仿法语的发声技巧，熟悉这门新的语言。除了要把专业学好，祖鹏说，自己还要加入"天外雷锋团"，继续参与"母亲助学金"的公益事业，把扶困助学的精神传承下去。

来源 | 党委宣传部
记者 | 张国

黄泽佳：
用热血谱写"髓"缘真情的"天津好人"

小语专访

2016-11-01　天津外国语大学

　　天外的造血干细胞采集活动又一次如约举行，作为天津市首位为香港患者捐献造血干细胞的志愿者，黄泽佳也随之忙碌起来。这场缘分使然的捐献，让黄泽佳的肩上多了一分历练，添了一份责任。

　　近日，天津文明网"天津好人榜"揭晓，来自我校涉外法政学院的黄泽佳入选2016年9月榜单，荣膺"助人为乐好人"称号。此外，在团市委组织开展的"践行核心价值观争做向上向善好青年"评选中，黄泽佳获评"诚实守信好青年"称号。提及所获的荣誉，黄泽佳希望能用自己的责任感与正直善良感染身边的同学们。他的确也做到了，平日里同学们会亲切地称呼他"佳哥"，一声"佳哥"包含着大家对他的信任与肯定。

　　2015年4月，黄泽佳收到了一封来自红十字会的邮件，上面写道他的造血干细胞与一位我国香港的患者匹配上了，并且是罕见的10个指数全部匹配成功。他激动得不能自已，"这是件概率非常小的事件，居然真的发生在了我的身上！"回想2013年，刚上大一的黄泽佳在学校的组织下完成了造血干细胞样本的采集，当时的他满心期待自己能与某位患者配对成功，助其一臂之力。两年过去了，尘封的记忆重开，"幻想"竟成真。确认捐献对身体无大碍后，黄泽佳当即决定要帮助这位患者。

　　患者病情反复，导致捐献时间迟迟不能确认，暑假独自一人留校的黄泽佳便利用这段等待时间做好了充足的准备。曾经的他十分瘦弱，"我当时的脸都是凹进去的，哈哈！"为此，他开始调节饮食习惯，加强锻炼强度，只为在体检时能顺利通过，不耽误受捐者的治疗。捐献前一周，黄泽佳住进了医院，为最后的捐献做冲刺。每天清晨5点半，护士就会走进病房抽血检查血液状态，随后便开始输液，使体内的造血干细胞数量增多。短短几天，他的胳膊就已经被扎得无处下针。过硬的身体素质使他的准备过程比常人要顺利很多，并无什么不良反应。用心终有回报，2015年9月23日，经过长达四个小时的采集，黄泽佳终于完成了造血干细胞捐献，成为天津市首位为香港患者捐献造血干细胞的志愿者。

　　提及受捐者的现状，黄泽佳微微有些波澜，轻叹一口气。由于政策规定，受捐者不能与他见面，红十字会是他们之间唯一的桥梁。分隔两岸，受捐者又几经辗转，所以他对患者知之甚少。素未谋面让他更珍视这段缘分，便担任起了造血干细胞志愿宣讲员，以这种方式将这段缘分延续下去。每逢采集活动，他就以自己的亲身经历讲解科学捐献，改变大家的"偏见"与误会，号召大家加入骨髓库，挽救更多的生命。在他的鼓舞下，已有6

位天津大学生成功捐献了造血干细胞。

现在的黄泽佳已经是一名大四的"老学长"了，专业成绩优秀，他也对自己的未来有许多期待。大学期间，他担任了近4年的学生党支部副书记，先后协助发展党员共计80余名。对党务工作十分熟悉的他决定报考选调生，希望未来能学以致用，用其所长，不负少年头。

一场爱心捐献让我们认识了一位风华正茂的天外学子，用热血谱写横跨津港两地的"髓"缘真情，用勇敢与上善演绎"中外求索，德业竞进"的校训精神。带着青年的朝气与梦想，黄泽佳仍在继续前行。

来源 | 天外学生记者团
文字 | 王莹

心中大爱装点青春年华 ——专访 2015级新生、天津青年公益联盟创始人杨峥

2015-08-28 天津外国语大学

杨峥，天津青年公益联盟创始人，我校国际传媒学院网络新闻专业大一新生。年仅19岁的他已是千人规模志愿服务团队的负责人，与企事业单位及社会组织合作开展各类志愿服务数十次。天津滨海新区爆炸事故后，他带领志愿者奔赴事故现场参与救助服务，多次出现在天津媒体的报道中。今天，让我们一起走近杨峥，感受心有大爱的有志青年如何书写甘于奉献的青春年华。

从建立到壮大，他与"联盟"共成长

杨峥的志愿者情结可以追溯到初中，当时作为学生会志愿服务负责人的他想要扩展志愿服务范围，于是与几位同学一起开始筹建独立的志愿服务团队。起步阶段较为艰难，尽管很多伙伴中途离开，他还是利用课余时间与企事业单位进行沟通，并通过兼职为联盟运作补充资金。终于，2012年1月16日"青年公益联盟"正式成立，并于该月与河东区大王庄环卫队合作开展了天津站卫生保洁志愿服务活动。如今，他的团队已经拥有一千多名成员，大部分为学生，也有上班族、退役武警等各界人士。为了提高工作效率，他从成员中选拔出一批"核心志愿者"，负责活动策划、公关、宣传等工作。自成立以来，联盟以义卖方式筹集善款，为志愿服务提供资金支持，每次筹款可达万元，先后与河北区教育局、天津市残联、天津站、天津电视台等单位进行合作，开展了"天天特奥日""残疾人运动周"、天津站运输高峰期客流疏导、"幸福来敲门"节目协作制作等各类志愿服务数十次，为津城传递爱心暖流。

津城突遭事故，他不假思索奔赴前线

2015年8月12日，一场突如其来的爆炸让天津成为公众关注的焦点，早睡的杨峥第二天清早看到网络上铺天盖地的消息才得知这一 刚结束白血病患者志愿帮扶活动，本打算第二天为父亲庆生的杨峥再次放弃休息，迅速组织团队投入志愿服务当中。短短几个小时，20多辆由团队志愿者提供的私家车车队就满载首批志愿者及物资赶赴泰达医院。"当时急诊集中了大量伤员及志愿者，场面比较混乱，我们在门诊部搭建服务点，并协助医院开展人员疏导工作，而且在现场招募志愿者，协助救治工作有序开展。"杨峥介绍说。与此同时，他安排志愿者在市内建立"联盟"指挥部，利用合作商家提供的三个联络站进行物资、人员调度。主

动担当，统筹有序，作为公益团体的组织者，他用行动证明了自己的能力和品格。北方网等多家媒体对他的事迹进行了报道。

看待舆论质疑：客观分析，合理安排

"本次爆炸事故中，大量志愿者的积极参与让我们感动，然而舆论也发出了'非专业志愿者添乱'的质疑之声。'杨峥表示，在行动之前，他就让未成年志愿者留守指挥部，经验较为丰富的成员前往事发地，直到最后的清运阶段他才允许所有团队成员进入爆炸现场协助工作。对于学生参与志愿服务，杨峥提出了五点建议：一是不盲目进入现场，二是注意自身防护，三是听从统一安排，四是不信谣不传谣，五是要保持与家人、团队的联系。希望志愿者们能够在遵守原则的前提下开展志愿服务，以免发生不必要的损失。

见证许多感动，他们都值得被感谢

爆炸事故发生以来，有很多爱心人士与青年公益联盟取得联系，提供帮助。各省市志愿者主动前往现场增援，位于新西兰的海外华人志愿团体也表达了帮助的意愿。一些公司主动向"联盟"提供了大量救援物资及免费食宿；五大道派出所派民警帮助联络点维持秩序、运送物资，一位热心的快递师傅还抽空帮忙运输；一位从青岛赶来的大三女学生完成搬运遇难者遗体工作，准备返家时却在市内被大雨困住，杨峥为其安排住处后，接到服务信息的她又连夜返回塘沽进行支援；作为"联盟"的成员，"老国脚"王光泰等也到达现场进行帮助和慰问。"在现场的所有志愿者都是两天两夜没睡，很多人嗓子喊哑了才回去休息，所有人都令我感动。"为了同一份大爱，志愿者们在杨峥的组织下为受伤的滨海送上了一份最踏实的支持。

新环境，新机遇，他在自勉中不懈追求

杨峥的理想是做一名杰出的新闻人，3年来的志愿服务也让他接触了很多媒体，让他对传媒产生了浓厚的兴趣。如今他已被我校国际传媒学院网络新闻专业录取，迈出了实现理想的第一步。他希望能把所学知识运用到志愿服务上，完善网络求助平台。如有可能，他还希望协助学校整合志愿者资源，为学校志愿服务事业的发展贡献自己的力量。"把握青春年华，做有意义的事"，这就是这位心有大爱，肩承重担的有志青年的自勉之语，愿他能在天外校园里提升自我，在服务社会的宽广道路上撑起更多担当！

来源 | 天外学生记者团
文字 | 闻名

给星星的孩子
一缕阳光
——访英语学院2000届毕业生梁亚枬

2014-05-18 天津外国语大学

在这个繁华喧嚣的世界里，有一群"星星的孩子"，他们是自闭症患者，只愿守在自己的世界里。在这群孤独的孩子身边，有个为"星星"点灯的爱心天使，一心想给孤独一个爱的抱抱。她，就是一缕阳光公益组织负责人之一，我校英语学院2000届毕业生梁亚枬。就让我们一起走近她，一起分享她给"星星的孩子"寻找阳光的温暖故事。

创建公益组织，给孤独"一缕阳光"

在参加了一些公益机构组织的关爱自闭症孩子的志愿活动后，梁亚枬决定创立自己的公益组织。她积极组织身边的朋友，于2013年6月2日成立"一缕阳光"公益组织——一个由社会爱心人士组成的志愿者公益团体，主要的服务对象为社会中的弱势儿童，特别是自闭症（也称孤独症）儿童群体。梁亚枬和众多志愿者一起，定期到孤儿院、自闭症康复中心志愿服务，面向社会宣讲，让更多的人了解自闭症和自闭症孩子的现状，给予他们关爱和帮助。在一系列的活动中，让梁亚枬倍感欣慰的是，社会对自闭症的关注越来越多，许多热心人士和社会团体积极参与公益活动，这也让她更有信心把"一缕阳光"公益活动推广开去。

说起与自闭症儿童群体的结缘结伴，梁亚枬回忆说，有一次她和同伴去一家自闭症康复机构拜访，一个刚从电梯里走出来的20岁左右的自闭症患者突然尖叫一声，吓到了当场很多人，而自闭症男孩脸上惊恐无辜的表情让梁亚枬感到非常心疼和难过。世界上每10000个孩子中，就有2到5个孩子是自闭症患者。他们有明亮的双眼，却拒绝和别人对视；他们有正常的听力，却对亲友的呼唤充耳不闻；他们能正常发声，却不与别人交流；他们被误认为智障，却常在部分领域能力超常……梁亚枬觉得自己有种强烈的愿望想要去帮助他们，和他们心痛无奈的父母一起，牵起这些孩子的手，和孤独告别。

筹办画展，给星星的孩子一个多彩世界

梁亚枬先后走访多家自闭症康复机构，在积累活动经验的同时也试图探寻一种有效帮助自闭症儿童的途径。终于，她从北京一家自闭症康复中心得到了启发，该中心善于发掘自闭症儿童的特长，为孩子们开设绘画、音乐等针对性康复训练课程。这让梁亚枬萌生

了为天津自闭症孩子筹办画室的想法。此时，我校星光志愿服务团负责人、英语学院尹琳同学正在辅导的一名自闭症儿童——小雨步（化名）的故事更是坚定了梁亚枬筹办画室的决心。16岁的小雨步拥有出色的绘画天赋，默然无言的他会用手中的画笔展示斑斓的内心世界和七彩的童心。在随后的志愿活动中梁亚枬发现了更多擅长画画的自闭症孩子，他们用自己的画笔展现了不曾向别人打开过的内心世界。稚嫩的画技，斑斓的色彩，他们有着正常孩子一样七彩的童心和对世界的好奇与探索，这无疑是一个让人们关注自闭症儿童群体，走进他们内心，努力了解他们、感受他们的有效方式。

梁亚枬随即开始了画室筹备工作，"给孤独一个爱的抱抱"主题画展便是她和"一缕阳光"迈出的第一步。她通过朋友联系到诺和诺德（中国）制药有限公司做活动赞助，经多次奔走筹划，"一缕阳光"与天津美术馆、河西区团委签订长期合作协议，共同致力于规范性公益活动。2014年4月19日开始，为期两天的"给孤独一个爱的抱抱——自闭症儿童公益画展"在天津美术馆举行，展示了自闭症儿童的画作近百幅。我校英语学院星光志愿团负责了前期宣传推广，并广泛征集祝福照片。活动倡导大力扶持自闭症人群教育，呼吁社会各界广泛关注自闭症儿童的成长和发展，得到了天津各高校志愿者团体的积极响应和支持，引起社会广泛关注。

"一缕阳光"公益组织成立不到一年，发展迅速，对社会公益事业的贡献可圈可点。接下来，他们还会继续筹建画室，筹办更多画展，进行慈善义拍等活动，将关爱自闭症儿童的公益事业继续下去。梁亚枬还与我校志愿团体进行过多次合作，5月7~8号自闭症知识校园宣讲活动就是我校星光志愿团与梁亚枬的合作之一。

志愿服务、热心助残，是德业竞进的实践体现，也是天外人不变的宝贵品质，无论从校友梁亚枬，还是尹琳和她们的星光志愿团，都能看到这种一脉相传、心手相连的天外精神。而这些自闭症孩子就像迷一样，生活在自己独孤寂寞的世界里；他们就像天上的星星，各自闪亮，互不交流；他们长了一副天使的面孔，却终身需要人陪护。数年如一日，梁亚枬在工作之余，坚持为这些"星星的孩子"们服务，乐此不疲。让我们为她点赞，也像她一样，燃起爱的灯光，去照亮"星星"的世界，送一缕爱的阳光，温暖他们孤独的心灵。

来源 | 天外学生记者团
文字 | 白娟

平凡的感动：是谁站在志愿者身后？

小语专访

2017-09-01　天津外国语大学

都说志愿者是站在全运会身后的人，通过展现天津青年的精神风貌为全运会增光添彩。但是志愿者的身后还有一群人，他们每天重复着繁杂的工作，默默地为志愿者安排车辆、协调校内保障、解决各种各样的问题。他们或许没有走到公众的视野中，可是，在志愿者们的心中，他们的地位无可取代。

格根其：爱笑的女孩运气都不会太差

"爱笑的精灵女神"用来形容格老师最合适不过了，作为督导老师，她的工作每天不仅要在办公室办公，还要下全运村的三村进行督导。作为一名辅导员、带队老师，她需要留心每位志愿者的生活细节，日常挂在嘴边的三句话："车怎么还没到？""大家到齐了吗？""来我这取餐卡啊。"来我这取餐卡啊。看似常规，却透露着对同学们浓浓的关心。格老师非常爱笑，也很亲和，经常和同学们一起用餐，闲暇时偶尔聊聊天，同学们和全运村的各位老师都很喜欢她。作为5所高校中早班的唯一一位女老师，不论是下村巡岗还是日常工作，都没有拖过大家的后腿，也没有抱怨过苦和累。在做好全运村工作的同时，还经常关注新闻等信息，不断给自己充电，这一点非常值得我们学习。她总是用微笑传递给大家温暖，格女神，我们爱你呦。

——王语

孙鑫：青橙哥，一路"鑫"相随

有匪君子，如切如磋，如琢如磨。外表严肃的孙老师在工作上的细致绝不亚于雕刻璞玉之精细。每天的考勤，每位志愿者的身心状态，一日三餐的供给，都是孙老师时刻关注的重中之重。作为督导老师，孙老师和每位志愿者同学都建立了良好的关系，在深入了解大家的工作内容的同时，也给予大家第一时间的关怀和鼓励。我们亲切称呼他为"孙同学"，疲惫时有孙同学机智幽默的玩笑，倦怠时有孙同学言辞恳切的鼓励，焦躁时有孙同学耐心独到的宽慰。孙老师更像一束光，淡淡笼罩在全体网球志愿者的周围，守护着，指引着，才有了这个团队工作任务的圆满完成。

——郝程程

葛佳佳：能量满满的"向日葵小斗士"

她就像"护身符"，为我们的安全保驾护航；像"自家亲人"，对我们的生活关怀备至；像"解说家"，为我们的日常答疑解惑；像"导航者"，带我们一起前进。她就是来自欧洲语言文化学院的葛老师，本次全运会网球单项比赛的督导教师之一，而在私下里，同学们更喜欢亲切地称呼她"佳佳老师"。葛老师每天负责我校学生的考勤，接送车安排，学生晚上是否安全到校等琐碎的工作，可她小小的身躯里仿佛隐藏着巨大的能量，每天都可以按时完成这些工作。工作之余，佳佳老师还喜欢和同学们一起聊天，聊聊今天的饭菜合不合口，聊聊今天工作累不累，聊聊大家在服务期间生活上有什么问题，这些细节她都会默默地记在心里，回去一一为大家解决。结束一天的工作后，还会坚持更新自己的微信公众号——"向日葵小斗士"，而葛老师正像那向日葵一样，永远充满向上的力量，带领同学们一同向前。佳佳老师，我们要给您比一个大大的心！

——张维青

訾海涛：萌萌的涛哥，给我们带来安全感

直到现在也不知道这个姓到底读什么。关于訾老师，第一印象就是他那难读的姓氏，为了避免尴尬，索性直接叫他"涛哥"。每天相处的时间并不太多，只有往返的这段路程。路程虽短，但将近一个月的时间却足够让我了解他。只要有我们志愿者的身影，总是能在不远处看到他默默坐在一边。"人齐了吗？""还差几个？"日常的话语表现出他不苟言笑的外表下隐藏着一颗温暖的心。来的路上有涛哥的嘱咐，去的路上有涛哥的叮咛，萌萌的外表下充满着无尽的力量。作为保卫处的老师，每天深夜返程后，訾老师还不忘本职工作，在校园里溜达一圈，服务期间还抓了个坏人！给涛哥点个大大的赞！千言万语，只想说一句：涛哥，辛苦了，我们一定会不忘初心，认真服务，与您一起走到全运会的最后。

——冯国华

杨春潇：瘦弱的身躯蕴含着无限的能量

杨老师给人的第一印象是瘦瘦小小的，在礼仪队中好像一个"小妹妹"。然而就是这样一副单薄的身躯却承担起了很多工作：辅导员、足球志愿者督导老师、礼仪队督导老师，多重身份也是多重挑战。但，她更像是一个"大姐姐"，无时无刻不关心着我们的衣食住行。

"今天天气有点凉，大家记得带件外套""今天预报有雨大家记得带伞""回家住的同学到家了报个平安""明天我们6点集合大家不要迟到"……用事无巨细形容杨老师真是再合适不过了。就是这样的杨老师，在结束一天的跟队任务回到学校后也不会立马休息，而是回到办公室看看有什么能帮忙的。晚上统计各学院志愿者住宿情况经常要等到12点，第二天还能6点准时到学校门口陪大家去志愿服务。我们有时候真的觉得杨老师太累了，全运会结束后您一定要好好歇一歇。杨老师您辛苦啦，我们爱您！

——付瑶

陈玥：做志愿者的守护者

他像灯光，用他的光辉照耀着我们在漆黑的球场旁成长；他像蜡烛，燃烧自己的青春与我们一同前行，他就是本次全运会足球单项比赛的督导教师——陈玥。

从学校开往足球比赛场地需要一个多小时，路上很多同学都在补充缺失的睡眠，而陈老师却每次都精神饱满，算着时间轻轻把同学们喊醒；担心同学们在球场旁不能好好休息，他还专门申请了休息场地。每天两场比赛几乎是紧挨着进行，时间紧、任务重，同学们的就餐就成了一个问题。申请之后，同学们轮岗就餐，问题得以缓解，但陈老师却一直坚守在球场的岗位上，到了餐厅，匆匆吃过几口便又奔回场地。回到学校已经将近夜里11点，学校旁几乎空无一人的街道上他伫立得最久。

老师，您辛苦了！感谢能和您一起走完这段有关全运、足球的征程。

——李洋

韩飞：志愿服务工作的中枢

"物资福利六宿领"，这可能是志愿者们在服务期间听到韩老师在微信群中说得最多的一句话了。在本次全运会中，韩老师作为校团委老师，学校的督导教师之一，承担了主要的前期准备工作，后勤保障等工作。工作上，一丝不苟，条理清晰，无论是物资的发放还是外出的活动，只要有时间，韩老师一定会亲自参与，从不推托。私下里，和同学们也很合得来，平日里，同学们的问题能帮的会尽量帮，不怕麻烦。平日看起来很严肃的韩老师其实是一个非常暖心的大哥哥，点点滴滴，无论大小事都很懂得照顾大家，为大家提供便利。担心晚班女生太晚洗澡路上不安全，带领男生在女生宿舍至浴室的路上为女生保驾护航，做大家的守护神，一边拍蚊子，一边和大家打招呼，让回来的女生们非常有安全感。搬宿舍时，大巴车无法进入学校，韩老师一趟一趟地用私家车帮助同学们把行李从宿舍运到大巴车上，减轻大家的负担。

这样暖心的事情在韩老师身上还有很多很多。点滴日常，见得真情真心。我们敬爱的韩老师，谢谢您为我们做的点点滴滴！

——潘闯

来源 | 天外青年（天津外国语大学团委）

文字 | 潘闯等

孙颖哲：
亮出最美名片
890余名志愿者
为夏季达沃斯
添彩

2016-06-28　天津外国语大学团委

　　2016年6月26日至28日，世界经济论坛2016年新领军者年会（第十届"夏季达沃斯论坛"）在天津梅江会展中心举行，90个国家和地区的2000多名嘉宾云集津门，围绕着"第四次工业革命：转型的力量"深入探讨，碰撞出无数智慧的火花。

　　论坛期间，从全市高校3万余名报名者中选拔出来的890名志愿者分别在梅江会展中心、各大酒店、机场、火车站等地为各界宾朋提供温馨、周到的服务。其中，来自我校的114名志愿者和孟祥禹、董佳霖、马丽萍3名督导教师全程参与达沃斯论坛志愿服务工作，他们以青春靓丽的形象与细致周到的服务精彩亮相，在世界各国来宾面前展示了天外人的风采，受到中外嘉宾好评。

　　按照团市委的工作分工安排，志愿者共分为三个方向：礼仪志愿者、论坛志愿者和城市志愿者。经过两个月的严格培训，我校志愿者以良好的身体状态和精神风貌投入到工作中。66名论坛志愿者穿梭在梅江会展中心的各个角落，利用专业语言和翻译知识协助论坛主办方与参会代表进行沟通交流，为参会宾朋解决了种种难题，保证了论坛工作的顺利开展。他们用热情、汗水、毅力、责任，践行着志愿者的诺言，成为达沃斯论坛上一道靓丽的风景线；26名礼仪志愿者作为"微笑天使"，感染着会场的每一个人。在论坛的各个活动现场，她们承担起嘉宾入场引导、材料发放、多媒体助理等多项重要工作，她们用微笑迎接着世界各国与会人员，以亮丽的形象诠释着青年志愿者的风采；22名城市志愿者虽然未能进入梅江会展中心，也不曾近距离感受论坛气氛，却用踏实、细致的服务，保证了论坛工作的顺利开展。他们迎着朝阳出发，在月色星光的映衬下才能返回住处，用实际行动支持达沃斯论坛的成功举办。

今年是达沃斯论坛来到中国的第十年，十年来天外学子与达沃斯论坛结下了不解之缘，每届单数年举行的大连达沃斯我校都会优中选优，选派10名志愿者协助天津筹备办完成"天津之夜"的相关工作；在双数年的天津达沃斯论坛上，我校的志愿者人数每次都位居天津高校志愿者之首，截至今年先后共有959名志愿者用青春热情和辛苦付出为论坛的召开贡献天外力量，亮出最闪亮的天外名片。对此，人民网天津频道专访了2016天津夏季达沃斯论坛志愿者孙颖哲。

孙颖哲作为志愿者已经参加过四五次类似的大型活动了，今年也是她第二次来到夏季达沃斯论坛做志愿服务工作。孙颖哲介绍说第一次担任夏季达沃斯志愿者是作为城市志愿者，在会场外做相关服务。此次作为890余名志愿者的一员，她再次来到夏季达沃斯论坛做志愿服务工作，非常高兴。同时，她也体会到了近几年天津发生的变化。孙颖哲说："这几年，天津新增了很多创新创业中心，能够让我们的创意变成现实。在今年夏季达沃斯论坛展馆内，我看到很多高科技产品，像VR（虚拟现实技术），这也是这几年我们所看到的比较大的科技进步。"

作为一名研究生，孙颖哲谈到，志愿服务工作可以把学到的知识运用到实际当中，理论与实际相结合，为今后走向社会打基础，同学们都非常珍惜这次难得的志愿服务机会。

来源 | 天津外国语大学团委

她们，用最动听的青春 致天外

2016-04-21 天津外国语大学

2014年
天外50年华诞
为梳理校址办学近百年的历史和成就
行走中的校史馆落成
那一年
校史馆讲解员队伍组建
经过一年多的历练
2016年，我们组建校史研究会
用最动听的青春，代言天外
用最大的热忱，发现天外

曾经的我们
一丝青涩、几多心跳、无数担忧
无数汗水、磨砺、锻炼
融化成无限自豪、无比自信和更多热忱

今天的我们
讲天外是心中最执着的信仰
微笑，是我们的明片
奉献，是我们的追求

我们于校史文化是传播者
用最真诚的语言传递校史知识
让你我以天外为骄傲
校史文化于我们
像一溪清泉，滋润着梦想
像一缕阳光，照耀着远方

每周二的校史馆开放日
一次次的训练、验收
一次次的接待、讲解
走过酷暑寒冬，始终热情如一
只因我们不忘初心，对天外爱得深沉

今日，我们把"天外蓝"穿在身上
把天外情记在心中
白色犹如水晶般澄澈
蓝色犹如海洋般广阔
责任在肩，任重道远
我们只愿，能有更多的我们
用最动听的青春，致天外！

第二篇章 星 辰

来源 | 天外校史研究会

摄影 |《今晚报》记者　王晓明

文字 | 曾欠

一盏茶，
一折戏，
一生热爱
——专访天外京剧团

2015-12-14　天津外国语大学

编者按：

水袖轻舞，胭脂浓抹是戏台上下的经典再现；丝竹悠扬，古琴乐声是音韵内外的文化涓流。这些国风华艺被天外学子传扬于师生之间，让中华文化的特色在跨文化交流中大放异彩。一折戏、一首曲、一盏茶、一片丹心。今天就让我们的记者带您走进这些文化使者的世界，感受传承的力量。

轻叩门扉，见一袭水袖携香而出；腔调婉转，吟的是陈年老戏。盘铃声清脆，一引舞如飞。天外京剧团，这里有远离尘嚣的宁静，还有痴恋情怀的坚定，让人望一眼便再难以错开眸光。

一次蹭课引发的京剧梦想

在天外，提到京剧团，就不得不提孙小雅这个名字，她用三年的真情倾注换来了如今京剧团的荣誉满堂。然而成立这个天外品牌国学社团，竟只是缘起一次"蹭课"。大一时的她在舍友的推荐下接触到南开大学京剧团，自幼接受传统文化熏陶的她当即被京剧的独特神韵抓住了心。"姥爷从小教导我做人要'温柔敦厚'，京剧所蕴含的深厚文化内涵恰恰是这四个字的生动体现。"

随着京剧学习的深入，建立天外自己的学生京剧团的想法也越发清晰。在她看来，来自全国乃至世界各地的天外学生，可以将京剧文化传递到更广阔的空间，而自己作为一名对外汉语专业的学生，更应该视传承中华文化为己任。2013年4月，她提交了建团申请，与志同道合的京剧爱好者们为天外唱响了第一折老戏。

只培养观众，不培养演员

孙小雅给京剧团的定位是专注戏剧交流的兴趣社团，每一位成员热切地学习欲望是支撑

社团前进的动力所在。虽然绝大多数成员都是"零基础"入团，但他们依然每周坚持用一声"吊嗓"迎接破晓，用汗湿戏妆告别夕阳。不过尽管全团坚持刻苦训练以求技艺提升，还有李小蕙和刘嘉锡两位"圈里"的"夫妻档"老师亲自授课，但学生剧团的专业局限性终究难以逾越。进行完整的京剧表演的成本相对较高，因此京剧团的建团理念是"只培养观众，不培养演员"，以"让更多的人懂戏"为发展目标。为壮大爱好者群体，如今许多已经毕业的前社员仍"常回家看看"，为新生进行指导。京剧团还与南开、师大等校园京剧团保持合作关系，以合作演出等形式交流经验，用"外引内联"的方式做好京剧传承。

传扬京剧文化，让天外京剧"走出去"

在三年的成长历程中，秉承文化传播主旨的京剧团积极实现"走出去"的目标，以引人注目的表现让天外京剧文化建设获得多方肯定。2013年，京剧团随"天津外国语大学赴海外孔子学院巡演艺术团"到韩国孔子学院演出，受到热烈欢迎；同年于"汇通指南针"对外汉语桥大赛表演节目获一等奖；2014年参加"中日大学生"京剧汇演，与日本留学生同台演出，同年荣获"天津市大学生优秀社团标兵"称号。2015年造访山东曲阜，并获得"全国优秀大学生国学社团"称号。

高光之下，京剧团吸引了校内外媒体的广泛关注，天津外大校园网、《城市快报》《渤海早报》、天津电视台、天津广播电台等媒体都对京剧团进行了采访和报道，天外京剧团用一身荣耀赢得满堂喝彩，真正让一个"戏剧兴趣社团"走上了"文化传播团队"的道路。

将创新理念应用于京剧实践

孙小雅与其团队都认同"京剧需要创新"的观点，以"剧场京剧"和"通俗京剧"为例，"新型京剧"拉近了京剧与观众的距离，从而获得新的关注群体。目前京剧团不固守传统思维，重视扩展爱好者的新方式，把"京剧舞蹈"和"京剧歌曲"作为主要的表演方向，这两种较新的表演形式更适合初学者，而且同样能起到推广京剧文化的作用。

近年来京剧团吸纳了众多外国学员，并意向促成中外学员同台演出，实现天外"跨文化交际"理念的创新艺术实践。正如孙小雅所说："我们不能把传统和现代割裂开来，不能把'国粹'之名视为保守符号，形式上的创新能为京剧发展提供新动力。"

文化就像豆浆油条，早已融入生活

对于当前网络上"唱衰传统戏剧"的舆论，孙小雅认为，不能明白京剧"美在何处"是这一声音出现的主因。"一些人对京剧'不识真面目'，是因为'身在此山中'。它所体现的文化就像豆浆油条，早已融入国人生活。"在她看来京剧体现的是蕴藏于中国人思维中的"含蓄美"，虽没有流行音乐易于接受的节奏感，但有"以虚写实"的艺术手法，台上一圈即算作八千里路，一角战旗可代表万马千军，靠引导想象调动观众情绪。京剧植根于生活，每一折戏都是生活的再现，让我们能够"凭一角色窥众生相"，正所谓"戏如人生"。她表示："时代的变迁会激起新的文化需求，然而在潮起潮落之后，京剧一类的'本源艺术'终究会获得文化认同的回归。"

社团不想"太出名"，京剧会是一生热爱

在3年的发展历程中，孙小雅带领的京剧团荣获众多奖项，在国内外获得众多好评，让京剧成为天外文化长廊中一幅光华闪耀的画卷。然而她却表示不想让京剧团"太出名"，以免后继者把精力投入到宣传之中，淡化了"踏实练功"的意义。与她最初的构想相比，当前京剧团的发展速度提前了三到四年的时间，因此更需要把"踏踏实实"的精神坚持下去。

如今的她正准备考取北大文学系的研究生，即将离开的她已将衣钵传递给下一任负责人。不过无论去往何方，这门国艺已经成为她生活的一部分，她将永远坚守在戏台前后。她也相信，京剧团所有钟情中华戏剧的"票友"们，也将对京剧一如既往，一生热爱。

吻开笔墨，染眼角珠泪，演一台离合悲喜；灯火葳蕤，揉皱眼眉，天外京剧团，迎着风雪与荣光，一直在路上。

来源 | 天外学生记者团
文字 | 闻名 陶雨然

接触异彩话剧：十年如戏，一脉相承

2015-11-02 天津外国语大学

接触异彩，一个充满文艺想象的名字，来源于一次"接触"与"异彩"的组合。从2005年到2015年，天外话剧社接触文化，绽放异彩。如今，历届天外话剧人再聚首，为十年传承，奉上如戏青春。

接触 温情

"这些人都在，这个牌子还在。"

——于佳玮（接触异彩话剧社创始人）

2003年以前，天外的学生话剧团还是一个空白，直到一群对话剧情有独钟的青年成立了"接触"话剧社，话剧才开始在天外扎根，而负责组织工作的就是于佳玮。起步阶段，她主动联系经验较为丰富的话剧团开展合作，并邀请音乐学院的专业老师进行指导。尽管起步艰难，成长中的他们还是完成了《雷雨》等多场经典剧目的公演。后来，来自滨海校区的"异彩"话剧社主动前来合并，但双方迥异的风格引起了分歧：一边是坚持重现经典的"接触"，一边是更加注重自由创新的"异彩"。经历了一段时间的磨合，他们最终把两种风格有机交融，2005年，更加年轻态的"接触异彩"由此诞生。

然而，最初"搭起"舞台的于佳玮却始终作为幕后导演，从未登台。"我真的不遗憾，我们都要各司其职，很多人也和我一样身居幕后。"如今十年闪过，已是3岁孩子母亲的她谈起这段回忆仍然不减温情，"是那份同窗情谊点燃了大家的激情，我们可能会忘了彼此的名字，却永远能够以当初扮演的角色相称。只要这些人都在，这个牌子还在，我就会感到欣慰。"

异彩 回归

"剥去复杂，重温纯真。"

——王岩（接触异彩话剧社创始人）

十年前，他带着"异彩"与"接触"珠帘合璧，为初生的"接触异彩"自编自导了第一部社戏《空白》，并亲自扮演主角——王山石。随后原创剧《群雕》于2009年荣获大学生文艺展演市级一等奖、全国大学生文艺展演二等奖，使"接触异彩话剧社"成为天津市首个进军全国舞台的大学生话剧团。

从儿时到如今，王岩对话剧的热爱不曾改变。在校期间他为"接触异彩"的诞生倾注了大量心血，确立了异军突起的原创风格。十年来一直与社团保持联系并提供帮助，还筹划开办一个话剧沙龙吧，为话剧爱好者提供交流平台。"进入社会后我经历了很多，也改变了很多。相隔十年再次登台，是为了剥去复杂，重温纯真。"

十年 传承

"让小众文艺在大众中传承。"

——李欣慕（接触异彩话剧创始人）

去年的这个时候，"接触异彩"由于种种原因几经挫折，刚刚步入大二的"文艺青年"李欣慕"临危受命"继任社长一职。在她的引领下，如今的话剧社拥有100余名成员，一群热爱文学与影视的文艺青年为剧本的创作输送源源不断的灵感。庞大的团队需要合理的分配，她在尊重每个成员要求的基础上进行分工，让他们在前台幕后各尽其能。一年以来，话剧社频频引爆天外热点，《后宫·如懿传》《灵魂出窍》等原创剧目占领各院晚会舞台，让"你看话剧了吗？"一时间成为天外学生的寒暄语。2014年12月于天津群众艺术馆公演《笨贼也疯狂》，让天外话剧人又一次走出天外。

接触异彩话剧社
创始人·于佳玮

"年轻人都有一颗文艺的心和强烈的表演欲望。"谈及话剧社能够在天外这片土地上红火的原因，李欣慕这样说道。十年社庆汇演，她手持聚光灯指挥演员，又一次成为了舞台上下最忙碌的那个人。"文艺是表面，实干是根本"，这场她离开社团之前最重要的一场演出完美谢幕后，她红着眼眶感谢大家，语气依旧沉稳平淡。一句概括也同时道出了话剧社植根天外的意义："话剧从来不是一个大众化的东西，我们要让小众文艺在大众中传承。"

十年如戏，一脉相承。接触异彩，舞台上话天外梦。

李欣慕（接触异彩话剧创始人）

王岩（接触异彩话剧社创始人）

来源 | 天外学生记者团
文字 | 闻名 徐琳

击而铿锵
剑及屦及
——访我校第二十一届全国大学生击剑赛代表队

2015-11-12 天津外国语大学

赢了！

在我校举办的第二十一届全国大学生击剑锦标赛上，击剑运动员甲组王佳琪、唐泉、黄颖嘉、覃转、白新月、陈茁，乙组刘力诚、吴毓泰、韩潇依、程晓琳、范晴，丙组邵雅琦、高雪、吴梦琪分别代表我校出战，在为期5天的赛程中，我校代表队共荣获3金、3银、1铜，并最终获得"精神文明运动队"荣誉称号。其中在个人赛中，邵雅琦、高雪分别斩获丙组女子佩剑冠、亚军，吴毓泰获得乙组男子花剑冠军，陈茁获得甲组女子花剑季军；团体赛方面，我校获得丙组女子佩剑冠军、乙组男子花剑团体亚军、甲组女子花剑团体亚军。不平凡的背后必定有不平凡的故事，今天就让我们走进他们的世界，揭秘你所不知道的击剑运动员。

吴毓泰，男，2015级新生，乙组男子花剑个人冠军。作为一名从2011年开始踏入击剑领域近四年的"老人"，对于全国大学生击剑锦标赛，他还得算是刚刚入门。身为外大新生的吴毓泰表示，因为第一次参与，心里还略有紧张感，但小组赛后对比赛有了初步了解，之后的单败赛才轻松很多。从最初的被教练发现到如今不断累积的好成绩，吴毓泰最要感谢的人便是爸爸。"曾经也想过放弃，但我爸就一直鼓励我，选择了就不要放弃，这也是我一直坚持下去的理由，想好好努力，不辜负所有人的期待。"小小年纪的他，从山东省击剑个人冠军到全国青年赛前16名再到如今的全国大学生击剑锦标赛冠军，他一路摸索，一路成长。对未来，他也有着自己的规划："我不会放弃击剑，接下来会好好准备2015年12月在广东佛山的全国击剑总决赛，同时，上了大学，我也会慢慢把精力更多地放在学习上，好好学习，天天向上。"

邵雅琦，女，2015级新生，丙组女子佩剑个人冠军。相对于资历尚浅的其他队员，团队里的邵雅琦更算得上是"身经百战"。作为击剑国家队的运动健将，邵雅琦更多地将这次比赛当作是她备战奥运会的一次热身。丙组女子佩剑个人及团体赛双冠军，她的努力在大家眼里都有目共睹。这个初中便因热爱击剑进入天津队，又一步步进入国家队的天津本地姑娘，有着数不完的荣誉：全国击剑锦标赛个人第三名、团体第二名，第一届青年运动会个人第二名、团体第三名，击剑比赛积分世界前16名，等等。每一步的进取背后都是无数汗水的铺垫，为了备战比赛，她的训练强度都会加大到约平时的3倍，有时甚至一个月都不能回家一次。但正是这样的热爱与坚持，让她一步一个脚印，往自己心目中的最高目标"奥运会"进发。"这次全国大学生击剑锦标赛的胜利只是一个起点，接下来我会全力备战12月的全国冠军总决赛，向我的最终目标冲刺。"这个阳光的天津姑娘，对待自己也是信心百倍，当谈及偶像时她说："成为最好的自己，还要嘛偶像啊，我就是自己的偶像！"

比赛过后，运动员们坐在一起，满载着疲累过后轻松的欢声笑语，其乐融融。谈起赛场上印象最深刻的细节，吴毓泰说道："团结是我们取胜的最佳法宝。"这一点在邵雅琦眼中也格外重要："大家都来自不同的专业队，因为这次比赛聚集到一起代表外大出战，我们为彼此加油助威，都很珍惜这次比赛带来的'革命友谊'。"而谈到对未来的期望，连续参加了三届全国击剑锦标赛的丙组女子佩剑亚军高雪则表示："胜不骄，败不馁。继续努力，不断进步就好。"面对沉甸甸的奖牌，他们也有话说："还是要非常感谢学校给我们提供的机会，让我们能够展示自己。感谢教练不辞辛劳的指导，感谢裁判公平公正的评判，感谢所有为我们呐喊助成的兄弟姐妹。"

在教练马娜老师的眼中，这届比赛也蕴含着不一样的意义。"取得这么好的成绩都是大家努力的成果，我非常满意。特别应该称赞得是我们本次参与比赛的甲组和乙组同学，他们都是刚刚入学的新生，在训练时间不到3年的情况下能取得这么好的成绩，非常不容易。"在接下来的计划中，马娜谈到，在国家体育总局的支持下，增设于12月举办的全国冠军总决赛上，本校有甲组女子花剑和乙组女子花剑两名同学获得参赛资格。对于她们，她也表达了自己的期许："希望她们都能发挥出自己的技术特点，不要紧张，相信他们一定能行。"

比赛已是过去式，但未来还在继续前行。优异的成绩是对他们辛勤汗水的最佳褒奖，对手亦是朋友的陪伴是赛场背后最大的收获。在此祝福所有的击剑运动员们在未来的日子里不畏艰辛、奋勇向前，愿你们的明天能更加精彩！

来源 | 党委宣传部、体育教学部
文字 | 孙奕奕

《印象·天外》幕后的风景

小语专访

2014-05-19　天津外国语大学

　　编者按：为庆祝建校50周年，由党委宣传部组织开展的"积淀50·印象天外"微电影大赛即将完美收官，众多高质量参赛作品不断浮出水面。一时间，天外朋友圈里疯狂转发着这部震撼视觉、感动心灵的微视频，为什么有那么多师生为它点"赞"？它的幕后又有怎样的故事？就让我们一起走近它的作者，去看看《印象·天外》幕后的风景。

　　他对艺术有着近乎苛刻的要求，他对美有着纯粹的理解，他用182天风雨无阻的坚持绘制了最美天外的滨海校区，他就是《印象·天外》的导演——黄鑫。

品味孤独

　　法学专业的他对摄影有着浓厚的兴趣。透过镜头，他总能看到生活中的美好，渐渐地他产生了一个想法：学校50周年华诞将近，做一部关于天外的微电影，记录学生眼中的大美天外，作为一个普通学生献给母校的生日礼物。然而性格腼腆的他不善与人交流，所以起初的视频脚本里，只有风景，没有人物。

　　孤独，是当时最大的感受。在拍摄片中第一个和最后一个镜头（湖对面看学校的倒影在水面上起伏的镜头）时，他带着相机一个人在临潮湖对面从下午拍到深夜。从太阳当空到星移变换，看着校园华灯初上，只与相机为伴。而在后面的拍摄中，曾因为在校门口蹲坐五个小时一动不动，两次引来校园保安，说从监控视频里看到他，怕出什么问题。正是这份孤独，让他对作品有了更加安静纯粹的理解，而孤独对他来说更是作品完成之前无法与人分享的感觉。想把美好的东西展示出来，却要等待很久很久，直到最终成片才终于有种走出孤独的感觉。尽管带给人们的或许只是短短五分钟的感动，但是为了这五分钟，他用了半年。

坚守纯粹

　　"《印象·天外》里不会有任何一个普通的镜头。"这是黄导一直努力坚持的。他要拍最美的天外，最美的滨海。为了每一秒的完美镜头，他严苛地完成着拍摄。冬天雾霾多，要拍清朗明亮的星空必须抢难得的大风天。在十二月最冷的日子，他带着设备在篮球场坐了整整两个晚上，在狂风中拍摄下了天外唯美的星空轨迹。直到早上才发现相机表面、头发丝上都结了一层薄薄的冰雾，而他的双脚早已失去了知觉。

在风景部分快要拍摄结束时，他开始意识到如果要展现一个校园、一个大学的风貌光是风景是不够的，学子们的精神风貌才应当是着力表现的核心。于是他撇开内心的局促，开始联系演员。有了演出团队，他依然严谨苛刻，精益求精。为了展示舞蹈中唯美的视觉效果，主演光着脚穿着单衣在冬天冰冷的报告厅跳舞。那个镜头前后用时两周，一遍遍地"NG"，一遍遍地重来，但是演员没有一丝怨言，认真地完成了每一个动作。而片尾手划过芦苇的那一幕，为了呈现干净纯粹的画面，演员脱掉了一半外套，完全撸起一边的袖子，在港风中拍摄了近两个小时。黄导说，他很感谢搭档屠宏宇和所有协助剧组拍摄的演员，还有一直默默帮助他们的学院、老师和朋友，正是他们无条件的支持与配合，才让他拥有这追求极致完美的毅力与坚持。

缘满天外

片子剪完渲染出来的那天晚上黄导很兴奋，他走到窗前看见外面正好是满月，想起182天前拍摄第一个镜头时也是一轮满月。想起《春江花月夜》中的"人生代代无穷已，江月年年只相似"，他觉得时光荏苒，岁月如梭，不知不觉就把大学八分之一的时间献给了这部影片。黄导说这部片子叫做《印象·天外》，它的的确确是印刻在心里的一个图像了，多年以后当他离开这里回想起这段时光，能把最美好的一面留给所有在这片土地上生活过的人，这也是一种满足吧。

来源 | 国际关系学院

郭亚维：相机是我的第三只眼睛

2014-12-09 天津外国语大学

你听说过"默·盐"摄影工作室吗？不论答案肯定与否，身为天外人的你，一定曾惊叹于其拍摄的"天外二十四节气"和震撼人心的"星轨"。在滨海校区，有一个人时常架着相机穿梭于校园的各个角落，从日出到日落，从暖春到寒冬，他花费大量时间寻找素材，从未放弃对摄影的投入与坚持。他就是大家口中的"郭大师"，天外学生记者团特聘记者——郭亚维。

郭亚维，男，国际商学院国际商务系人力资源管理专业2009级学生。2009年秋，刚刚大一的郭亚维选择了一条不寻常的大学之路——志愿参军服役，于中国人民解放军北京军区空军石家庄飞行学院独立二旅服役两年，期间获得两次团嘉奖和一次优秀士兵荣誉。退伍后恢复学籍，继续于滨海校区就读。2017年初创立"默·盐"摄影工作室，现已被我校国际传媒学院新闻专业硕士研究生录取。

"我其实不太喜欢'男神'这个词，太高冷。"当记者第一次笑称他为"男神"时，郭亚维如是说。的确，了解他的人都知道他的性格，即使是陌生人第一次见面打招呼，也会感受到他的乐观与开朗。如此说来，他真的不太"男神"。

关于摄影：技术和艺术相互作用的一门摄影术

记者：怎么与摄影结缘？

郭亚维：我一岁半左右，那时候刚会走路，就在我跨出"人生第一步"的同时，手里就抓住了一个相机套。觉得就是一件特别巧的事儿。

记者：那真正接触摄影是在什么时候？

郭亚维：高中那会儿刚有了自己的手机，像素也不是太好，就拍着玩儿。真正接触摄影是在我退伍后回到学校。当兵的时候，看到天空中翱翔的战斗机，总想着有一天自己要拍几张照片留下来，加上平时总喜欢看一些专业摄影师拍的照片，久而久之就对摄影产生了一定兴趣，所以就用我的退伍费买了第一台相机。因为我们家里没人会这个，所以买之前也做了很多工作，上网查资料啊看书啊之类的，我记得刚买回相机时我把那个说明书认认真真地看了三遍。

记者：你觉得你的摄影水平什么时候发生了质的飞跃？

郭亚维：就是拍星轨那时吧，感觉各方面都还不错了，一下子开窍了。

记者：你最满意的作品是哪一幅？

郭亚维：还是星轨那张。

记者：这几年拍的过程中，有没有让你印象深刻的事？

郭亚维：还是拍星轨那时。

记者：（笑）既然拍星轨这件事对你这么重要，那就谈谈当时的情况吧。

郭亚维：其实也是心血来潮，我之前在网上看过很多星轨摄影的知识，技术储备差不多了，就等好天气。2012年11月8日，大港，大风。借同学的一只三脚架，准备好自己的相机，充满电，装上超广角镜头，带上定时快门线和两瓶红牛，晚上十点，在主楼前，架好机器，设定好参数，一夜的曝光……最终，挑选出两张照片。

记者：相机对你来说，意味着什么？

郭亚维：相机是我的第三只眼睛。取景器里面的世界，纯彻而美好。摄影是减法的艺术，把美好的存在框住，记录，升华，成为瞬间的永恒，而这一切的基础，就是我的相机，我的第三只眼。

记者：谈谈你对摄影的感悟吧。

郭亚维：我觉得，摄影是技术和艺术的结合，掌握光圈快门组合构图技巧等是锻炼技术，只有技术过硬，才能实现脑中的想法，表达自己心中的艺术。当你想表达更高水平的艺术，而技术成为障碍的时候，艺术的需求又会推动技术的进步。我心中的摄影就是这样的技术和艺术相互作用的一门摄影术。

关于生活：原来也可以很居家

记者：谈谈你自己吧，一直很好奇，为什么你的网名会叫"郭不语"？

郭亚维：入伍之前，我奶奶只嘱咐了我四个字：少说多做。回来之后，这个习惯我想时刻提醒自己保持。不语，少说话的意思。我的网络社交平台上发的基本上就是图片，没什么其他的。

记者：当初为什么要去当兵？是为了圆梦？

郭亚维：是的。

记者：从部队回来你最大的改变是什么，少说多做？

郭亚维：嗯，这个是一方面，另一方面是永远别觉得自己牛，这个世界能人太多了，觉得自己很牛的人在社会上一定会吃亏。

记者：如果用几个词来形容自己，你会用哪几个？

郭亚维：乐观……我似乎只能这么说自己了。

记者：平时除了拍照，还有什么爱好吗？

郭亚维：做模型，初中得过一等奖呢！

记者：这倒新奇。

郭亚维：我动手能力还是可以的，我自夸一下。对了，我还会做饭，对做饭比较精通。

记者：不愧是居家好男人！最擅长做哪道菜？

郭亚维：最擅长的菜是土豆炖鸡腿。朋友圈有我做的菜。

记者：一会儿就去点赞！你说你最喜欢的一句话是"你必须非常努力才能看起来毫不费力"。能举一个生活中的例子吗？

郭亚维：从前，做一道菜得看菜谱，慢慢地一刀一刀，食材要切好久，做一道菜往往需要半天时间。现在，同样还是那道菜，可能也就半个小时。无他，唯手熟尔。于摄影来说，看到好片子就想拍出来，于烹饪来说，吃到好吃的就想做出来，其实这是相通的，但是要想拍出来或者做出来，你必须要努力地练习才能实现。

关于未来：你必须非常努力才能看起来毫不费力

记者：听说你在新华社实习，后来成为签约摄影师。

郭亚维：刚好有个机会，我在新华社实习三个月，有一天听说了这个消息就报名了。这是个自由职业，你交片子就行，用不用是人家的事儿。

记者：在天外生活了这么多年，对它有什么感情？

郭亚维：在这儿收获了很多，学习、工作、爱情都很圆满，拍照也很顺心。别看滨海校区远离市中心，可是空气好啊，市里要想看到星星容易吗？最重要的是你得有发现美的眼睛，发现身边的美。

记者：要毕业了，有什么要对学弟学妹们说的吗？

郭亚维：还是那句话，你必须非常努力才能看起来毫不费力。我这几年拍活动什么的，总共拍了有5万多张照片吧，现在存下来的不过500多张，相当于100张片子里出一张好片儿，没有苦练能有这500多张吗？勤能补拙，永远记住这四个字。

永远都要保持一颗谦卑的心

采访的过程中，让记者印象最深的是，当被问到"不了解你的人刚开始看了你的片子之后都会认为你拍得很棒，然后你就被认为是摄影男神，名气也越来越大。你怎么看待？你对自己的定位又是什么？"他回答是："膨胀是因为内里无重，谦卑是因为深知天外有天。我至今依然在学习的路上，我还有很多不懂的，不会的。我从不认为自己是大神，今天这一点点儿成就，放到学校里，可能像在湖里扔一枚石子，还能见到一些涟漪，但是也会消失。而这一点点成就，扔到社会里，就像扔到了大海里一样，无声无息。要知道，人外有人，天外有天，永远都要保持一颗谦卑的心。"

好友眼中的"郭大师"

  通过国际商学院团委老师，记者有机会联系到郭亚维的好友，现在正在美国参加迪斯尼项目的杨滨瑞。提起"郭大师"，他便打开了话匣子：

  "我无意间结识了郭亚维，起初对他的印象仅仅停留在他军人的形象和良好的素质上。后来因为都是天津人，所以互相交流的机会日渐增多。我们都喜欢拍照，有了共同爱好后每次交流就必定少不了摄影这个永恒的话题。我刚接触摄影，郭亚维很细心地从最基础的相机参数，如何恰当地利用光圈、快门速度等开始传授他所积累的经验，并且鼓励我多多练习。没有他的帮助和鼓励，我的摄影水平可能不会提升这么快。不仅仅是我自己，越来越多的人也被他带动起来，参与到摄影中。他是一个十分愿意与大家分享摄影的快乐的人，倾尽全力去帮助那些同样有摄影爱好的同学一步步地实现拍出属于自己的好照片的梦想。他对于摄影的那份追求与坚持，值得我们敬佩和学习。"

写在后面的话

  乐观，坚持，谦卑，是体现在他骨子里的气质。因为乐观，所以热爱生活；因为坚持，所以厚积薄发；因为谦卑，所以内心强大。我们谈话的时间并不长，但是他说的每句话都发自内心。他不浮夸，不做作，我相信那是来自时间的沉淀。他从不端着，经常开玩笑，当你认为下一秒甚至会发生好笑的事情时，他反而会向你展示他奇妙的、值得敬畏的思想。他只用"乐观"来形容自己，换作我，我会用"真"来形容。不管是对于摄影，还是对于生活，他用自己的"真"去面对，去体验。

来源 | 天外学生记者团

文字 | 袁家慧

刘佩佩:
以梦为马,
融情入画

2016-09-29 天津外国语大学

金秋渐染, 风渐凉, 又是一年开学季。与往年不同, 今年日语学院大一的"小鲜肉"们报到当天, 除了收到学校为新生统一发放的各种书籍、材料外, 还收到了一份特殊的迎新礼物——由学院策划、美女学姐精心准备的"手绘天外地图(马场道版)"。

这份别出心裁的手绘地图简洁、直观、配色讲究, 不仅帮助新生尽快熟悉校园, 更平添了对大学生活的向往和乐趣。她的作者就是来自日语学院2015级的"御用画手"刘佩佩(微博原名暖寒三叶, 现为炽岛久三)。

记者: 自己创作的手绘天外地图广受好评, 是一件特别自豪的事吧。当初是怎样想到这个创意的, 又是怎样实践的呢?

刘佩佩: 先要感谢学院给了我这个机会, 为大一新生做一点力所能及的事儿。地图可以帮助他们精准定位校园的每一处角落, 尽快融入天外生活。电脑的绘制总给人冰冷的印象, 而水彩手绘则清新自然, 虽然精确度不够高, 但却能给人以亲切的印象。当团委老师带着这样的想法找到我, 我觉得很有创意, 便欣然应允。下笔之前, 我到校园里各种转悠, 仔细审视每一栋建筑的方位和构造, 突然感觉自己平时经常路过的地方既亲切又陌生。回到宿舍后立即凭印象把它们逐一勾勒出来, 努力把生硬的建筑画出清新可爱感。

记者: 一个人完成整个马场道校区的地图绘制, 着实是个大工程, 在此期间遇到过什么困难吗? 又是怎样解决的呢?

刘佩佩: 困难当然是有的, 比如一些平时常见的建筑, 天天都会路过, 却记不清准确的名字, 所以要认真核实; 还有建筑的比例问题, 没办法精准测量, 却要把握好整体的构图。中间有几次真的想要拖稿、放弃了, 但一想到笔下的图画将会成为未来日语学院大一新生们对天外校园的第一印象时, 我选择了坚持。绘图初步完成后, 交由王俪舒同学进行后期编辑, 学院各位领导反复审阅并提出修改意见, 团委辅导员老师们也一直在鼓励我、督促我, 能有现在的效果, 十分感谢他们!

记者：是从什么时候开始练习画画的？

刘佩佩：真正一门心思去练习的时间并不长，高三开始的，到现在也就一年左右，但随手地涂涂画画从小时候就开始了。小学之前没事干就拿石子在墙上画，觉得不过瘾便转移到了纸上。没什么特殊原因，就是喜欢这种把脑子里的画面转移到纸上的感觉。也许有遗传原因吧，我爸爸年轻的时候也喜欢画画。

记者：原来是遗传的艺术细胞呀，哈哈。是绘画世家吗？父亲有给你特别的指导吗？

刘佩佩：算不上绘画世家，我也是听老一辈人说爸爸年轻的时候画得好看，笔下的小动物都栩栩如生……我选择相信我爸爸是有天赋的，哈哈！特别的指导倒没有，我就是自己一点点摸索，从网上或者书店找资料，或者认识别的水彩画手询问工具相关的问题，主要还是靠个人的努力和悟性吧。很多人会问我技巧，其实人说再多不如自己实际操作，犯的错误多了就会自己思考避免的方法，自然而然就找到技巧了。天赋什么的只是个配件而已。

记者：听说你被杂志社聘为设计师了？

刘佩佩：没，有点夸张。就是个小插画师而已，不是设计师，地位没有写手高，哈哈。因为自己的时间不充裕，所以暂时不考虑在大学的开始阶段签约，但是以后有足够的精力了会考虑的。所以现在的身份只能说是自由画手，偶尔接个杂志约稿，画画插画什么的。

记者：想要完成一幅满意的作品是相当耗时的，但你的学习并没有因此落下，你是如何在学习与兴趣之间进行平衡的呢？

刘佩佩：我认为，画画是从小到大的爱好，和学习并不冲突。相反，画画能带给我平静的心情，更能让我在学习时沉得住气、厚积薄发。真要说两者的关系，我觉得应该是相互促进吧！学习的时候好好学习，课余时间用画画调节自己的心情，发现美的事物并记录下来，分清主次，才能在两方面都取得进步。

记者：谢谢你的分享，希望你的努力可以鼓励那些正在行路上不断向前的同学们。辛苦佩佩，也同样期待着更棒的作品！

刘佩佩：不客气！感谢大家的支持，我会继续努力！

所谓最初的梦想，也许只是心底一棵稚嫩的萌芽，而它日后的成长，需要的是磨砺与机遇。以梦为马，融情入画，佩佩做到了她想做的，她的梦想之路，正闪闪发光。

来源 | 天外学生记者团
采访 | 陶雨然 王莹

大三学生
演绎
"搭车去柏林"

2015-04-16 天津外国语大学

导语：

纪录片《搭车去柏林》讲述了两个中国小伙从北京后海出发，一路靠搭车到达德国柏林的故事。许多人看完后都热血沸腾地想要上路，却始终没踏出第一步。但我校国际传媒学院大三学生刘航却成为同学眼中的英雄，他孤身一人背起行囊，用整整5天时间，从老家陕西汉中出发，搭乘18辆车到达了青海，亲身演绎了"搭车去柏林"。他的事迹被传至网络后，立即引发了关注。

刘航感言：
◎迈出了第一步，没有到不了的地方。
◎我坚信幸福感是可以被传递的！
◎每一天、每一分、每一秒都因未知而精彩。
◎去做了才知道能够做到，真正做了才能发现潜能。

决心体验"搭车去柏林"

"有些事情你现在不去做，以后永远都没有机会做了。"这句话出自纪录片《搭车去柏林》。这部纪录片讲述两个中国小伙子从北京后海出发，一路靠搭车到达柏林的故事。当时大二的刘航在看完这部纪录片后，立刻被主人公在路上的感受打动。于是，利用假期时间，刘航开始精心准备自己的搭车之旅——收集资料、准备地图、设定路线……考虑到经济预算以及朋友的建议，他最终选定青海湖为终点，开始了自己的首次搭车旅行。

出发前一周，刘航把搭车的想法告诉了父亲。"啥？搭车？谁搭你啊？"正在看电视的父亲以为他在开玩笑，也不懂搭车旅行究竟是什么，便没再理会。直到出发前夜，刘航再次把他要搭车旅行的想法告诉父亲时，父亲依然是同样的惊讶。但是经过刘航的劝说，父亲最终还是同意了他的做法。就这样，2014年8月19日早9点，陕西汉中西乡的高速收费站边，刘航伸出右手的大拇指，开始了他的第一站。"当站在路边时，所有的犹豫都消失了，心想要是搭不到车就转天再来，迈出了第一步，没有到不了的地方。"刘航说，在等待20分钟后他顺利搭到了第一辆车，是一对年轻夫妻，他们了解背包客，一路畅聊，非常顺利。

公路上的酸甜苦辣

但是也有很多不顺利的时候，有时等三四个小时，刘航都搭不到车。最惊险的是从西安搭车到天水时，刘航在下高速路的地方等待三个小时，才终于停下了一辆面包车。疲惫的刘航和路上偶遇的背包客没有问清楚是否要钱就上车了，在到达天水后，车主向刘航要100元钱时才让他们傻了眼。"车上坐着四个西北大汉，各种'要挟'"。面对突如其来的变故，刘航和背包客一边用语言周旋着，一边观察周围环境。附近正好有个警察在值班亭，二人便急中生智向警察求助。警察以非法营运为由向车主施压，底气不足的车主最后只好同意刘航和背包客各支付50元，两人才终于脱离了困境。不过这次的经历也让他意识到，以后搭车一定要先讲清楚，不能见车就上。

到达通安驿镇后，意外再次发生了。考虑到花销等各种因素，刘航选择在高速服务站附近吃泡面，扎帐篷露营。由于当地的水比较咸，导致刘航半夜胃里十分难受，但是因为距离市区较远，也没地方买药，再加上帐篷的住宿条件较差以及天气炎热，整个夜晚非常难熬。

期待今年继续出发

"毕竟还是好人多。"刘航说，在这段路途中，让他收获最多的，就是人与人之间的信任与感动。在从海北搭车到二郎剑的路上，刘航遇到了几位四川人，他们一行人是自驾游的游客。车上的游客说刘航和她的女儿差不多大，她的孩子都是向父母要钱旅行，难得刘航这样勇敢。他们带着刘航搭了三四个小时的车程，并一同去湖边的农家乐游玩。这种来自陌生人的善意和真诚，让刘航至今记忆犹新。"这大概就是为什么在路上的人会一直在路上，因为太多路过的人给予你的盛情让你越走越相信，越走越有勇气。而且我坚信幸福感是可以被传递的！"刘航说，搭车意味着你永远不知道下一秒会遇到谁，会发生怎样的故事，每一天、每一分、每一秒都因未知而精彩。

回想这一路的酸甜苦辣，从搭车之初的腼腆，到能坦然去与陌生人沟通、对往来车辆微笑挥手致意，从青葱少年的懵懂，到学着去观察他人，"坚持"这两个字在经过了5天旅程后在刘航心里有了全新的体会，他多了一份行走江湖的豪情，也多了一份对人与人之间信任的理解。而他的经历也感染了身边的人。今年暑假，从小一起玩大的伙伴也将加入他的行列，与他一起搭车去西藏。为了这次漫长而跌宕的路途，目前他已经开始健身和兼职，准备更专业的装备，为行者的梦想践行。他说："去做了才知道能够做到，真正做了才能发现潜能。"

来源 | 《滨海时报》
图片 | 天外小黄鸡微信公众号

见义勇为背后的故事

2016-12-13　天津外国语大学

　　"今年5月26日下午，多次在逸夫楼里偷窃师生财物的目标人又出现在监控录像里，于是我们立即锁定嫌疑人的具体位置，通知警方的同时迅速上楼实施围堵……"这是天津外国语大学保卫处干部崔伟杰在12月8日学校"警校共建经验交流暨见义勇为表彰会"上的发言。会上，外大校长陈法春、公安河西分局桃园派出所所长韩永红为在3次抓获不法分子过程中见义勇为的崔伟杰、赵金祥等7位同志进行了授奖。

　　2016年5月至6月，外大保卫干部在加强校园巡视、蹲堵嫌疑人的过程中，先后抓获3名涉嫌盗窃、猥亵的不法分子，并移交警方处理，他们见义勇为的行为被天津电视台《都市报道》栏目报道。新闻中心记者走进这些身边的楷模，听他们讲述见义勇为背后的故事。

"进屋以后，我必须表现得很平静"

　　文章开头提到的5月26日那场抓捕，崔伟杰现在回想起来都有些后怕，怕的不是与嫌疑人斗智斗勇，而是进屋以后看到的场景。

　　当他们追上楼并接近嫌疑人后，为了尽快控制局面，一边亮明身份，一边将其迅速架入最近的一个屋子，并按在了一进门的椅子上，另有一个保安同时关了屋门，在外把守。不过10秒的时间，他们做得和之前一样干脆利落。

　　但当他用余光扫视屋子，发现这是一间不足10平米的团委办公室，办公桌后面坐着一位身怀六甲的女老师时，他说自己当时先是脑子一片空白，紧接着从来没有这般高效地脑补了很多画面，再然后，人就像分裂成了三个人，一个思考如何控制嫌疑人，一个盘算警察来的时间，还有一个留给了照顾孕妇。

　　对于进门的一瞬间，女老师回忆道，当时她正在打电话，见他们如此进来，心里也是一惊。然后问有什么事？崔伟杰只是平静地接道，没事，您忙吧。然后没再理她。

　　为了不打草惊蛇，崔伟杰并没有亮出之前积累的证据，而是一边进行例行盘问，一边让他把身上的口袋掏空（掏空口袋是面对嫌疑人时非常重要的工作，防止其携带凶器。庆幸的是，当时嫌疑人并未偷窃得手，身上没有赃物，并不认为自己会被扣留，所以比较配合，只是狡辩。在接下来的两分钟时间里，崔伟杰觉得过得如此漫长，甚至当时问的什么都忘记了，心中只有一个信念，就是顺利地把嫌疑人交到警察手上。

　　协助警察将嫌疑人带离后，崔伟杰长长地出了一口气。他说，期间女老师好像一直低头工作，应该没有过多注意他们。

其实觉得那段时间漫长的还有这位女老师。当他们进屋时，身怀六甲的她同样也"脑补"了很多画面，但在简单的寒暄后，她没有再看他们，也没敢再看他们，同样害怕刺激嫌疑人，便强作镇定地假装工作。期间，她还想办公桌里有一把水果刀是不是可以用作防身，但是拉了拉抽屉发现锁上了，钥匙在靠近嫌疑人的背包里，她觉得算了吧，还是不要动静太大。

当嫌疑人两分钟后被带离，崔伟杰在门外长长出了一口气的同时，女老师也起身快步上前将门反锁，在门内长长地出了一口气。于是，"有惊无险"就成了最美丽的成语。

还有100天，我就退休了

6月入夏以来，在三宿一楼女生宿舍窗前，一嫌疑人一周内多次在深夜偷窥、盗窃衣物，经过推测其作案规律，保卫处全员在6月23日11时起实施蹲点围堵，分五组分散在三宿周边道路的隐蔽处。

事前，他们又着重提醒一楼的女生发现嫌疑人后不要慌张，第一时间拨打保卫处电话。当晚，保卫干部陈欣将办公电话绑定在手机上，守候在较远处的图书馆旁，一旦学生打电话，就用无线电手台迅速告知大家。

为了防止嫌疑人发现，他们藏在角落里不能随意移动，并且关闭手机，用手台等待命令。炎热的夏季，蚊虫叮咬，腿麻了只能轻微晃动。随着时间一分一秒地过去，蹲点的信心也在减弱，他今天晚上会不会不来了？

话音未落，崔伟杰就已经冲了出去，他说，"一听到声音，我就知道他又来了"。所有人就像离弦的箭一样，从三宿后身的两侧包抄进去。

可是，两侧的人直到汇合都没有发现嫌疑人的踪迹，嫌疑人消失了？

大家一片哗然，也急忙左顾右盼。第一时间报案，所有线路封堵汇合，可谓插翅难飞。正当准备四散搜查时，眼尖的保安队长赵金祥发现嫌疑人借助一个维修的脚架藏在了二楼的窗台上，他照方抓药把他撸了下来。面对众人，嫌疑人束手就擒。

在实施抓捕的众人中，保卫干部常士广年龄最大，当问及年龄时，他感慨地说："我在天外干了20多年保卫工作，还有100天，我就退休了"。

　　可就是这样一位老保卫，依然身先士卒，特别是在6月29日抓捕中又冲在了前面。那天上午9点左右，学生联系保卫处，有人在继续教育学院附近实施猥亵行为，常士广立即带领崔伟杰、赵金祥沿途搜寻至学生食堂，根据学生提供的体貌特征确认了嫌疑人，面对激烈反抗，最终将其制伏。

　　在表彰会上，大家集体观看制伏过程的监控视频时，韩永红感动地说，"常老师是马上要退休的人了，但依然坚持冲在第一个，靠的就是这股子责任感。"在采访中，常士广也多次提到了责任感，他坚信，只要责任心到了，工作一定能干好。问起在搏斗中会不会害怕时，常士广这样说："如果都想着危险，都害怕报复，那就干不了保卫工作，很多时候是想不了那么多，下意识就冲上去了。"

每年三十晚上，我们都在一起

　　保卫处处长马树明介绍，学校近年来在加强人防、物防、技防建设上下功夫，不断提升交通、消防、治安管理能力，并联合学生处通过举办主题讲座、技能演练、警务参观等方式，广泛开展禁毒、消防、防电信诈骗等安全教育，增强师生法制观念。天外作为市高校唯一代表获评市2013-2014年度平安示范单位，保卫处在2014、2015年连续荣获市属文保系统安全保卫工作集体三等功，并多次获得见义勇为荣誉称号，2016年校园发案率下降了32%，有力地维护了学校的安全稳定。

　　马树明强调，成绩的取得离不开一支使命感强、素质过硬、团结一致的保卫队伍。按照工作职责严格讲，校园保卫没有执法权，面对不法分子并没有将其抓获的职责，只是在保护好人身安全的前提下鼓励见义勇为，但当直面不法分子时，事实上每个人都不顾个人安危、精诚协作、一往无前，同违法行为斗争到底。也希望全校师生多支持保卫工作，遇见嫌疑人及时报告，保卫干部将第一时间出现在需要的地方。

　　当记者提出再多谈谈时，马树明说："成绩的取得是集体的积累，这个团结的集体是由每一位做具体工作的同志组成的，还是直接采访他们吧，他们最辛苦。"

　　采访中，陈欣提到让他最有感受的一件事："如果说每天24小时确保有人，是保卫处的职责要求，那每年'三十'的相聚则是大家同心同德的真实写照。凡是在天津过年的同事，在家吃完年夜饭后，都会来学校和值班同事一起守岁。12点钟声响起的时候，大家会在两校区校园里巡逻，这是保卫处多年的传统。第一次没和家人守岁时，心里还挺难过，但后来就慢慢理解并习惯了这个传统。一起走在月光下的校园，校外鞭炮声四起，校内平静而安宁，我们心里很踏实。"

在采访过程中，保卫处的电话不时响起。其中有一位乘坐滨海校区至马场道校区班车的学生，中途下车后可能将钱包落在了班车上，崔伟杰记下电话后，立即用手台通知了在绍兴道校门口道闸处的保安，请其在班车入校后，协助查找。事后问他，学生都知道保卫处电话吗？他突然眼睛亮了一下，说到："当然！"

这不过是日常保卫工作的一个缩影，如果说交通、消防、治安等像齿轮一样牵扯到学校方方面面的平稳运转，那么他们就是其中一颗颗的螺丝钉，低调而闪闪发光，重要而不可或缺。

在对"11·14天津北辰女童劫持案件"的报道中，"天津政法"微信公众号在文章最后这样写道："从来就没什么岁月静好，只是有人在替我们负重前行，在我们看不见的地方，与黑暗斗争。"在这里，同样将敬意送给天外校园的守卫者们，他们将这份"负重"面向了不法分子，却把温暖而脆弱的后背留给了我们。

来源 | 党委宣传部
记者 | 许也

第二篇章　星辰

吃完食堂的第200碗饭，Ta说带我去后厨看看

小语专访

2016-12-16 天津外国语大学

本文获评"2018天津高校新闻扶持计划"新闻摄影类优秀作品

当你走进食堂时，是否有所感触，
饭菜的香气扑鼻而来，
餐桌总是干净整洁，
餐具也被摆放得井井有条，
今天我们一起来谈谈食堂那些事。

早餐

3:00

一日之计在于晨，每天的早餐看似简单平淡，却饱含着食堂工作人员们背后的辛苦付出。

食堂一线的工作人员每天都做着看似最平凡的工作，即使简单枯燥，也从未有过一丝松懈和怠慢。

面点师傅永远是最早开工的人，为了亲爱的师生们能及时吃上热腾腾的面食，他们每天凌晨3点就必须站在工作岗位上。

相比之下其他的师傅们虽能多休息一些时间，但最晚的5:30也都要到位了。

6：00

清晨6:00，天刚微微亮，食堂大厅还没有开灯，但后厨操作间早已打扫完卫生，开始供应早点了。

记者问一位年纪稍长的阿姨早起工作累不累，她只是微笑着说："不累不累，都习惯了。"

食堂规定库管早上8点开始上班，但杨大爷每天7:30不到就已经上岗了。

8：00

伴随着清晨的阳光，食堂的送货时间到了。

米面油这么重，可怎么送到二楼去啊？送货师傅自有妙招，巧用电梯，提高工作效率。

据工作人员介绍，天外食堂的米面、油盐酱醋等大宗物品完全是天津市"农校对接"——高校食堂大宗物资采购平台优质供货商供应，老师同学们完全可以放心食用。

午餐

上午煦阳高照，暖阳令人惬意。

忙碌的晨间过后，工作人员们并不能立刻休息，丰盛的午餐又是怎样准备的呢？请跟随我们的脚步去后厨看看吧！（食堂对卫生的要求十分严格，记者们都被要求穿好工作服戴好鞋套才能进入后厨。）

9：00

二楼食堂的包子都是张大姐一个一个手工包出来的，她说："我在这包包子包了十几年啦。天津包子18个褶，我们这儿比18褶还要多嘞！"

食堂二楼卖面的窗口每天都要消耗大量的面条，这些面条可不是在外采购的哦，而是食堂后厨自己制作出来的，只不过采用的是智能化的技术——自动削面机。

择菜、洗菜、切菜，为了保证师生们舌尖上的鲜香享受，食堂的工作人员们严格把控菜品制作的每一关。

认真挑选新鲜的蔬菜，在干净敞亮的后厨里处理原料，熟练自如地烹饪美食，正是他们这种细心严谨的工作精神和态度，我们才得以放心地在食堂用餐。

10：00

寒冬已至，相信同学们都注意到食堂二楼的红色坐垫了吧，那些都是食堂工作人员亲手缝制的。库管杨大爷手里抱了一大摞坐垫，说："坐垫松了就容易掉，还好在部队时的针线手艺没有丢。我多缝点，他们就能减轻点工作量，也为了同学们不着凉，有个舒适的用餐环境。"

11:00

用心烹饪每一道美食。

12:00

午餐时间的食堂无疑是最忙碌的，看着一个个排队打饭的同学们，食堂的工作人员不叫苦不喊累，他们和善的微笑和热情的招呼给我们太多温暖。

收碗、擦餐桌、打扫卫生，他们动作娴熟，不管什么时候去吃饭总能看到他们忙碌的身影，他们为摆齐餐具一次次弯下腰，为擦净餐桌穿梭于拥挤的人流中。在他们的观念里，学生们的满意是对他们最大的褒奖。

14:00

午休

　　"静脉曲张是服务行业的通病啦！" 正如包包子的大姐和烙饼的大叔所说，每天凌晨3点不到就站在料理台前，一站就是一整天，中午的一两个小时是他们唯一能休息的时间。

　　从早晨开始的工作要持续到下午2点才算暂时告一段落，食堂的人流慢慢褪去，工作人员们得以忙里偷闲，伏在餐桌前打个盹。

　　擦拭电梯——对于清洁人员来说，没有同学乘坐电梯的午后，正是他们忙碌的工作时间。先去除油污，再用清水冲洗，最后刮去水迹，冬天的空气很冷，水很冰，但他们的额头却盈出细细的汗水。

　　秩序井然的后厨——趁着午休，记者参观了储备间：严格按照表格选购、烹饪；冷冻柜整齐码放；食品分类精准细致。

17:00

晚餐

　　天色渐晚，食堂是最温暖的港湾。

　　短暂的午休过后，工作人员们便开始为晚餐做准备，即便是一天中的最后一餐，也要做到菜品多样，供应充足。

19:00

　　值夜班的大爷来了，他的工作时间是晚上7点到次日清晨6点。除了守夜，他还要负责晚间二楼大厅的清洁工作。

19:30

　　晚餐供应结束，工作人员们围坐在一起吃晚饭，他们有说有笑，一天的疲劳渐渐消除。然而，补充完能量，还有最后一道繁琐的工序等待着他们……

　　下班前员工们还要对餐具清洗消毒，对设备清洁保养，每个角落都要精心打扫，同时为第二天的工作做准备。

21:00

　　喧嚣忙碌了一天的食堂终归于沉寂，然而几个小时后，当同学们还在沉睡时，它却又悄悄开始准备迎接新的一天，周而复始……

　　这只是食堂工作人员无数个起早贪黑的缩影，
　　我们该多庆幸有这样的一群人，
　　整日为我们操劳付出。
　　若是有一天你买饭的时间等得久了些，
　　不要埋怨，不要不耐烦，
　　当你接到饭菜的时候，
　　请微笑地对他们说一句：
　　谢谢！
　　饭菜香十里，却不及你温情。
　　　　　　　　　——致所有食堂工作人员

来源 | 天外学生记者团
文字 摄影 | 杨璐宇 胡玉萱 崔艳 范羿铭

第二篇章　星　辰

感谢
我们身边的
"刘姨"

2014-11-27　天津外国语大学

感恩节这天，也许你想到的是感念父母之恩，感念朋友之恩，感念生活之恩，但是，不要忘了我们也应感念身边平凡人之恩。为我们营造干净环境的保洁员、为我们做好每一顿饭菜的食堂师傅、为我们最后关上自习室灯的物业管理员……也许你来不及问候他们，也许你从来不曾关注他们，可正因为他们对学校、工作、生活的热爱，他们用感恩之心无悔的付出，我们才有了更好的学习、工作和生活环境。在今天这个特别的日子里，让我们对身边的他们深深鞠上一躬，真诚地说一句："谢谢您，您辛苦了！"

　　刘姨就是这无数平凡人中的一员，她是学校马场道校区食堂四楼学生活动中心的卫生保洁员，在外大已经工作二十几年的刘姨，也许有的同学们说不出她的名字，但却记得她给予过的最真实的温暖。她热爱生活、善待他人，用自己的热情和善良赢得了身边人最大的感动和尊重。今天，请跟随记者，走近刘姨，去感受我们身边的感动。

"多能"刘姨

　　刚来学校工作的时候，刘姨主要负责打扫卫生，但工作之余，她只要遇到老师和同学们有什么"难处"，总是倾尽全力。慢慢地，为人真诚热情、工作负责的她，又兼任了楼里的收发员、物品保管员。

　　刘姨把学校看成自己的家，把老师和同学看成自己的亲人。练功房里，学生们为了校庆演出排练挥汗如雨，刘姨会默默送上可口的绿豆汤让"孩子们"解暑降温。学生活动结束后，废弃的道具、装饰品，刘姨会用心筛选后再处理，待到急用时，当初的这些"破烂儿"还真派上了大用场，解了学生的燃眉之急。老师身体不舒服，她会送上自己熬制的银耳红枣羹，用丝丝甜意为老师们驱走工作的疲惫。一碗粥、一句暖心话是她爱"亲人"最质朴的表现，却不知感动了多少身边人。

　　在刘姨的世界里，爱家、爱亲人，就是要把楼里打扫得干干净净，就是让每个人都能感到温暖，这是她最真诚的愿望，也是最虔诚的坚守。为了实现这个愿望，她倾尽心血，用爱让平凡的自己"无所不能"，谱写着不平凡的人生之歌。

"多情"刘姨

大专学历的刘姨很喜欢学校的氛围，学生送给她的书她都认真翻看，还经常和同学们交流读书心得。闲来练习书法、国画成为她生活中的一大乐趣，几副有模有样的作品将她的"办公室"装扮得颇有几分文化气息，也让生活充满了几分情趣。

因为刘姨的人缘好，很多"小伙伴"都喜欢找刘姨坦露心声，很快刘姨不大的小屋就成为了"青春加油站"，被挤得几乎无法入座的小屋，每天都会有几十人进进出出。无论是无力吐槽还是生活迷茫，刘姨总是认真倾听，诚恳提出自己的建议；无论是悲伤还是欣喜，刘姨总是用心感受，耐心交流。

来自海南的小A，养父母以打渔为生，家里虽贫困，日子却其乐融融。得知养父在一次海难中丧生的消息后，小A痛不欲生，坚持要退学回家陪母亲，以报答养父母的养育之恩。刘姨轻轻擦去她脸上的泪水，坚定地告诉她，放弃学业照顾母亲，只会让母亲更伤心，作为全家的希望，多学文化知识，有一技之长让母亲过上幸福生活，这才是真正报答亲恩。毕业时，小A拿着公司的"offer"第一时间想到的就是与刘姨一起分享。

那个窄小的空间里，不知有多少感动人的故事，刘姨也收获了满满的友谊和尊重。好多学生即使已经毕业，甚至出国留学，但是无论多远，只要他们回天津，他们就会看望刘姨。因为曾经迷茫的他们也曾在小屋驻足，也曾受到刘姨鼓励，那些都是青春不可磨灭的印记。

"有爱"刘姨

"我能帮助别人感觉到特别地快乐，我从不奢求有什么回报。"为了同学和老师的事情乐此不疲，刘姨也曾被人称为"傻"，但她却从不在意，不改初心。

不知从何时起，刘姨身边多了一支"小分队"，他们都是自愿来到这里，帮着刘姨打扫卫生，协助做好学生活动中心的管理工作，当然，刘姨的"话疗"就是对他们付出的最好"回报"。很多同学毕业后会把自己带不走的衣物交给刘姨，她总是缝洗干净后再送给家庭比较困难的同学。毕业生们送给刘姨的书，她都细心整理，整齐摆放，碰到有其他的同学需要，她会慷慨相送，于是，刘姨的"办公室"成了衣物、图书漂流室，爱心在这里流转，温暖在这里延续。

几件衣服、几本书，也许真的微不足道，可是刘姨用爱让它们变得不一样，变得格外的温暖，也是这些温暖让受过刘姨帮助的人时刻牢记着她的叮嘱，用心传递爱的力量。

常怀感恩之情，会让我们对别人、对环境少一份挑剔，多一份欣赏和感激；常怀感恩之意，会让我们坦然承受社会给予的历练、压力。用心感受身边的善与美，整个世界都会对你微笑！

来源 | 天外学生记者团
文字 摄影 | 杨璐宇 胡玉萱 崔艳 范羿铭

回宿舍被"凶"，真相……付阿姨不仅仅是付阿姨

小语专访

2017-12-08　天津外国语大学学生处

你会对朋友说，谢谢你的关心；

你会对恋人说，谢谢你的陪伴；

你会对父母说，爸爸妈妈辛苦了。

是的，这些人于你的生命中，是不可替代的存在，他们陪着你度过一个又一个大笑的、痛哭的、想念的、忧心的岁月，没有他们在你背后的支持就没有现在的你。

但是你知道吗？我们仅仅接收这些爱是不够的，在天外，我们接收到很多很多爱，这些爱来自很多人，比如每天都能看到的宿管阿姨。

宿舍就是她们第二个家啊

早起你匆匆赶路，六点钟宿舍的大门已经敞开，阿姨在那间小屋子里披着棉袄听起了相声准备换班；中午有个男家长进来，阿姨赶忙拦住："请问您有什么事情？""您家孩子叫什么？住在哪个屋？"

晚上你玩到很晚才回宿舍，你伸手大气地敲门，阿姨穿上衣服，把门开了又关，还不忘顺带叮嘱你几句："以后遵守学校作息时间，早点回来！太晚了外面不安全，也影响其他人休息！以后不要这样了！"你撇撇嘴不置可否，只是晚了10分钟而已嘛……

有很多同学会觉得付阿姨很严格。"有一次不知道是谁把垃圾放在我们宿舍门口，阿姨就来敲门，很严厉地让我们赶快扔掉"；"每次晚回来一小会儿阿姨都会凶我们。"

阿姨倒是觉得"凶"一点是为了让她们记住什么事不能做，"宿舍就是她们第二个家啊"。家就应该用心去维护。

是我向往已久的地方

四宿的付阿姨来自东北，虽然从小离家跟随父母去到湖南，但是东北人直爽开朗的性子似乎成了一种烙印。她退休后来到天外做起了宿管，一做就是10年。

付阿姨说起了她来天外的原因："我以前是在单位做保管工作，虽然和宿管的工作不是

一个性质，但是退休了我闲不住，这是大学啊，是我向往已久的地方，我就来了。"

她热爱这份工作，"虽然挺忙的，有时候也休息不好，但是都是值得的。"

既然做了，就要做好

付阿姨虽然看上去是个大大咧咧的人，但是熟悉她的人都知道她的细心。

四宿一楼有几个房间的暖气需要维修，为了让暖气热一点必须要放水，但是这样就会给地板留下污渍，甚至会沾到靠近暖气的床底的东西。付阿姨提前清理了这些东西，维修结束后，又和保洁阿姨一起把原先脏乱的地板拖干净，"哎呀，阿姨怕现在不做（卫生）等干了就不好收拾了，而且孩子们回来看到又脏又乱的心里该不舒服了。"

她在一楼的洗漱室放了镜子，方便同学们使用；她几乎在每一个下雨下雪刮风天，用她特有的大嗓门在楼道里提醒在外晾挂衣服的同学收衣服；她的抽屉里放着针线盒，常有不会做针线的同学找她帮忙缝衣服……

所以也有同学说阿姨"刀子嘴豆腐心""凶的时候很凶，有什么阿姨能帮到的事她绝不含糊"。

阿姨说，这都是她应该做的。"家长把你们这些小姑娘们交给我了，我就要努力的在我这一块把你们保护好，就像我自己的孩子一样。"

"既然做了就要做好啊，可不能让人说不负责什么的"。

"树洞"付阿姨

除了这些，付阿姨还是很多同学的"树洞"：和室友作息时间不同，希望阿姨能帮忙解决一下和室友的问题；或是离开家想家了等，同学们都会来找付阿姨。"每年我协调解决的事会有好几例，现在的孩子啊，会有心结，也不愿意和周围的同学说，心结积多了不就是心病了吗，那可不行。"

"我希望她们能阳光一点，积极一点，开心一点，多和周围人沟通。"

这份工作让付阿姨觉得充实，辛苦和委屈却也没人知道，工作的时候，阿姨休息的时间不是固定的。"有时候（同学）半夜回来，说是学校的活动，我都知道呢，但是也只能说几句叮嘱一下。"

"有的同学回来得晚，有的同学有事有假条要早起给她开门，遇到类似这种情况基本就休息不了多久。"

"一些家长和学生不理解我们的工作，有时候无理取闹，说的话让人很不舒服，我们没办法也只能忍着。"

尽管很多事情不尽如人意，付阿姨也很少抱怨，努力在自己的位置上"把活干好"。

我挺感谢她们的

在天外这10年，付阿姨送走了一届又一届的毕业生，迎来了一届又一届的新生，让她费心的很多，让她觉得温暖的也不少。

如有个女生因为和室友性格不合被挤兑，和付阿姨聊了很多，付阿姨开解她，后来那个女生搬走，还经常回去问候阿姨。

"有时候孩子们让我特别感动，我挺感谢她们的，她们有时候会送给我个明信片，上面写着祝福什么的。"付阿姨指着玻璃板下面的卡片笑呵呵地说，"虽然不值钱，但是阿姨真的开心，自己的工作被肯定了的感觉。"

"和她们在一块就像自己也年轻了一样，干活都有劲儿。"

天外宿管的缩影

付阿姨不仅仅是付阿姨，她是天外所有宿管阿姨的缩影。

她们或是像付阿姨一样严格，或是性子温和，或是细心，或是热情，她们是普通得不能再普通的人，也是很容易被忘记的人。

你走过很多路，不是所有的路一开始都能够行走，有人把坑洼填平，有人把道路规整，有人把这条路踩实，等你踏上这条路，你会感谢它的平坦，但同时也会忘记是谁的手成就了这条路。

所以希望路过宿管室的你们：可以给正在值班的阿姨一个微笑；宿舍有设施报修的时候不要没有耐心，多一点尊重和理解；阿姨查宿的时候对她们说一句"辛苦了！"……宿管阿姨们做的事情很多，不一定会被看到，她们做的事情也都很小，但是就是这些一点一滴的小事铺成路，引着一届又一届的天外学子前进。

来源 | 天津外国语大学学生处
采访 | 董瑞园
编辑 | 杨晓意
指导教师 | 刘志

五一劳动节 | 天外为何 分外美丽

2017-05-01 天津外国语大学

劳动是神奇的
劳动是伟大的
劳动者用勤劳的双手和智慧
编织了这个五彩斑斓的世界
创造了人类的文明

五一国际劳动节，是世界上大多数国家的劳动节。在天外校园里，又有多少不为人知的劳动者在背后为我们默默付出呢？

收费亭

工作中时常会遇到各种各样的问题
车辆剐蹭 车主不愿缴费等
每天面对陌生的车辆
他都坚持以微笑化解矛盾

收发室

收发室每天存放快递、登记
拿快递时
老师每次都亲自蹲下为同学们翻找
即使有同学在休息时间来打扰
他们也毫无怨言

第二篇章　星　辰

221

宿舍楼

看着同学们进来
总是露出微笑和气的表情
她是陌生地方的另一位"妈妈"
她的孤独守候与默默付出少有人懂
她们的故事一直在讲

操场

同学们出入操场后留下的垃圾
或被损坏的草坪
他都细心整理清扫
同学们丢失东西
若是捡到也尽职尽责帮大家保存好
看到整齐干净的操场
等到同学们焦急归来
是他工作上最大的满足

食堂

每天从早到晚地工作
日复一日,从无抱怨
"红豆粥、小米粥、豆浆油条
同学你吃啥?"
因为有你们的存在
食堂或许是我们的另一个温暖的港湾吧

饭票处

阿姨每天接触很多校外人士和外国留学生
却始终秉持着诚信原则
每天的工作一站就是好几个小时
却始终热情且温和

圈存处

阿姨幽默温和，时常与同学们聊天互动
"同学拿好，别客气！"
充钱时，即使数目很小
阿姨也耐心温柔
大数目时阿姨则确认后谨慎操作
生怕有一丝疏忽

逸夫楼

他们负责逸夫楼的卫生和教室的使用
为学生服务却时常不被理解
他们的背影其实也并不宽厚
却始终担起为师生服务的重责

浴室

浴室内部潮湿，冬寒夏热
阿姨常常替同学们联系锅炉房调节水温
只是为了学生们能安心洗澡

学校的每一处

标语、绿网、围栏附近时常会有他们的身影
因为有你
脏黑的墙皮不见了
坑洼的路面平整了
因为有你，我们更放心
因为有你，我们拥有更美丽的校园

在天外走了这么一圈
看到有那么多默默无闻的工作人员
在背后辛苦地付出
在天外
平日里的点点滴滴
都构成了我们在这里最美的回忆
你们是夏日里的一片荫凉
天外因你们而美丽，因你们而温馨
谢谢你们
真诚地道一声：你们辛苦了！

来源 | 天外学生记者团
采访 | 王淑睿 张楠 周雨玄 焦璐 王蕾
摄影 | 焦璐 尹晓萱 崔馨月 刘依琳 范紫琦
文案 编辑 | 王艺儿 牛倩 曹妍

第二篇章　星辰

【第三篇章】

星 云

最全天外
赏花地图
（马场道篇）

2017-03-30　天津外国语大学

春风吹过 唤醒了一片绿意
暖阳高照 映衬了十里花林
万不可辜负这春天的盛情
赶在春意阑珊之前
去赴一场与天外繁花的约会

开花地点
逸夫楼西，钟楼前中心花园和马场道校门口，图书馆东

花名：玉兰
花色有黄色、紫色、白色、粉色4种
数量近 40 棵

开花地点
行政楼附近，三号楼后身

花名：牡丹
共有 19 个品种 其中 洛阳红丹玉

花语　圆满、浓情、富贵
花期　4月中旬至5月上旬

开花地点
图书馆B楼前走廊附近

图书馆B楼

花名：紫藤萝

花语　醉人的恋情 依依的思念
花期　4月中旬至5月上旬

开花地点
图书馆B楼前，中心花园，钟楼西侧

花名：桃花

花语　爱情的俘虏
花期　4月中上旬

开花地点
马场道校区六宿前 钟楼西侧

花名：樱花

花语　高雅，质朴纯洁的爱情
花期　4月中旬

花名：玉兰
冰清玉洁
3月下旬至4月上旬

第三篇章　星　云

227

来源 | 天外学生记者团

图片 | 胡玉萱 崔馨月

文字 | 张楠 钟晴晴

凌霄

地址：主楼前广场
花语：敬佩和声誉
花期：五月～八月

月季

地址：七号宿舍楼前
花语：持之以恒，等待幸福
花期：五月～十一月

梨子

地址：前广场主干路两侧
第二教学楼前
花语：事事如意
花期：六月

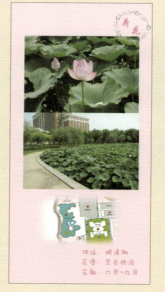

荷花

地址：映清湖
花语：黑白纯洁
花期：六月～九月

美人蕉

地址：主楼前广场、宿舍区
花语：美好的未来
花期：六月～十月

赏花游憩迷人眼 多彩天外恰君来

来源 | 天外学生记者团
部分图片由后勤管理处提供
制图 | 郝晨

慕兰行

开栏的话

春分时节
天外的玉兰是迎春的使者
沐浴微风几度
最先在枝头娉婷生姿

作为自古被文人墨客广为传颂的尤物
玉兰承载着很大一部分
中国古典文化传统的命脉
成为思想之寄托
形似诗情　色似丹青
绽似女子　味似香茗
在一株株玉兰的袅娜身姿下
连绵不断的千年长卷缓缓展开

玉兰盛开之际
我们将带大家领略中华传统文化之美
感受泱泱大国的古韵悠长
千年风雅何所在
且看天外慕兰行

为你读诗，玉润风骨气如兰

慕兰行

2017-03-21　天津外国语大学

兰之猗猗，扬扬其香
自始，每五步即得一树，如霞如云
轻粉俏红月白桂紫，难尽述矣
立于木下，即昭艳华之神色
之醇芳，之形态，之风雅
其香与形，可教人也
昔王徽之有言
宁可食无肉，不可居无竹
无肉令人瘦，无竹令人俗
此竹与肉之妙喻也
而今物用肥于肉，而世人更俗于无竹矣
故曰
世之贤人灵犀所集者
天津外国语也
至书苑有兰倚绕座前
暗香浮动，倏尔敛藏
欲拟"飞鸿踏雪泥"之义
为玉兰刚健之别谈也
今与君共勉，酌清酒一樽
玉兰数朵，和轻风淡月
略表少年意气，旷世雄风
色隐于夜而始觉香
于是万千思绪，俱凝花心
此花与君之外无人知也

来源 | 天外学生记者团
文字 | 周雨玄

中华文化
巡礼之
"妙笔生花"

慕兰行

2017-04-01 天津外国语大学

书法篇——"笔下生花"

中国汉字由劳动人民创造，在漫长的演变发展的过程中，一方面起着思想交流、文化继承等重要的社会作用，另一方面其本身又形成了一种独特的造型艺术。

书法是中国特有的一种传统艺术。人们按照文字特点及其含义，以其书体笔法、结构和章法写字，使之成为富有美感的艺术作品。

篆书瘦劲挺拔，端庄严谨。
隶书一波三折，气势恢宏。
楷书平正而不呆，齐整而不拘。
行书则被称作是楷书的草化，
也别有一番特色。
草书存字之梗概，损隶之规矩，
纵任奔逸，赴速急就。
文房四宝，笔墨纸砚，
中华文化淋漓尽致地跃然纸上。

书法在天外——走进天外翼翚书法学会

书古韵生活，绘水墨世界，
书法是中国特有的一种传统文化及艺术，
是汉字书写的一种法则。
其精髓有三个：创体、表美、蕴意。
天津外国语大学翼翚书法学会
以弘扬中华汉字精华、传承民族国学为己任，
挥洒笔墨，
在笔划之中扬民俗情趣，
于毫锋之间展波澜胸臆。
形形色色的书法爱好者集聚在这里，
他们不分国籍，无论性格，
所有的相遇都缘起于"书法"这个共同爱好。
他们用一颗认真且热诚的心，
将这份中华瑰宝文化传承延续。

来源 | 天外学生记者团
文字 编辑 | 钟晴晴 王艺儿
视频 图片 | 刘依琳

中华文化巡礼之"花前乐下"

慕兰行

2017-04-07 天津外国语大学

本文获评"2018天津高校新闻扶持计划"视频消息类优秀作品

悠悠琴声自手中缓缓流出
似亘古绵长
眉宇间留下忘不穿的空灵
青丝带过朱唇后
琴声，休止

清韵溢满的古韵民乐社
静静在这四方屋内
留一拨琴瑟
余几声羌笛
她们决意挽起千百年来的丝桐
奏响曲调绵延

信手闲弹，悠悠细婉
低幽处似江南烟云
壮阔处如高山流水
舒缓时愿拟作玉兰含苞绰约
激涌时堪类似辛夷盛放垂涎

在绵延的琴声中回想
梦回千年前曹植为奏乐者写下
"清浊齐均，既亮且和"时心中的欢喜
梦回"犹抱琵琶半遮面"的女子
在妙龄时的温婉美好

她们醉心于民俗艺术
小心呵护这传承千年的礼乐文化
这条代代相传的命脉，
那头是血亲的先祖，
这头是对文明虔诚的信徒

古人偏爱花前月下与歌舞升平
诗中常有倾城子抚琴花间
眉眼清洌，乐声悠悠
与琴为伴，花为友，诗为兴
想来极美。
窗前倾一树玉兰，芬芳依旧
温和如曲调的轻柔
又与温酒相得益彰
良宵甚美，
便唾手轻挽白兰
拨一手琴弦罢了

来源 | 天外学生记者团
文字 编辑 | 王淑睿
视频 后期 | 刘依琳
摄影 | 崔馨玥

中华文化巡礼之"茶淡如清风"

慕兰行

2017-04-25 天津外国语大学

嫩芽在热水激荡下渐渐活色，袅袅生香，
茶伴着氤氲水汽在骨瓷盏中沉静，
茶香馥郁，色若琥珀。
古人一杯香茗，一卷书，
便能偷得半日闲散。
泡一壶好茶，观世间万物，
怀一颗澄澈的心，
细细品味人生。

　　千百年来，中国的文人士大夫们有意识地把品茶作为一种能显示高雅涵养、寄托情感、表现自我的艺术活动来刻意追求、创造和欣赏，使其成为集儒、佛、道与民风、民俗于一炉的中华文化。

天外学子展示铁观音茶冲泡过程：

1.展示茶具

茶壶，公道杯，过滤网，茶荷，品茗杯，随手泡，茶案，茶斗，茶匙，茶夹，茶针等。

2.沐霖瓯杯（冲洗茶具）

将随手泡中的热水倒入茶壶中，再将茶壶中的热水倒入各个器皿中，最后倒掉各容器中的热水。此步骤意在使茶壶和品茗杯保持相对的温度。

3.观音入宫

右手持茶匙，左手持茶荷，将铁观音茶叶徐徐拨入茶壶中，茶量约8克。

4.悬壶高冲

提起随手泡，对准茶壶，先低后高冲入，使茶叶在水中充分延展。

5.瓯面酝香

轻轻摇晃旋转茶壶，等待1~2分钟，酝酿茶叶的香气。

6.观音出海
将茶壶中的茶汤自左至右倒入品茗杯中。
7.品茶
双手捧起品茗杯及茶盘递给客人。
8.闻香
客人双手接茶,细嗅茶香。

"不美黄金罍,不美白玉杯。
不美朝入省,不美暮入台。
千美万美西江水,曾向竟陵城下来。"
是唐代著名诗人、茶学专家陆羽的真实写照。

茶淡如清风,犹似人生。
人们对茶的印象,
往往是沁香、芬芳、甘甜。
茶更像人生,会苦一阵子,
但不会苦一辈子,
愿你也在品茗中得到一分安乐。

"茶香如品格,茶淡如清风",
献给每一位用心生活的人。

来源 | 天外学生记者团
文字 编辑 | 张楠
视频 | 刘依琳
图片 | 崔馨月
特别鸣谢 | 国际交流学院 崔慕贤 张乐

中华文化巡礼之"岂曰无衣"

慕兰行

2017-05-15　天津外国语大学

岂曰无衣？与子同袍。
王于兴师，修我戈矛。与子同仇！
岂曰无衣？与子同泽。
王于兴师，修我矛戟。与子偕作！
岂曰无衣？与子同裳。
王于兴师，修我甲兵。与子偕行！
——《秦风·无衣》

　　小时候最爱看《神雕侠侣》，小龙女一袭白衣飘飘，冰肌玉骨，似不食人间烟火。举手投足衣袂飘飘，无风自动，引起少女时代的万千遐想。

　　真正接触到汉服是在六年前，读到开篇的这首毛诗，"岂曰无衣，与子同袍"，顿时生出一种认同感。

　　由此上溯几千年，整个汉族有自己的传统服饰，宽衣广袖，名曰汉服。不是凌波微步，九阴白骨，只是山中坡上，擒了草药芳香的麻布衣角，或者市井之内，绫罗簇拥的娇笑盈盈。

　　"国学热"像极了一场海啸，夹杂着百家思潮，利益泥沙，掀起滔天巨浪。喜爱汉服的人群开始迅速扩大并聚集，俱着华裳，谓之同袍。

　　华夏复兴，衣冠先行。

　　始于衣冠，达于博远。

　　时而会有路人不解，侧目回头；邻里嗔怪，议论戚戚。有的羞红脸只顾低了头，有的义正词严：吾等为挽救中华文化在努力。的确，没什么特别的理由，只是因为欢喜，就穿了。

　　然而有什么可稀奇的呢？御寒挡沙，优形姣容，不过是穿件衣服而已。

　　真正大同的世界往往不会在意差异的个体，不会认为这是奇装异服，即使也没关系。在民族文化繁荣的时期，所有的不同都可以被包容和借鉴。

　　我们要做的并非"复古"，而是一场"复兴"。让我们执着追寻的也绝不仅仅是一句一读，一撇一捺，如同匠人总是因为其非凡匠心才被铭记。

　　经史子集的温良恭俭让，松烟入墨的恬静淡远，琴箫和鸣的高尚卓绝，汉家衣冠的知礼守信。"国学热"实质上是对于中华传统文化与民族文化的一次"再思考"，重新审视悠长历史的印记。

　　于是，有人不再想做"沉默的大多数"，有人希望跳出来发声，无数"同袍"从一件衣裳开始，发掘近十年乃至世纪的民族主义诉求，如同深海里鲸群的汇集，希望有一天为人父人母的时候可以告诉孩子，岂曰无衣，与子同袍。

　　曾与三五好友逛颐和园，见一母亲带幼子正在树下合影。母亲的衣着说来有趣，上身是藕荷色宋褙子，精致地绣了祥云纹样，下身却是十分现代的破洞牛仔裤。孩子上穿一件宽大的T恤，下着一条大红色马面裙。

　　一时颇有他乡遇故知之感，于是忙上前问询，可是汉服否？

　　对曰，是汉服，也不是汉服。裙摆总嫌绊脚，不如裤子方便，总之是汉族人。

　　或许亟待重视的从来不是衣服本身。知"穿上"汉服，更要知"脱掉"汉服。毕竟，穿不上的是历史，脱不掉的是传承。

来源 | 天外学生记者团
摄影 | 胡天博 杨璐宇 刘依琳
文字 编辑 | 周雨玄

中华文化
巡礼之
"生旦净末"

慕兰行

2017-05-17　天津外国语大学

寒梅傲骨身，翠竹乐仙神。

记者走访之时，
正赶上天外京剧团的一次化妆课。
看抹彩勾脸，
演员们一一"扮上"，
倒似活脱儿的美人了。

　　京剧是中国五大戏曲剧种之一，因其行当全面、表演成熟、气势宏美，被视为中国国粹，2010年11月16日被列入"人类非物质文化遗产代表作名录"。京剧走遍世界各地，成为介绍、传播中国传统艺术文化的重要媒介。

　　"天津外国语大学京剧团"简称"天外京剧团"，属校艺术团，成立于2013年5月，旨在引领学生了解国粹文化，学习国粹精华，汇集大学校园里同样喜爱戏曲艺术的学生，为其提供一个京剧学习和交流的平台，共同切磋，共同进步。同时，充分发挥外语语言专业优势，搭建中外文化交流的桥梁，宣扬中国戏曲文化。

　　在天外，提到京剧团，就不得不提到孙小雅这个名字，她用三年的真情倾注换来了如今京剧团的荣誉满堂。在她看来，来自全国乃至世界各地的天外学生，可以将京剧文化传递到更广阔的空间，而自己作为一名对外汉语专业的学生，更应该视传承中华文化为己任。在一次校内的对外汉语桥比赛中，孙小雅和同伴表演了《大唐贵妃》的选段《梨花颂》，来自不同国家的留学生们被台上的精彩唱腔所吸引，主动找到小雅表示想学艺。目前，天外京剧团已有来自欧洲、亚洲等国的多位"编外学员"。

　　天外京剧团还聘请了天津京剧院优秀演员和天津戏校优秀教师每周定时为大家说戏、授课，系统教授唱腔、身段。在日常课程之外，还开设了晨练、戏曲知识小课堂、戏装体验、戏装摄影等活动。大家可以根据自己的时间选择合适的活动方式走近京剧，了解京剧。

　　自成立以来，天外京剧团选派演员参加了"赴海外孔子学院巡演""中日大学生京剧汇演""对外汉语桥大赛""全国高校京剧演唱研讨会"等活动。在学校50周年校庆中表演京剧流水联唱。获得"对外汉语桥大赛"一等奖、"全国高校京剧演唱研讨会"一等奖、天津市"优秀社团标兵"等荣誉，并在"全国高校京剧演唱研讨会"上为学校争得"最佳组织

奖"。受到天津电视台、天津电台及《渤海早报》《城市快报》等多家媒体的采访和报道。

"我本是女娇娥，又不是男儿郎。"
"看罢弄朱调粉，见惯帖翠拈花。"
一支勾勒眉角的笔，
一袭染尽红尘的衣，
一段花腔婉转的唱词，
凝成中国传统艺术宝库中的一颗明珠。
京剧之美，耐人寻味；
京剧之典，永留于世。

来源 | 天外学生记者团
文字 编辑 | 王艺儿
视频 | 刘依琳 周雨玄

中华文化巡礼之"捧哏逗哏"

慕兰行

2017-04-20　天津外国语大学

"哏都"人以幽默感著称，
这与他们喜爱的相声文化息息相关。
相声这项以带来欢乐为目的的非遗文化，
正被天津人、天外人
用表演、学习的方式发扬并传承着。

　　相声虽兴起于北京，但作为码头城市的天津却是相声兴起繁盛的地方。京津近在咫尺，天津为相声演员必到之地，并逐渐形成一个新局面：新段子必先得到天津观众的认可才能进京演出。许多著名的相声演员都是在天津演出过多年，成名后才走向全国的，侯宝林、张寿臣、郭荣起……莫不如此。

　　为弘扬传统文化，丰富校园生活，挖掘校园中的相声人才和相声作品，我校曾多次引入"欢声笑语校园行，非遗技艺有传承"天津传统相声专场活动。天津相声广播著名主持人张宸、赵旭，天津著名青年相声演员裘英俊、于丹，"天广乐"相声社的青年演员们先后为师生们奉上了一场场欢笑盛宴。我校"欢声畅语"相声社的同学们也倾情助演，说学逗唱间不仅有传统意义上的"倒口""柳活"，还融入了时下很多热点话题，包袱不断，让人忍俊不禁。

　　"吃葡萄不吐葡萄皮"
　　"因为葡萄十四块钱一斤买不起！"

　　"我当年也想考外院，可是差三十分啊……"
　　"可惜了！"
　　"差三十分考上高中啊！"
　　"……"

　　"服务员！你信不信我能单手掰开啤酒盖？"
　　"不信。"

"不信还不给拿起子！"

"扁担长，板凳宽，扁担想绑在板凳上，板凳说：'请坐！'"

旧时天津的演出场所并不多，除在茶馆、杂耍子演唱外，主要还是在街头和庙会"撂地"卖艺。正所谓："围坐团团密复疏，开场午正到申初。风高万丈红尘里，偏有闲人听说书。"用艺人自己的话说："俩肩膀扛着一个脑袋，有块地就能演。"

博得观众一句"可乐"的背后，有相声演员卖力的汗水，有反复磨练的默契，有推敲打磨的稿子。相声作为非遗艺术，给人们带来无限欢乐，同时也值得被理解、尊重与保护。对尽力保护这门传统艺术的相声演员们，我们能给予的除了掌声，还应有感激与鼓励。

来源｜天外学生记者团
文字 编辑｜钟晴晴
摄影｜刘依琳 杨璐宇

飞花令 | 当天外遇上红楼梦

慕兰行

2017-03-04 天津外国语大学

话说四大名著之一《红楼梦》是一部涉及多类文化的奇书，全书共提及酒令十种，篇幅十余，足以说明前人对"令"的喜爱。当天外遇上了红楼梦，且看……

第一二二回 得奇令宝玉邀群客 飞花宴天外成妙题

且说这一日，宝玉信步在园中游走。正是草长莺飞，晴丝袅袅，竟瞧见鸳鸯和袭人两个在台阶上坐了，不知在说什么。

宝玉上前道："好姐姐，在顽什么，这会子让我也凑个热闹罢！"

袭人道："我们说近来听的酒令呢！"

鸳鸯道："这个原是'飞花令'，几人合作一题，只是每句诗文须有题中的字才算得答上。"

宝玉吟道："'春城无处不飞花'，这名倒雅致。"心下思量了半日。

几个时辰后，大观园众姐妹皆收到了宝玉"飞花宴"的邀请。

办宴这一日，贾母等沿桌依次坐了，凤姐儿忙前忙后接过来丫头们手里的金碟银筷。

酒过三巡，贾母道："竟是什么题目，说来罢。"

宝玉道："题面原是'天津外国语大学'七个字。"

贾母笑道："这有甚么难！我有'天生我材必有用'一句便是了！"

天生我材必有用，千金散尽还复来。
———李白

宝玉抢着说道："我也有一句'身车何处不通津'！"

道德几时曾去世，身车何处不通津。
———冯道

黛玉微吟了一刻，笑道："这个'外'字，正是'清泉汩汩流尘外'。想来这泉水也有性情，不肯往腌臜处去呢！"

清泉汩汩流尘外，白石岩岩赖醉眠。　　　　——姬翼

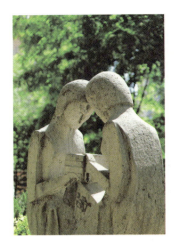

探春道："'国'字却有'尚思为国戍轮台'一句。"

僵卧孤村不自哀，尚思为国戍轮台。　　　——陆游

湘云见大家均有了，也争道："你们都是高风亮节，我却只想到'莺啼似作留春语'！"

莺啼似作留春语，花飞斗学回风舞。　　　——晏几道

惜春慢慢道："'小舟谁怕东风大'。如是作画，定有一番意境。"

醉泛吴松，小舟谁怕东风大。　　　　——张元干

李纨笑道："我不似姑娘们有才华，且寻一句'学但穷源自不疑'，自当罚酒了！"于是饮尽一杯。

文能换骨余无法，学但穷源自不疑。　　　——陆游

迎春笑道："这题完了，剩下的人且不用再费唇舌。"

宝玉低头想了半刻，道："却还有'中外求索，德业竞进'八个字。这一遭只许五言绝句来对，其他一概不许的。二姐姐刚说了旁的，罚来作第一句！"

迎春想了半日道："'此中有真意'可算了罢？"

此中有真意，欲辨已忘言。　　　　——陶渊明

宝钗忙道："二姐姐这一句原好的紧，最有含蓄之意。我却没有好的了，上一个'外'字也是我的，这次且说'江流天地外'罢。"

江流天地外，山色有无中。　　　　——王维

宝玉道："'精诚求谛信'一句最好。"

精诚求谛信，须有是兼非。　　　　——宋太宗

湘云接道："'索'字我却有了！'索句写梅真'可是好的？"

借书消茗困，索句写梅真。　　　　——唐彦谦

黛玉笑道："他可算说了一句正经的。非要'善德远馨香'才能有这话呢！"

世途能及物，善德远馨香。　　　　——宋太宗

凤姐儿笑道："我最是个不知诗书的，只从小听得'诗书成志业'。"

诗书成志业，懒慢致蹉跎。　　　　——耿湋

贾母道："可是了，日子才暖，我正想起'百草竞春华'倒有味。"

百草竞春华，丽春应最胜。　　　　——杜甫

李纨道："老祖宗的这句是春天的意思！这尾算是我的，且说'进善难如登'的大道理。"

沧恶易如坠，进善难如登。

——林景熙

宝玉拍手道："这句极好，有催人上进的道理。两题下来，倒和我之前梦见的越发相像了。"

说来宝玉这题是怎么得的？

原是梦得一学府，宫殿模样，门前横一大石，上书"天津外国语大学"七个描金大字。又见一褐色巨石甚是嶙峋，题"中外求索，德业竞进"八个字。来来往往的多是些女儿，宝玉心下称奇，正欲上前询问，只觉身上一轻，竟醒了。

这学府究竟是甚么所在，欲知后事如何，请听下回分解。

来源 | 天外学生记者团

文字 | 周雨玄

编辑 | 崔艳

天外版·英译传唱《菊花台》

慕兰行

2016-03-23　天津外国语大学学生处

Your tears shine on,
sorrow there among.
Pale, pale, the moon hooks the going and the gone.

你听过天外版赵彦春老师的英译《菊花台》吗？

《菊花台》的哀婉凄楚面世近十年，震撼几代人。它由方文山填词，周杰伦谱曲并演唱，收录于周杰伦2006年9月发行的专辑《依然范特西》，是《满城尽带黄金甲》的片尾曲。

有人说，《菊花台》方文山的词，经典与后现代相缠绕，意象稠密而奇特，一韵到底而不单调，如泣如诉，不可翻译。有人说，周杰伦细腻的演唱，感伤而无奈，竟成绝唱。

可是，学工小微听到原我校外国语言文学文化研究中心主任赵彦春教授逆流而上，犹如神助，成就了英文版《菊花台》。它与原文丝丝入扣，表征相异而神彩依旧，比如词尾处"one in one"的凄美便将"成双"印在了灵魂的深处。

于是，小微特地一访赵彦春教授，向大家揭开这位翻译大家的神秘面纱。

小微：赵老师，您是什么时候开始翻译《菊花台》的？

赵彦春：从今年寒假开始，将《菊花台》的歌词以高度对等于原文的形式译成英语，由上海音乐学院制谱，由我校校友、香港城市大学刘畅演唱。翻译的过程很困难，断断续续翻译了一天。

小微：您英译《菊花台》的初衷是什么？

赵彦春：中西方文化有差异，文字的束缚造成了接受上的困难，但音乐是无国界的，美妙的旋律和彼此的情感是相通的。中国古典文化通过传唱，能更好地让世界所接受。一句话：我想通过我们的努力，让中国文化更好地走出去。

小微：我们看过您翻译的《三字经》，一部非常好的著作，对我们专业也很有帮助。那么，赵老师，您下一步打算做什么？

赵彦春：目前，我正带领翻译中国团队与上海音乐学院原创歌曲团队跨界融合，协同创新，在国家艺术基金项目、风雅中国诗词歌曲系列和国家出版基金项目、中国梦江海潮原创歌曲系列中，负责歌词的英文翻译工作，中英文歌曲集将正式出版，其中部分歌曲在上海之春国际音乐节和北京语言大学音乐会等场合演出，敬请大家关注。

赵彦春英译《菊花台》

国学是远处悠扬的笛，晃晃荡荡是空灵的音；
国学是月下翻飞的舞，飘飘洒洒是缭绕的美；
国学是风中灵动的画，纷纷扬扬是舞动的墨；
国学是绕梁三日的曲，峨峨洋洋是悦耳的情。
品国学精粹，体会诗的魂牵梦绕，赋的缠绵翻跹，曲的悠远绵长，词的婉转豪放。
嚅一佳句，舐几乐章，古文之美，尽在胸中。

来源 | 天津外国语大学学生处
图文 | 学通社 张金蕾 桑媛婧 陈锦一
演唱 | 英语学院校友 刘畅 学通社 胡可馨
编辑 | 冒慧琳
指导教师 | 刘志

第三篇章 星 云

大道至简，
返璞归真
——品读《诗经》中的爱国、敬业、诚信、友善

慕兰行

本文荣获第二届全国大学生网络文化节网文类作品三等奖、
2017年天津外国语大学校园"悦读之星"演讲大赛二等奖

司马迁曾说："《诗》三百篇，大抵贤圣发愤之所为作也。"三百一十一篇，便开中国文学巅峰气象万年。今人谈核心价值观，离不开中国特色，逐其根源是华夏特色，孕于先秦，流于《诗经》。《诗经》仿若山间溪泉，悠雅清扬，自成一段天然的风流态度。我愿意透过《诗经》的文字，从遥远的先秦时代探寻华夏特色，发掘其中天然流露的爱国、敬业、诚信、友善。

闲居非吾志，甘心赴国忧·爱国

自古战士多儿郎，仿佛"踏铁马入冰河"，此等豪情壮举已成为护国须眉的专属荣誉，实则，琴心剑胆的巾帼英雄不失为历史长河中光华熠熠的珍珠贝。

行于芃芃野麦间的许穆夫人思慕国家心切，驱马悠悠心则更忧，盼望挽救国家于危难。大夫君子所思，不如她一人所至。读到此处心生敬意，原来早在先秦，华夏之都的爱国主体就得到扩充。发展至今，全民爱国的思潮已然成熟，如日中天。待许穆夫人马蹄扬起的尘埃消散，我转头，只见一壁残垣，不知何人曾在萧索中凭吊故国，写下"知我者谓我心忧，不知我者谓我何求"。我又见地下涌出寒冽的泉水，冷得人心惊，惊得心头涌出对故国今不如昔的悲切——念及彼周京，忾君子寤叹！

而如今的我们幸甚至哉，应倍加珍惜幸福安全的生活，为爱国赋予新的时代意义。伴随泱泱华夏历史殷殷雷声，我听到更为气势如虹的吼声："修我戈矛，与子同仇！"这便是由爱国情怀筑起的长城，自先秦至如今，历史的烈风摧不垮他们的爱国意志，越生长越坚毅。

随风潜入夜，润物细无声·敬业

十五国风中华大地，自古君子有为德行远播，士农工商各从其类各司其职，敬业安居，和顺延绵。然而，八百载的周王朝在发展中绝非安然如初，拨开历史的云雾，卿士芮良夫愁思不绝于黎民疾苦——"不殄心忧，仓兄填兮"。眼看百姓好生稼穑勤恳劳作却都都然，他毅然发声祈求天降好君王——"维此惠君，民人所瞻，秉心宣犹，考慎其相"。

这便是中华大地敬业精神源头之一，卿士心系黎民，百姓安于耕居。正如今人论"敬业"，去先秦糟粕而承其精华，此时山河如民心所愿，"敬业"精神传承至今，更加光辉深刻。

海岳尚可倾，口诺终不移 · 诚信

先民们的坦然率真是那般爱憎分明，不玄不妖，着实令人感动。

干净而纯粹的时代，每一份承诺都珍贵。"投我以木桃，报之以琼瑶"——翻山越岭只为将信物呈到心上人眼前；登乘彼垝垣，期子携良媒，日后的生活衰苦也罢，幸福也好，她想要的不过信誓旦旦一个家，一笔一划，横竖十笔的光华。而《诗经》源于如此一个大落未尽而大兴未起的时代，宽容的创作环境使诚信在其中并不局限于爱情。我登上高山，观看华夏先民的自由足迹，听到一个高亢清亮的声音说："白圭之玷，尚可磨也；斯言之玷，不可为也。"语气不容置疑，将手中一柄诚信之剑直指不公之事。繁华落尽见真纯，短短十六字警醒了数千年后的我们，"诚信"二字早已满在中华大地。

少年乐新知，衰暮思故友·友善

文学源于生活，这是亘古时光里颠扑不破的真理。

敲开一坛老酒，惊觉，先民已然写下"嘤其鸣矣，求其友声"的征友启示，后人之所以因《诗经》欢喜，为《诗经》折服，重要的原因正是这经得起历史推敲和打磨的价值观。"我有嘉宾，鼓瑟吹笙"——好友不论何时都是煮酒尝青梅话千秋的适配。在自成一派而井然有序的土地上，民众们自觉彼此相得益彰难舍离，于是流传出"死生契阔，与子成说"这样战火纷飞里醉心的羁绊。岁月的酒在时令轮转中越发香醇。"九月肃霜，十月涤场。朋酒斯飨，曰杀羔羊。跻彼公堂，称彼兕觥，万寿无疆"。对村落之事的动容描绘，令我想讨一份闲乘月的许可，挂杖无时夜叩门，敷陈其事，随物赋形，农家的真实友善的生活，透出其乐融融的意韵，这坛老酒，任谁也忍不住尝了再尝。

《诗三百》，情深而相思，守礼而无邪。谓"大道至简"，是对爱国、敬业、诚信、友善的追本溯源。这些珍宝由古人种下，今人在历史长河中大浪淘金，代代传承，使其熠熠生辉。

作者 | 国际商学院 李佳欣

谁打翻了天外的调色盘，洒下这色彩斑斓

2017-04-19　天津外国语大学

一身诗意千寻瀑
万古人间四月天
草长莺飞，万物生长
繁花似锦，绿树成荫
灯火如昔年，天外如初见
我路过莱茵路熙熙攘攘
中心花园书声朗朗
天外之春
色彩缤纷美如画卷长诗
让我走近看看你
不同颜色的你，美亦无穷的你

紫色
长街长，烟花繁，我在天外
短亭短，紫色碾，你在何方
丁香色
天外丁香，馥郁芬芳
竹青色
竹青色，馨墨冉

蔚蓝色
白衣旧，天蔚蓝，如今仍是少年

驼色
残阳醉，驼色深，天外等你归
苍青色
漫步苍青天外，又闻欢笑声
银白色
或哪日银白天外，与你把酒共话桑麻
墨色
年岁过霜降，碾入半叠墨
听你说在天外的离合

赫赤色
赫赤天外，醉染津河
紫檀色
天外紫檀，若醒若倦，续酒对联
黑色
野径云俱黑，天外灯火明

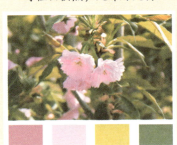

樱桃色
笔一支诗两行，清风送樱花香
缃色
两茫茫人间碧落，天外缃色浓
苍色
沾染汗青竹卷，苍色见肝胆

绿沈色
最狂的风，最烈的酒，绿沈天外，潇洒自由
柳黄色
那月亮，一层故乡的霜
这天外，叶子有点青黄
精白色
你眉间蹙着精白一点
我笔下藏着悱恻千言

豆青色
残阳照孤影，天外染豆青

黛色
黛色天外，勾勒青山
棕黄色
棕黄天外，清如满月

蓝色
天外天，天高远，纤云不染
赤色
枯藤长出枝丫，并肩看，赤色天外开花

都说鲜衣怒马正少年
恰逢着花正香风正暖
斑斓，如你
多姿，是你
天青色等烟雨，天外在等你

绛紫色
前生你是玉兰一瓣
遮住了我想你的一片天
熟褐色
红烛枕四月花，熟褐天外掩映玉兰间

来源 | 天外学生记者团
摄影 制图 | 喻馨延
文案 编辑 | 王蕾

TFSU

开栏的话

走在街头
瞥见杂货店橱窗上映出她如被引燃般火红的围巾
那是阴冷冬日里的一抹热烈

转过拐角
偶遇咖啡厅招牌下驻留他似被冷藏般冰蓝的夹克
那是温热气氛外的一分寒凉

他们是城市之中的时尚元素
他们是校园内外的独到风景

这是一群审美有道的"天外来客"
在我们的镜头中展现天外人的别样风采

天外街拍秀
优良团队 精心打造
一五年末 重磅推出

如此格调 就要你跟风

天外街拍秀，
炫出青春风·
第一弹

2015-12-02　天津外国语大学

策划 | 孙晗 闻名 范羿铭 罗拉

摄影 | 孙晗 罗拉

文字 | 闻名

编辑 | 罗拉

春风
十里不如你

| TFSU |

2016-04-09　天津外国语大学

来源 | 天外学生记者团
文字 摄影 编辑 | 罗拉

炎炎夏日里的男神特辑，就像今天的一场及时雨

| TFSU |

2016-06-13 天津外国语大学

六月
是属于西瓜和沙冰的季节
是汽水咕嘟咕嘟冒泡的季节
是与三两好友去压马路吹海风的季节
是看着白色吊带的女孩子大笑的季节
更是
看男神的季节
炎炎夏日里 还有什么能比男神更消暑呢
本期街拍我们推出了五位风格不同的男生
时尚 复古 韩流 嘻哈 简约
快来看看
你更喜欢哪一款

NAME 查之琛
2014级日语学院（日本文化）
SCHOOL/MAJOR

宅/拖延是社恐
后摇/迪斯科/八十年代

周琦杰 NAME
2015级英语学院（英美文化）
SCHOOL/MAJOR

190
健身 阅读 索尼党
喜欢小众 偏爱独处

NAME 赵云堃
2015级英语学院（商务英语）
SCHOOL/MAJOR

乖张 怪皮
但不影响是个暖男
一只喜欢交朋友的Thistles

NAME 张松柏
2012级日语学院（国际商务）
SCHOOL / MAJOR

爱学习 走到哪 学到哪
爱跳舞 不如跳舞
谈恋爱 不如跳舞！

NAME 全柄德
韩国留学生

午后阳光里
转身街角遇见你
笑起来眼里有星星

来源 | 天外学生记者团
文字 摄影 | 罗拉
编辑 | 罗拉 杜明乐

W两个世界 | 当马场道遇上滨海 当我遇见你

| TFSU |

2017-01-03　天津外国语大学

你是否也曾想象过
当这样的两个人在天外相遇
跨越时间和空间的距离
就像是两个世界重叠在一起
汇成一抹温暖驻扎于心
是你走得太快
还是我没能跟上你的脚步
在还没有遇到你之前
我从未想过世间会有另一个人
与我这般惺惺相惜

你有没有爱过那样遥远的一个人
只一眼，便情深
最是那一抹抬眼间的温柔
令人心驰神往

男：终于见到你，徒留原地的我
　　内心仿佛经历了一场海啸
女：前世今生
　　我，是不是在哪里见过你
　　心心念念难相望
　　兜兜转转终相逢

此情无计可消除
高山流水觅知音
人生能有几回同
共谱一曲相思引
思念在脑海里盘旋
化作音符在指尖流淌

让我用一整章乐符
来换你倾城笑颜

最深情莫过于一句

男：你不曾得知，我不止一次写下
　　我爱你
女：盼君兮，山有木兮木有枝
　　心悦君兮君不知
言语从来没能将我的情意
表达千万分之一

我会一直等你
弹指百年 沧海桑田
这座为时代标记的建筑却仍容颜不改
九十余载 山海相连
跨越时空的相遇来源于你我的学府情缘

不知哪天你会消失
我的内心才会如此不安
也许，今后每一次不期而遇
都会变成久别重逢
男：我来了，你的世界不能少了我
女：我来了，我来到你生活的世界

我们苦苦寻找的那个人
或许在另一个时代的边缘
所以穷尽一生也无法相见
但你我又是何其幸运
在天外的两端心神相遇
穿过漫长岁月
谱写冬夜繁星下的天外故事

来源 | 天外学生记者团
模特 | 天津外国语大学马场道校区 刘依琳
天津外国语大学滨海校区 张皓森
摄影 | 孙晗
制图 | 傅博文
文字 | 王艺儿

情人节 |
我的模样有你的
张望 我的思量
是你的窗

| TFSU |

2018-02-14 天津外国语大学

有些人
自从遇见
便一生都是你
这是"她"和"他"的天外爱情故事
20出头的年纪
一段真挚诚恳的浪漫情缘
校园的青葱岁月
距离 时间 压力
走过情路的坎坷
但还是
想陪你从穿球衣到打领结
从披肩发牛仔裤到长裙高跟鞋
想把之后的无数年
所有的晚安
都给你
做你的盖世英雄

还能够到你吗
很害怕距离就这样让我们错过
希望下楼时你在走廊的转角
因为很想一头扎进你的怀里
闻着你身上熟悉的味道
告诉你这些天的委屈
以及
我很想你
我还喜欢你

午后的图书馆
难以捉摸的微妙情愫
喜欢这种东西
就算捂住嘴巴
也会从眼睛里跑出来
想就这样醉在你的眼眸
想就这样沦陷于你的笑
如果距离让安全感一点点变少
就想想初见时的悸动吧
那份心动
是我喜欢你最坚实的保障

你只要伸出双手
我就会毫不犹豫地拉住
那么现在呢
我就算伸出了手

让我们缘分延续的地方
马场道至学府路
41千米的距离
1小时又31分钟的路途
我们如此往返于这条路

空荡的教室
我看着书
脑海里却全是你的笑意
逆着阳光的方向
看见我们曾并肩坐过的模样
我在想你的时候你一定能感觉到吧
温热阳光下
想起你凑过来的耳语
"很喜欢你"
我们嬉笑 打闹
你的调皮
和我的宠溺
快乐的方式有很多种
最直接的方式是
见到你
感情在时间里来去自由
不变的是
你还是那个我未靠近
就藏不住笑容的人啊

最难过的不过是
寒冷中冰凉的手
深夜的思念和遥远的你
你要记住啊
我伸出双手
身边的位置永远只留给你
"不知从何时开始
什么东西上都会有个日期
秋刀鱼会过期
肉罐头会过期
连保鲜纸都会过期"
爱情亦如是
会累也会疲惫
如果累了
那就回到我们第一天见面的时候吧
回到乌鲁木齐
那个我们爱开始的地方
怀念着也珍惜着
Remember me
Remember us

来源 | 天外学生记者团
策划 | 孙明慧 徐婷婷
摄影 编辑 | 杨璐宇
文字 | 闻君奕

快来看，神奇的天外在这里

2016-12-12　天津外国语大学

在美丽的天之津渡　有一座神秘的学校
它是各大院校中脱颖而出的"颜王"
是经历近百年风霜屹立不倒的长者
带着上世纪的余辉　钟楼轻轻敲响——
"魔法师就生活在我们当中"
生活在这座神奇的学校……
从《哈利·波特》到《神奇动物在哪里》
电影中的魔法世界让人心神向往
现在，我们不必非要去到霍格沃茨才能体验
魔法了
因为神奇天外在这里

求索大教室的一头白鹿昂首在历史的边缘
这里是否曾有巫师
做过一场惊世骇俗的祈祷

钟楼颔首云飞万里
壮志汹涌从这里开始

从这幢自带魔幻气场的屋前路过
它仿佛在召唤你
去往另一个异彩纷呈的世界

安琪儿的赞歌飘出窗外
阳光与白鸽带来光明

第三篇章　星云

261

那年惊鸿一瞥它的侧颜
仿佛放射的质点
点连成线 线化成面
渐渐连成一个完整的未来

树影是奇迹的脉络
向斑驳的砖墙偷取希望的寓言

你见或者不见
我就在那里不悲不喜
你念或者不念
情就在那里不来不去
神奇天外就在这里
牵住历史的呼吸
向你承上一个跨越世纪的微笑
我在这里 等你

老树的枝丫纵横交错在图书馆窗外
悄然守护着魔法的秘密
百年行政楼
它用古老的庄严凝视你
洗礼心中的每一个角落

来源 | 天外学生记者团
文字 | 周雨玄
摄影 制图 | 范弈铭
编辑 | 王莹

小语种街采 | 你知道在土耳其语的课堂上，怎么举手回答问题吗

|TFSU街采|

2018-1-17 天津外国语大学

身在外国语大学
你是否对世界上不同国家的语言
都充满兴趣
随处可见的"歪果仁"
你是否对他们各式各样的穿衣打扮
生活习惯感到好奇？
充满国际风情的校园里
你是否被丰富多元的文化所吸引
在"一带一路"的时代背景下
你是否感受到了语言
在跨文化交际中不可或缺的作用

中欧班列、中巴经济走廊、匈塞铁路、中缅油气管道项目、赞比亚中国经济贸易合作区……随着"一带一路"建设的快速推进，小语种人才需求呈井喷态势。2017年以来，学校先后获批增设波兰语、希腊语等17个非通用语种专业，以实际行动响应支持国家"一带一路"倡议。至此，我校外语语种专业数量达到32种，可谓是组成了一个小"联合国"咯！

从邂逅到热恋，经过了一学期的磨合与情感升温，新增小语种专业的"萌新"们会怎么评价自己的"恋爱对象"呢？这里面有哪些不为人知的"梗"呢？

你知道怎么用豪萨语介绍自己吗？
你知道在土耳其语的课堂上怎么举手回答问题吗？
你知道怎样用柬埔寨语给自己加油吗？
你知道印地语的魅力所在吗？
扫码观看视频，
听亚非语学院的童鞋们一吐为快吧！
曼德拉曾说：
用理解之语沟通，印入脑海，
用乡音之语交流，刻在心田。
了解某个国家的文化，
我们可以通过网络媒体，
而要想真正读懂他们的风土人情，
语言便是最好的工具。
希望同学们可以努力学习知识，
积极参与文化交流，
期待有一天可以看到你们的身影，
活跃在世界舞台上！

来源 | 天外学生记者团
采访 | 毛媛媛 李品阳 钟晴晴
拍摄 | 焦璐 邵祺 孙明慧
后期 | 周雨玄 孙凡越
文字 | 李品阳
编辑 | 钟晴晴

第三篇章 星 云

小语种街采|
如何用小语种
"智斗"七大姑
八大姨

TFSU街采

2018-01-20 天津外国语大学

匈牙利 芬兰 捷克
乌克兰 白俄罗斯 波兰
提起这些国家
你会想到什么

无论是异域特色的美景美食
还是独具一格的风土人情
作为外语学习者的你
或许对它们的语言文化好奇已久

一场小语种街采仿佛为我们打开了一扇
新世界的大门，对这些未曾接触过的语言有
了最初的认识，对它们的国家文化也产生了
深深的好奇。寒假来临，欧洲语言文化学院
的小语种专业"萌新"们经过了一个学期的
学习，准备如何炫耀"get"的新技能，向亲
朋好友送上别样的问候呢？

匈牙利语 林尚沅 方萱妮
Egészségunkre!
（为我们的健康干杯！）

芬兰语 胡西芳 徐可
Joo, hyvä!
（很棒！）

捷克语 刘思慧 邓玲怡
Sny splní!
（心想事成！）

白俄罗斯语 高冰 刘译文
С новым годом!
（新年快乐！）

波兰语 赵如雨 杨惠清
Trzymaj kciuki!
（加油！）

乌克兰语 李文博 许思骞
Тише едешь дальше будешь
（宁静致远）

看着大家说着自己专业的语言时
脸上洋溢的自信与笑容
我们深切感受到了
他们心底对所学语言的认可与热爱

语言是孕育着思想的琥珀，
是沟通的工具，是文化的载体
语言学习是了解一个国家的敲门砖
作为语言学习者
我们深知学习语言是一场艰苦的"硬仗"

是同短期记忆力的斗争
是同扳不过来的"大舌头"的斗争
是同懒惰与拖延症的斗争
是同东西方文化与思维方式差异的斗争
但是我们不约而同地选择坚持
只为那份放不下的初心
因为热爱所以坚持
因为坚持所以收获
从不曾忘记
我们的征途是世界和远方

来源 | 天外学生记者团
文字 编辑 | 毛媛媛
摄影 | 徐婷婷 马佳俐
采访 | 廖彤彤 钟晴晴 周雨玄
视频剪辑 | 周雨玄 孙凡越

第三篇章 星 云

白色情人节，带你揭秘天外er们的择偶标准！

| TFSU街采 |

2018-03-14 天津外国语大学

"小龙女"和"大表姐"你会选谁做女朋友？
异性身上的哪些特质会吸引你？
……
关于这些问题，
相信你心中一定有属于自己的答案。
白色情人节，
请跟随小语一起看看留学生们是怎么回答的，
期待下一段天外爱情故事在这里发生！

这个世界每时每刻都有美好的故事发生，我们看过了太多浪漫动人的情节，不知你是否早已遇见对的那个人，但你心中一定构思过一个爱情最好的样子。

它或许如巧克力甜蜜浓厚，或许是红酒般优雅醉人，也或许像白粥简单平淡，却温暖人心……

于千百万人之中遇见了你所遇见的人，于千万年之中，时间的无涯的荒野中，没有早一步，也没有晚一步，刚巧赶上了，那也没有别的话可说，唯有轻轻地问一声："噢，你也在这里吗？"
——张爱玲《爱》

从前，车马邮件都很慢，一生只够爱一人。现在的世界越来越快，我们看过太多风景，不变的是遇到心爱的人时那份珍贵的、赤诚的、火热的心。

恋恋不忘，必有回响。

愿你所有付出，都有回音。

来源 | 天外学生记者团
文字 编辑 | 毛媛媛
采访 | 王安若 蒋登波
摄影 | 焦璐 刘依琳 孙凡越 邵祺
后期 | 焦璐
特别感谢 | 天外之音 黄硕

"歪果仁"也过"双十一"

TFSU街采

2017-11-11 天津外国语大学

本文获评"2018天津高校新闻扶持计划"视频消息类优秀作品

"双十一"最应该打折的是什么？
自己的手！
每年的这个时候，
不知道大家的钱包有没有沦陷呢？

这个双"十一"，有人早早睡觉，
"什么双'十一'，不就是个星期六"，
置身抢购洪流之外；
有人强忍睡意撑到12点，
零点刚过，清空购物车，
喜滋滋抢到心头所爱，但却要惨兮兮地过下半月。

网友说，又是一年剁手季，不买不是中国人！
诶？
不买不是中国人，那"歪果仁"们呢？
他们过不过"双十一"？
他们会在凌晨和我们一起疯狂抢购吗？
欢迎收看小语为大家带来的
"双十一"中外差异大对比，
听听他们关于购物的不同声音吧！

来源 | 天外学生记者团
采访 | 焦璐 蒋登波 孙凡越 王蕾 刘依琳 王安若 邵祺
视频 | 孙凡越
文字 | 王蕾
编辑 | 焦璐

无时差 | 这些中国"网红小吃"，留学生们"pick"哪一款

2018-5-16 天津外国语大学

号外！号外！
天外校园首档综艺栏目
《无时差》火爆上线！

"旅程，左右万里；时差，却最多一天。"当时差与距离不再成为沟通的障碍，让我们各抒己见，打破标签，直面差异，走近彼此。

在这档全新栏目中，我们将邀请中外师生亲临现场，或是挑战未知，或是体验新奇，或是谈天说地，现场实拍，捕捉精彩。思想有碰撞，沟通无时差。

第一期推送，让我们来聊聊留学生眼中的中国"网红小吃"。

随着中国美食走向世界，
越来越多的"歪果仁"爱上了中国菜。
关于"中国美食征服外国胃"的段子，
你一定多少看过，
八大菜系，各有千秋，
说起"舌尖上的中国"，
世界各地的吃货们都要竖起大拇指。
其实除了一些名菜正餐，
也有一些小吃零食让中国吃货疯狂，
但是咱们眼中的"珍馐美味"，
在外国人眼中却未必如此。
鸭脖、凤爪、皮蛋、辣条，
这些让我们停不下来的美味，
将会给留学生带来怎样的体验？
那么多"网红小吃"，
他们会pick哪一款？
又是哪一款美食，
成为他们的"噩梦"？
让我们一起来看看吧

辣条

为什么我的眼里常含泪水
因为我对这鸭脖爱的深沉

"好吃"两个字，我只说一次

鸡爪

在鸡爪的边缘试探

皮蛋

内心os：我心里苦，但是我不说

Give me five

鸭肠

淡定地给出好评

成功让小哥哥小姐姐们变身表情包。
经过一轮轮品尝，
辣条、鸭脖、鸭肠都获得不少好评，
其中辣条君凭借超高人气C位出道。
然而，
不出小语所料，
皮蛋真的被大家深深"嫌弃"了。
而提起最爱的中国菜，
有人提名火锅，
也有人"pick"北京烤鸭，
看来留学生们也是中国菜的死忠粉啊！
最令小语奇怪的是，
豆腐居然被列入了黑名单。
仔细想来，从麻婆豆腐到豆腐脑，
在中华美食中，
豆腐的烹饪方式多种多样，
或许是小哥哥们还没遇见合口味的那种吧。

来源 | 天外学生记者团
文字 编辑 | 毛媛媛
拍摄 | 向思雅 刘依琳 徐婷婷
主持 | 胡鹏
后期 | 刘依琳
特别鸣谢 | 安泽明 宽大卫 李怡霖 赵义夫
乔治杰 天外之音 贾昊岳

第三篇章 星 云

方圆之间：共享单车的来龙去脉

TFSU调查

2017-11-03 天津外国语大学

我们无处安放的"共享单车"

新学期以来，校园随处可见的"小黄车"和"摩拜"在为师生出行带来极大便利的同时，也为青春的校园增色不少。然而，这些无处安放的共享单车却逐渐形成了对逸夫楼的"包围圈"，让本就因为部分楼宇施工维修而变窄的路面更加拥堵，给过路的车辆与行人造成了极大的不便。

每到上下课的高峰期，行人大有"摩肩接踵"之势，如果刚好有汽车驶过，长龙般的人群则被迫挤到路边，小心翼翼地侧着身子，才能躲避与车辆的"亲密接触"。结束了早上第一、二节课，同学小杨准备去图书馆自习，看到门口密密麻麻的自行车不禁感叹，"以前出门怕找不到车，现在出门怕找不到路"。横七竖八的单车被随意停靠在路边，有的甚至破损之后歪倒在地，就像堆砌得毫无章法的俄罗斯方块，极不和谐。

记者随即分时段对逸夫楼前后共享单车的停放情况进行了调查统计，数据显示，共享单车的停放时间和停放数量与学生的上课时间直接相关。

● **图表一**

10月21日-24日逸夫楼前后共享单车停放日平均数

	逸夫楼前	逸夫楼后
10月21日（周六）	23	19
10月22日（周日）	25	11
10月23日（周一）	75	108
10月24日（周二）	69	123

● **图表二**

10月23日不同时间段逸夫楼前后共享单车停放数量

	逸夫楼前	逸夫楼后
7：50	85	145
9：50	104	155
11：50	62	119
13：50	75	109
15：50	51	75
17：50	30	52
19：50	11	25

● **图表三**

10月23日不同时间段逸夫楼前后共享单车停放数量折线图

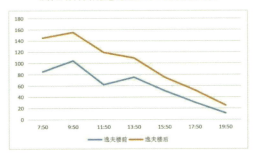

由图表一可知，工作日逸夫楼前后共享单车的停放数量远远高于周末，数值大约为后者的近10倍。由图表二、三不难看出，上课时段教学楼附近共享单车的数量较多，以10月23日为例，当天共享单车的数量在9:50左右到达峰值，而这正是上午两节大课的课间，学生们骑车到逸夫楼准备上第三、四节课。而在下午15:50第七、八节课下课后，共享单车的数量明显下降，到晚自习期间基本降到峰值的1/6。此外，3个图表均体现出逸夫楼后门共享单车的数量远高于前门的停放数量，而这与两个位置在空间上的大小却刚好相反。也就是说，原本就比较狭小的逸夫楼后门路两侧，反而要承载更多的车辆。

"单车之祸"谁之过？

保卫处工作人员介绍："在共享单车进入校园之前，我校的自行车数量仅在30辆左右，集中停放在和平楼北侧，以二手车居多。自社会上共享单车广泛推出，越来越多的学生将共享单车骑到校园，导致校内自行车数目大幅增加。"从他紧锁的眉头可以看出，共享单车的"井喷"给校园管理工作造成了不小的困扰。

确实，共享经济的春天到来之前，因购买自行车成本较高，且容易丢失，在面积不大的校园骑行显得大材小用，大部分师生都会选择步行。而共享单车的出现大大降低了骑行成本，1小时的车程仅需1元，尤其在购买月卡或者抢到红包优惠的情况下，价格更加优惠。有的师生从校外返程，原本不远不近的路程，打车成本高且需要等待，走路又比较消耗体力，骑行反而成了更便捷的方式。再加上单车出行绿色环保，还青春时尚，自然成为首选的"通勤"方式。

"过剩"的共享单车逐步引起了师生的关注。部分同学认为这与马场道校区校园面积较小有关。不同于天津师范大学、天津理工大学这些坐落于大学城，占地面积较大的大学，我校位于市中心五大道风景区，占地面积仅190余亩。如此"精致"的大学，很难空出地方设立共享单车停放点。

此外，共享单车使用者往往采取"就近原则"，在没有明确划定停放区域和专人管理的情况下，很容易造成停放混乱的状况。这也说明了为什么逸夫楼北侧的共享单车数量远远高于南侧。逸夫楼后门的开放时间主要是一天上下课的四个时间段，其余时间都处于关闭状态。后门靠近食堂和宿舍，大部分学生从生活区进入教学区，都是先经过逸夫楼北侧。尤其是早上上课前，学生为赶时间骑单车到后门，匆匆停下车便冲进教学楼。如此，逸夫楼北侧的单车数量越积越多，再加上停放不当，便如"破窗效应"一般，越演越烈。

单车对策　正在试水

学生处微信公众平台于2017年9月25日推送了一篇名为《摆好你的"小黄车"，做个给力的天外人》的文章，9月27日，平台再次推出《小黄车的忧桑你懂了吗》一文，希望借此来呼吁广大师生重视校园内外共享单车的停放乱象。推送一经发出就引起了学校师生的广泛关

注，有网友在评论区留言"从现在起""OK"等，而共享单车横躺地面的"惨状"也明显减少。

保卫处也安排了专人负责管理共享单车的停放问题。"学校安排专人在上午8点到下午2点进行自行车摆放的秩序维护，主要是方便过往车辆行人通行，避免交通拥堵。目前的规划主要在罗马路周边，逸夫楼后小卖部一侧摆放一排自行车，另一侧摆放三排自行车。"同时，保卫处还联合后勤管理处，在逸夫楼、宿舍楼下安放自行车架，双管齐下规范自行车的停靠与摆放。

最近记者发现一群身披绶带的师生志愿者也加入了维护共享单车停放秩序的队伍当中。原来，这是各学院专门负责维护校园秩序的志愿者，他们还同时承担着逸夫楼电梯间的人流疏导。各学院志愿者按照统一的安排轮流上岗，共同为营造和谐校园尽一份力。

"单车乱象"成为社会通病

记者查阅新闻网站发现，从温州某高校出现共享单车"围城"，到武汉某高校已实行禁止共享单车入内的措施，校园共享单车乱象几乎成为许多高校同时感染的"通病"。而城市中的共享单车乱停乱放、损坏严重、无人回收等问题更是屡见不鲜。

此前，在北京外国语大学丝绸之路研究院发起的一项调查中，来自"一带一路"沿线的20国青年评选出了中国的"新四大发明"：高铁、支付宝、共享单车和网购。共享单车因让城市路权得到优化配置，符合年轻一代的消费理念而成功入选。大批商家借机疯狂投入资金，一时间Hellobike、优拜单车、小蓝单车、骑呗单车等如雨后春笋般冒出。如果配套的管理措施不到位，任花朵变为毒瘤，希望变成失望，终有一天，曾经的新理念、新科技、新支点会沦为"文明之殇"。

"单车乱象"来势汹汹，但问题的应对还需从长计议。方圆之间，共享单车共享的不仅是便利，更应该是和谐与美好。希望广大师生可以有序停车，尽量避免将共享单车骑入校内较为拥挤的路段，在校园内尽量选择步行，为维护校园环境的安全与整洁贡献自己的绵薄之力！

来源 | 天外学生记者团
文字 | 杨晨浩 廖彤彤
摄影 | 孙倩

买买买之后,
这组数据
值得思考

TFSU调查

2017-11-12 天津外国语大学

双十一的热潮还未褪去,淘宝交易额在开场的11秒后便超过一亿,3分钟突破百亿,数字让人咋舌。TFSUer们的消费观念和消费结构如何?是否存在非理性消费情况?记者近日展开了一次小调查,共收集有效问卷132份,受调查人群中24%是男生,76%是女生。

Money,你从哪里来

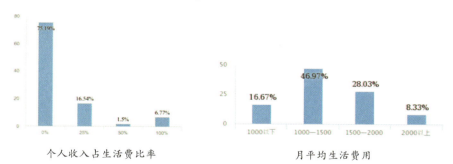

个人收入占生活费比率   月平均生活费用

调查显示,75%的学生每月的生活费在1000~2000元,基本是完全由父母承担,仅有24.81%的同学可以自己承担部分日常开销。

都说不当家不知柴米贵。因为没有合理的计划和节制,我们当中将近70%的同学每月的开销会超出自己的预算,甚至有12.78%的同学经常感到如此。钱不够花的感觉总是来得这样突然又强烈。

开销是否会超出预算

Money，你到那里去了？

随着互联网的快速发展，网购已成为我们生活中必不可少的一部分。近10%的同学表示自己每周至少网购3次，超过80%的同学每月至少网购6次。

由于网络购物的便捷，许多同学表示自己在不经意间购买了许多自己并不需要的物品，导致了不合理的消费，部分同学曾使用过诸如"蚂蚁花呗"的借贷渠道以维持正常花销。

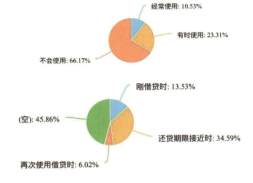

却不想这就是个恶性循环，刚还完上个月的"花呗"，却又没忍住在这个月的花呗上再次留下"浓墨重彩"的一笔，每次到要还贷时，都压力倍增。

Money，我把你送给了双十一

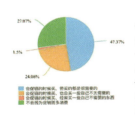

对于刚刚结束的"双十一"，90%的同学认为自己双十一的购物清单还算合理，但同时大部分同学也表示自己因为促销优惠而增加了消费。

大学生群体中后悔消费和冲动消费时有发生，不少同学早在双十一的预售阶段就已经"倾家荡产"。

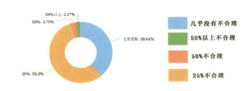

记者在此给大家一点理性消费小建议：

1.量入为出，适度消费。在自己的消费能力范围内，买适合自己的东西，不盲目，不冲动，做好合理的消费计划。

2.避免盲从，理性消费。不盲目相信营销手段和策略，不盲目追求打折优惠，不与他人攀比消费，坚持理性思维。

3.勤俭节约，艰苦奋斗。我们现在的生活费大部分都来源于父母的供给，并不是自己辛勤劳动的结果，所以要避免大手大脚花钱的行为，在有能力的情况下，也可以尝试通过自己的劳动赚取生活费。

来源 | 天外学生记者团
文字 | 徐宇风 张菁宜

体侧"大数据"暴露真相，你的身体还hold住吗？

TFSU调查

2017-12-21　天津外国语大学

编者按：

　　这几天，小语上课时发现不少同学口罩掩面，面容萎靡，仔细一问才知道，原来是感冒了。早上睡醒翻看朋友圈，好友的状态也改成了"这一波流感，我也未能幸免"。深冬已至，寒风里你还在"美丽冻人"吗？期末来临，废寝忘食的你是不是已经忽视了身体健康，直到感冒找上门时，才发现身体已经hold不住了？

　　一学期一度的体测"大数据"早已暴露了"真相"，希望看完它们的你，能够在繁忙的学习生活中，为自己留出些许运动时间，开始关注自己的身体健康。毕竟，身体才是革命的本钱！

　　在天外的学习生活中，什么考试最让人头疼？也许不是变格无数的小语种语法，也许不是课业繁重的二外辅修，对于许多学生来说，每学期持续3周的体测才是悬在头顶的达摩克利斯之剑。无论你重视与否，体测就在那里，不离不弃；无论你想不想动，操场就在那里，一望无际……

　　"冬季御寒有三宝，秋裤被窝暖宝宝""深夜修仙看手机，学习娱乐不下床"，这或许是时下大学生的真实写照，调侃背后透出的却是体育锻炼意识的缺失。

　　为求客观公正，记者专门从学校体育教学部获取到2014—2016年全体在校生体测数据。通过对体测大数据的分析，不难得出对天外学子身体健康素质的宏观认识。

　　根据国务院《中共中央国务院关于加强青少年体育增强青少年体质的意见》、教育部《全国普通高等学校体育课程教学指导纲要》等文件规定，高校需要组织早操、课外体育锻炼等活动并进行相关活动记录与考核。

　　从右图中我们可以看出，2014-2016三年间，在校生体测从大一到大四年级及格率基本呈逐级递减的趋势，2014年曲线较为平缓，而2015年和2016年不同年级学生体测合格率的差距则较为明显。究其原因，低年级学生以在校学习为主，锻炼时间充足，锻炼意识相对更强，而高年级学生面临考研、就业、出国等抉择，忙于对未来生活的准备和打算，疏于体育锻炼，其中当然也不泛惰性的因素。其实，坚持锻炼不仅可以强

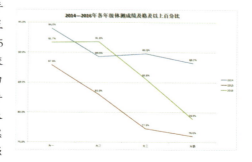

2014—2016年各年级体测成绩及格及以上百分比

身健体，也可以增强各方面的抗压能力，使人拥有良好的精神状态，对于学习工作大有裨益。

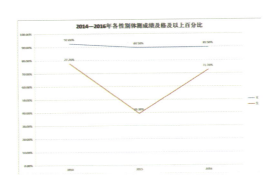

从右图中我们直观地看出，三年来女生总体体测成绩均高于男生，尽管女生的及格率呈逐渐下降趋势，但始终保持在90%左右。而男生成绩的浮动较大，2014年和2016年在75%左右，2015年及格率曲线出现波谷。考虑到学校男女比例的实际情况，以上数据也存在一定客观因素。不过，男生似乎更需要严格自我要求，杜绝不良生活习惯，增强自身身体素质，不然怎么保证"男友力MAX"呢。

下面这张图较为清晰地展现出3年来我校体测成绩的分布区间和趋势。绝大多数同学的体侧水平徘徊在及格线，整体及格率较高；少部分同学成绩优秀，但也存在个别不达标的情况；3年来我校学生的整体身体素质基本持平，没有大起大落。加强体育锻炼，保持健康体魄，仍是我们每一名大学生的"必修课"。

体测时最担心自己的哪些方面？耐力（48.5%）最为突出，速度（41.2%）和柔韧性（40.2%）紧随其后，然后依次是身高体重（35%）、力量（34%）、心肺功能（21.7%）。而这些素质要求都与大学生体测项目的考察一一对应。

长跑是每次体测大家最担心的一项。针对长跑，我们可以制定计划每天跑两圈，周末长跑（如5~6圈），速度适中，不断提升耐力。对自己的薄弱项要进行针对性练习，每天压压腿、做仰卧起坐等，日积月累，短板效应的威胁也就不复存在了。

看完这组数据，你是骄傲了，还是扎心了？你是拉高平均值的那一个，还是拖后腿的那一个？一个人的体质状况非一朝一夕养成，体测或许是衡量我们身体素质的一个标尺。体测季时，大家总是腰酸背痛腿抽筋到苦不堪言，那么体侧过后呢？今天的你，锻炼身体了吗？

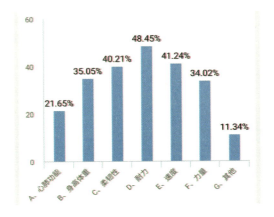

针对TFSUer参与日常体育锻炼的调查

为了充分了解天外学生的身体素质和参与体育锻炼的现状，记者近日随机对200名在校生进行了问卷调查。其中，男生34人，占总人数的17%，女生166人，占总人数的83%。

调查显示，41.24%的学生自认身体素质健康，而8.25%的学生自认身体素质亚健康，还有3.09%的人表示经常生病。近半数的同学近来身体状况不理想，是什么阻挡了我们拥有百分百健康的体魄呢？

数据显示，仅有10.31%的学生每天坚持锻炼，13.4%的学生每周锻炼3~4次，48.45%的人不足3次，还有27.84%的学生表示几乎不锻炼身体。这其中，58.76%的学生平均每次锻炼时间不足30分钟，仅有13.4%的学生锻炼时间超过一个小时。

关于体育锻炼的形式，58.76%的学生主要通过跑步，31.96%的人只通过体育课进行锻炼，其他还有球类（24.7%）、健身操（12.4%）、健身房（9.3%）等。

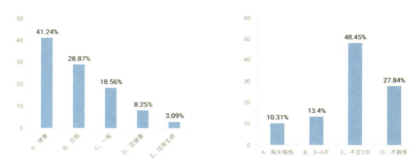

体育锻炼形式固然重要，但是只要有心，课余时间在教室、宿舍甚至洗漱间拉拉筋、做做蹲起、头颈绕环舒展筋骨等也未尝不可。

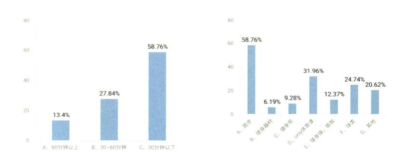

谈及导致大学生身体素质不佳的原因：73.2%的受访者认为是生活习惯不好，作息饮食无规律；65.98%的人指出是由于学习工作繁重，生活压力大；55.67%的人将其归咎于健康意识淡薄；34%的学生表示是娱乐方式过多，挤压了锻炼时间。

年轻是青年奋斗的资本，但这份优势不应成为肆意挥霍时间和身体的底线。繁重的学习工作是否高效？过多的娱乐方式是否必要？生活习惯不好究竟是因为缺乏清晰规划，还是单纯的拖延散漫？对身体健康这件事无知又无谓，不应成为年轻人的标签。

当我们谈论体测时我们在谈论什么？毫无疑问，体测是手段，不是目的。习近平总书记曾指出，体育是社会发展和人类进步的重要标志，是综合国力和社会文明程度的重要体现。在"体育热"兴起的社会背景下，全国各大高校也更加注重提升大学生的身体素质，倡导"走下网络、走出宿舍、走向操场"；清华大学重启90多年前"不会游泳不能毕业"的老校规；南开大学校长公开表示"本科生申请奖学金，需看体育成绩"；郑州大学推行晨跑晨读换取早餐卡的校园活动……大学四年正是拼搏追求的大好时光，身体的健康是未来可持续发展的基石。

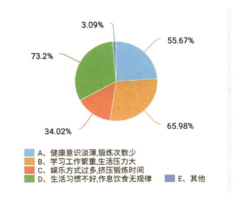

3.09%
55.67%
73.2%
34.02%
65.98%

- A、健康意识淡薄,锻炼次数少
- B、学习工作繁重,生活压力大
- C、娱乐方式过多,挤压锻炼时间
- D、生活习惯不好,作息饮食无规律
- E、其他

所以，我们是否应该把体育锻炼作为我们自己日常的计划，而不是单纯通过学校的强制来锻炼身体？我们能否不再将雾霾作为自己逃避体育锻炼的借口，而是寻找各种机会，通过可行的方式来强身健体？我们是否应该合理调整自己的作息、学习、娱乐时间，空出一定时间来进行体育锻炼？

总之，锻炼之益，如人饮水，冷暖自知。

结语：

走出宿舍，你会发现天外的天很蓝，云很白，树叶落下的弧度很美，年轻的面庞如冬日暖阳般明媚；走出宿舍，你会发现躯体的舒展能带来精神面貌的改善，意气风发，斗志昂扬；走出宿舍，你会发现一个人的自我超越可以带来无限可能。天外人强健的体魄和优雅的灵魂，一直在路上！

来源 | 天外学生记者团

数据 | 体育部

文字 | 李品阳 陈田

摄影 | 马佳俐

编辑 | 陈田

关于代购，你要了解的不仅只有朋友圈的广告

TFSU调查

2018-02-02　天津外国语大学

编者按：

  作为一所外语类院校，我校留学生的足迹遍布世界各地，是一所盛产各国代购的大学，也因此有了"天津代购大学"这一诨名。作为"TFSUer"，我们打开朋友圈仿佛打开购物网站，在外留学更要面对五花八门的代购需求。"代购"早已成为天外不曾过时的热词，那么在你心中，大学生代购是商机还是危机呢？

  随着互联网飞速发展，我国国民经济、生活消费水平不断攀升，依托互联网发展起来的海外代购业务迎来了巨大的需求和机遇。由于大学生出国留学之便，海外留学生逐渐成为代购的主力军。但看似简单、高盈利的代购背后究竟隐藏着什么，我们对代购又了解多少呢？天外学生记者团通过问卷方式调查了大学生群体对代购的看法，并对此进行分析。希望看完我们的分析和结论，你对大学生代购这一现象能有更加客观全面的认识。

你自己或者身边人是否从事代购

  受访者中九成以上的同学身边都有一个代购存在。小语不禁想起了一个段子："你永远不知道谁会成为你朋友圈里的下一个代购。"

  半数以上的同学都曾通过代购购买商品，可见代购早已成为相当普遍的消费方式。

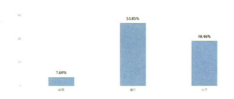

为什么选择代购

  国际品牌产品国内外的差价是代购兴起的关键原因，因此，代购商品相对实惠的价格（23.08%）是代购吸引消费者的主要原因之一。另外，对朋友代购的信任（46.15%）也成为选择代购的重要原因。当然，也不乏碍于朋友情面勉强购买以及被代购广告吸引等其他情况。

说起从事代购的原因，89.74%的同学表示是想要赚零花钱，33.33%的同学是想要借此创业，经营自己的生意，7.69%的同学有其他的原因。

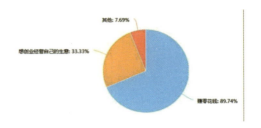

哪些国家的商品更受消费者青睐

　　我校很多同学在学业生涯中会有出国留学这一安排，代购一些当地特色的产品好像也成了"日常任务"。

　　我们向有留学经历的同学和有代购需求的同学发起了随机调查，结果显示欧美国家和日韩国家的留学生代购量最大，澳洲和东南亚国家的代购需求量次之。

　　或许因为我校的小仙女们实在太多，化妆护肤品在众多商品中拔得头筹，需求量竟高达94.87%，衣服鞋履以58.97%的需求量次之，其次是奢侈品（38.46%）和奶粉零食（20.51%）。

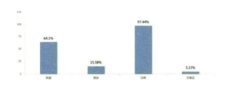
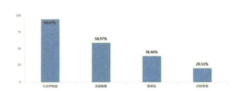

你反感朋友圈代购广告刷屏吗

　　事实上，朋友圈广告刷屏遍地开花，大部分人（82.05%）对这种行为更多的是反感，仅有小部分同学对此态度较为宽容随意。所以，代购朋友们，你们要控制住自己呀！

　　对于代购商品真伪问题，大多数同学（53.85%）无法辨别；部分同学认为代购商品为正品（30.77%）；少

部分同学直言假货居多（5.13%）。由此反映出代购商品市场鱼龙混杂，令人担忧，而很多消费者并不具备辨别真伪的能力。因此，建立健全完善的法律法规，适当提高市场门槛成为当务之急。

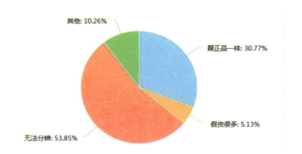

你知道合法代购需要经过办理执照、缴纳税款等程序吗

虽然代购不等同于走私，但根据我国法律，以转售牟利而非自用为目的的物品（代购也属于非自用目的）携带入境时，应办理货物进口手续。以上物品以个人物品的形式（绿色通道）申报，就涉嫌申报不实，如果查证是明知故犯，则涉嫌走私。

跨境代购迅速发展的风潮之下，大学生源源不断加入代购大军已经成为各地高校普遍存在的现象。他们大多数缺少合法代购所需的营业执照，也没有海外品牌的授权，他们想方设法躲避海关的抽查，探索着不同的代购模式。据调查，有过半同学（58.97%）对代购的法律问题完全不了解，也有28.21%的同学稍有了解但并不在

意。有严肃的法律意识，会去了解并进行甄选的消费者只占10.26%，这显示出消费者群体的法律意识淡薄，也导致了大量代购不加管束地游走于法律的灰色地带。

你认为大学生是否应该花大量时间从事代购

调查结果显示，43.59%的同学认为大学生应以学业为主，不应该花大量时间从事代购；35.9%的同学认为这一行为是合理的，利用业余时间赚零花钱自力更生没什么不好。由于二者差距并不十分明显，有关这一问题仍然存在不可避免的争论。数据反映了新的经济环境下大学生群体的价值判断与价值选择，新时代大学生们对自我价值的挖掘与提升不

再局限于学业知识。69.23%的同学认为，大学生从事代购是一种商机，利大于弊；30.77%的同学认为这是一种危机，弊大于利。由此可见，大多数我校学生对大学生代购持积极态度。

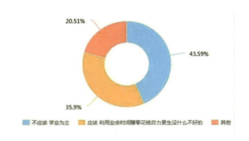

但代购本身有利有弊，是不争的事实。由于国内高额关税与国际品牌的强大影响力，海外代购在国内风生水起，但随之而来的涉嫌走私、贩卖假货、商品品质良莠不齐、透支个人信誉、拜金等一系列问题，也让其备受指责。在市场需求日益壮大的当下，我们需要的不是一味地打压，让大学生海外代购走出灰色地带才是长久发展之计。

作为天外学子，我们善于拥抱机遇，乐于迎接挑战，但在追求梦想，实现个人价值的同时，更要明辨是非，有所为，有所不为。

来源 | 天外学生记者团
文字 | 毛媛媛 王若安 邵祺
编辑 | 邵祺

【第四篇章】

星

轨

"微微风簇浪，散作满河星。"恒星随时间流逝在宇宙中划下痕迹。镜头经长时间曝光记录下一道道星轨，犹如在夜幕上镌刻下一圈圈闪光的年轮。四载光阴，白驹过隙，莘莘学子的大学时光恍如一圈圈星轨，汗水与泪水的浇灌使其圆满，不同的成长与缺憾使其各具锋芒。

相机里的光影流年，笔墨间的红尘缱绻，我们用心串联起天外人成长的每一步，像是为每颗星辰的短暂停留描下剪影。不变的是每年的招生季、迎新季、军训季、毕业季，更迭的是代代学子留下的奋斗故事与独家记忆。道道星轨的起点是一声声满腔热血的"你好，请多指教"，又都以一句恋恋不舍的"母校，再见"画下句点。短短十字，却横跨了人生中最美好的青春年华。

《天外欢迎你》
MV首映!
快来围观吧

2014-10-19 天津外国语大学校友会

　　天外五十华诞来临之际，为展示天外独特魅力，彰显在校大学生风采，校友工作办公室倾力打造这支《天外欢迎你》，唱出母校心声，广迎天外校友!

　　此曲由《北京欢迎你》改编而来，为方便记忆和传唱，保留了原曲的曲调，由在校师生填词反复修改，办公室老师日夜剪辑赶制而成。演唱者皆为我校在校学生，虽然都不是专业人士，但孩子们都始终以饱满的热情，努力唱出天外的声音!

来源 | 天津外国语大学校友会

第四篇章　星轨

"土味情话"招生，只想"套路"你

2018-07-03 天津外国语大学

高考在欢笑泪水中落下帷幕，随着各省高考分数线的相继出炉，填报志愿的工作也已接近尾声。"衣带渐宽终不悔，为伊消得人憔悴"，那些早已将天外视为奋斗目标和青春梦想的考生们，你们是否已经在表格里认真地写下"天津外国语大学"——这个即将伴随你走过一生的名字呢？

"天外分数线是多少呀？"
"那要看你是哪里人。"
"本地人。"
"不，你是天外的心上人。"

这么优秀的学校有缺点吗？
那自然是有的，
就是缺点你！

"在天外是不是很累？"
"为什么这么说？"
"因为你跑遍了全球，
还要跑回我的心里。"

不论你与天外是一见钟情，还是日久生情，在这里生活久了，身上便逐渐养成了与众不同的"天外气质"，连"土味情话"都变得洋范儿十足呢。

我在找一条路。
"罗马路？求索路？"
"不。阿姨洗铁路。"
（注：日语谐音"我爱你"）

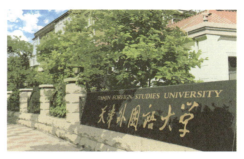

"你知道墙壁、眼睛、膝盖的英文是什么吗？"
"Wall.Eye.Knee."
"我也爱你。"

其实，
你面对屏幕看文字的那一刻，
天外就确定是你了。

看了这么多，有没有心动？
如果说高考后未知迷茫一派坦然，
那天外愿意和你一起，
共闯火海刀山，共赏繁花似锦。

常言道：
人外有人，天外有——天？
不，天外有你。

来源 | 天外学生记者团
文案 | 梁楷津
编辑 | 苗雨宁

天外版多语种《等你下课》MV，把我的心事唱给你听

2018-06-28 天津外国语大学

高中三年里
你的名字
成为我的心事

你去了天外
听说那里风景如画
很适合你

默默注视你的四年
是我对你的守候
终于，毕业季与分离如约而至
想要唱一首歌给你听
"等你下课"
是我未能鼓起勇气开口的秘密

土耳其语

Senin kaldığın sokakta ben bir daire kiraladım
你住的 巷子里 我租了一间公寓
Seninle karşılaşmak için
为了想与你不期而遇
Neden lisede ders iyi çalışmadım
Seninle aynı üniversiteye giremedim
高中三年 我为什么不好好读书
没考上跟你一样的大学

阿拉伯语

أسحب ثمن العمل.قريب من مسكنك
我找了份工作 离你宿舍很近
عندما تعلمت صنع الفطيرة.أدجب أنك لا تأكلين
الفطور
当我开始学做蛋饼 才发现你 不吃早餐
وا تمرين بي مرة أخرى
喔 你又擦肩而过
اذام في سماعتك.ممكن ان تقولين لي
你耳机听什么 能不能告诉我

日语

校庭に寝転び星見て
躺在你学校的操场看星空
まだ教室に君がいる
教室里的灯还亮着你没走
（演唱：姜东序）
君への恋文も覚えてる
记得我写给你的情书
何年経っても 書き続けている
都什么年代了 到现在我还写着
（演唱：张可心）

英语

As the days and years go by
I hope you know
总有一天总有一年会发现
Through it all,
I've given you comfort from the friend zone
有人默默的陪在你的身边
Maybe they'll all say that I lost my mind
I just want you to smile
even if I'm not the one
也许 我不该在你的世界

当你收到情书
也代表我已经走远
备注：英文歌词来自Jason Chen
部分英文译文改动了原词含义

德语

Auf dem Platz neben der Schule
学校旁的广场
ich warte hier auf dich
我在这等钟声响
Können wir später zusammen
等你下课一起走好吗
Gitarre spielen in dich verlieben
弹着琴，唱你爱的歌
Alles härmt mich nicht(Alles härmt mich nicht)
暗恋一点都不痛苦
Der Schmerz ist, dass du mich ignorierst
痛苦的是你根本没看我

法语

J'ai chanté de tout mon cœur

(de tout mon cœur)

我唱这么走心(这么走心)

mais je n'ai pu atteindre ton cœur

(atteindre ton cœur)

却走不进你心里(进你心里)

Les gens viennent et partent mais j'étais juste là

veillant sur toi

人来人往找寻着你，守护着你

je me fiche du r é sultat

不求结局

（法语部分为Seb, Stef翻唱版本，

翻译：Augustin Bonnet. ）

斯瓦希里语

Tulipishana tena

你又擦肩而过

Naimba wimbo huu

我唱告白气球

Ukageukia kwangu

终于你回了头

（翻译来自苑博）

西班牙语

Me tiendo en el patio mirando el cielo

躺在操场看着天空

Es muy tarde pero no te has ido

很晚了但是你还没走

Recuerda mi carta de amor para ti

记得我写给你的情书

Aunque es muy atrasado

尽管很过时了

Todavía estoy escribiendo

我依然还在写着

汉语

总有一天总有一年会发现

有人默默的陪在你的身边

也许 我不该在你的世界

当你收到情书

也代表我已经走远

陈子钧
欧洲语言文化学院

没来得及送出去的情书
有我对你的心意和祝福
最后一次等你下课
多想亲口对你说一句
"毕业快乐，前程似锦"

注：以上语种均为我校已开设专业的语种，由于技术原因，此次MV未涉及其他专业语种。另外，文中多语歌词译文与原版歌词不完全对应，或有意译及改动原词部分，望谅解。

最熟悉的风景
是你的背影
即使是短暂的擦肩而过
每一次，我都很珍惜
见证你四年里的成长
与有荣焉

如果时光倒流
高中三年
我一定好好学习
考上天外，与你相遇
从容自信地出现在你身边

来源 | 天外学生记者团
策划 | 段安琪 刘依琳
主演 | 井宇轩 陈子钧
演唱 | 天外艺术团newbeat流行音乐社
拍摄 | 刘依琳 陈婷玉
编剧 | 毛媛媛
剪辑 | 刘依琳
文字 编辑 | 钟晴晴

第四篇章　星轨

成长困惑，你问我答

招生季

2017-06-22　天津外国语大学

十年寒窗，逐梦前行。高考过后，是短暂的放纵与漫长的等待。进入理想的大学校园，生活或许比想象中更加精彩，而学业的压力似乎并未减轻，年少的困惑好像依然未解。

升学与升级，毕业与就业，这是我们青春路上一个又一个重要的时间节点。那些被自己的问题困惑着的面庞，或许经过时光的雕刻才会浮现笑脸。

高中：好好学习了还是学习不好怎么办？

大一：如果不是智商问题，那就只能是态度和方法不对了。

大一：怎么又快又准地抢课？

大二："快"你可以拿出抢红包的手速，"准"就需要你问问自己的心了。

上大学之前，我们每天最操心的就是学习成绩，为了高考，总是拼尽全力。

为了抢到喜（好）欢（过）的课，所有能连上校园网的地方都挤满了人，只为等待开抢的那一秒……

大二：学习还是实习？

大三：实习也是一种学习。首先你需要找一个好的实习单位……

两年知识的积累，在学习中不断实践，在实践中认识社会、品味人生。

大三：就业还是考研？

大四：不同学历只是打开不同大门的敲门砖，千万不要为了考研而考研。

成长的分岔路口，究竟是就业还是考研？相信自己总能做适合自己的选择。

大城市前景好，小镇压力小，但只要心中有梦想，在哪里都会有一番作为。

毕业十年：活了这么多年，还是不知道如何让人生更有意义。

高中：请参考高中政治必修四《生活与哲学》……

也许工作的压力让你有些力不从心，但人生往往就是在磨砺中成长，才更有意义。

青春的年轮走过一圈又一圈，天外每年也会送走昨天的骄傲，又迎来明天的美好。未来在天外的时光，映清湖畔，紫藤架下，那些困惑我们很久的问题，终将被时光一一解开。我们期待与你的遇见。

来源｜天外学生记者团

受访者｜刘泽桐 孙凡越 王莹 迟紫衣 侯欣怡 陈伟伟（依照出场顺序）

文字｜张楠 周雨玄

摄影 制图｜杨璐宇

编辑｜张楠

指尖天外 |
情不知所起
一往而深

2016-11-22 天津外国语大学

"如果没有遇见你，我将会是在哪里"
可一旦遇见了你
我便遇见了半生幸运
你的每一抹色彩里
都有我想留住的风景

"故书不厌百回读
熟读深思子自知"
古今中外
你满足了我对知识的所有渴望

滨海校区篇

我喜欢
春天的花，夏天的树
秋天的风，冬天的雪
和每天的你

一个人若是留恋某个地方
那一定与一段味道有关
课前课后
你是我最幸福的等待

第四篇章 星轨

年轻恋人之间的低声呢喃
傍晚时分的依依惜别
花前月下
纯真感情的见证

求知若渴，虚怀若愚
困知勉行，孜孜不倦
每天多学一点点
就离梦想更近了一步

我想尽情奔跑
用双脚丈量你的每一寸
再同你一起
拥抱远道而来的风

下课铃响后的飞奔
只为不与你错过
体验舌尖的躁动
唯有美食与你不可辜负

你是我心心念念的牵挂
是梦中的萦绕
学遍多国语言
只为轻唤你的名字

路灯下
揽你入怀
纵晚风微凉
有你我也不孤独

夕阳下挽你之手
笑声回荡在操场周围
与你相遇
是我最大的幸运

光影流年
饱经岁月沧桑
桃李满天
你是我永远的骄傲

我想走近你
探寻历史的痕迹
看看中西文化交融
与科学进步的点滴

你是黄昏潇潇雨
你是大漠孤烟
你是西岭千秋雪
你是二十四桥明月夜……
何其幸运遇见你——
我的天外。

来源 | 天外学生记者团
文字 | 栗慧 张楠
摄影 | 马玲 陈嘉怡 范紫琦 刘依琳 崔艳
编辑 | 常虹

她是天外"颜王"，是颇具欧式风情的"影视明星"！

迎新季

2016-09-22　天津外国语大学

敢问高校"颜王"名属谁？当然是坐落于马场道117号，用典雅华贵展现欧式风情的天津外国语大学。而最能展现天外欧式风情的建筑，当属拥有近百年历史，曾多次作为影视剧取景地的"钟楼"。

从20世纪90年代至今，钟楼作为影视剧中的常客，在《金粉世家》《万物生长》等多部知名作品中屡屡出镜，早已成为高校建筑中的"明星"。下面就让我们看一看天外钟楼的"演艺生涯"。

如此演艺经历，真算地上是一位建筑界里的演艺明星了。90余年的岁月变迁没有减损钟楼华美的容颜，那么钟楼在近百年前是以何种姿态示人的呢？

钟楼建造于1924年，建成于1926年，始建至今已有90多年的历史。大楼为16世纪文艺复兴时期造型，法国蒙沙屋顶，是古典的新折衷主义形式，富丽堂皇之中体现着庄重与严谨，具有很高的美术价值。意大利工程师M.Sirk为其绘制设计蓝图，

法国永和建筑公司承建，这座具有颇高颜值的建筑，在当时的华北地区也是声名鹊起。1927年7月，标准大钟安装在大楼之上，成为学校主体建筑的标志。

大楼为南北向，平面呈"工"字形，为地上三层、带半地下室的砖混结构，正面临马场道，在游人如织的时段，总会有许多拿着长枪短炮的摄影爱好者驻足拍照，成为校园门前一道亮丽的风景。楼内装演典雅，门厅、走道均采用彩色马赛克图案地面，教室、办公室为人字木地板，其他均为混凝土轧花预制块地面。西翼为教堂，设有单独入口，三层高，无柱，底部有祭坛，其上为半圆穹顶，有精美壁画，将教堂设在教学楼内的做法比较少见。这一设计既体现了文化的交融，也体现了这座建筑的独一无二。

　　地上三层主要分布有图书馆、办公室、教室、统计室、商品陈列馆、大图画室、物理实验室、化学化验室、电气试验室等，地下层分布有工业品陈列所、测绘室、机器材料实验室、发动机室等。这体现着法国教会采用西方现代教育制度、方法，重视实验实习的教育理念。

　　经历了90余年的风雨，钟楼依然风采不减当年，矗立在马场道117号，成为每一位天外学子对母校最具有代表性的记忆。又是一年开学季，"朋友圈晒学校大赛"也进入白热化阶段，天外的新生们快去钟楼前来张自拍，向身边的朋友们展示天外风情吧。

来源｜党委宣传部 校史研究会 天外学生记者团

文字 编辑｜闻名

老学长万万没想到，他们的宿舍已被上千人参观

2016-09-23 天津外国语大学

很多同学躺在宿舍时都会想到一个问题：
既然这些宿舍都是扩建的，
那么几十年前的天外学生宿舍在哪？
这个答案就站在校园中央。

有些不明真相的同学定会惊讶，
"什么？这不是校史馆吗？"
然而比他们更加惊讶的
想必是右图中的学长学姐们。

Excuse me？我们宿舍被改成校史馆了？

为了解除新老天外人心中的疑惑，
我们今天就给大家继续上一堂历史课，
讲讲咱天外"高龄建筑"的前世今生。

和平楼建造于1922年—1933年，由法国永和建筑公司承建，位于预科大楼（行政楼）南部。当年建成时共有四幢，皆为砖混结构，是当时颇为坚固的建筑。前两幢为两层，后为三层，全部南北朝向，前三幢有游廊与各楼联系。可惜的是，第四栋在历史变迁中已经损毁，不能再让大家一睹当年风采。

当年的宿舍楼每栋每层只有6间宿舍，现在的招生数量和宿舍规模已远远高于当年，不过当年能进大学深造也是极少数国人能做到的事情。后此楼改建为学校办公用房。2014年，为迎接五十年校庆，学校将一楼主体部分改建为"行走中的校史馆"，供师生及外宾参观。

　　几十年前，和平楼曾经走出无数位优秀学子，在祖国及世界各地展现着优秀才华的成就。如今，我们再次走进和平楼，在校史馆中敬仰他们的事迹，感知天外精神的历史传承。

　　大家对于"SOHO"的印象应该不会陌生，三里屯SOHO、望京SOHO早已是家喻户晓。（"SOHO"即是单独办公、在家里办公的意思。）而接下来要给大家介绍一栋"天外SOHO"，这栋宿舍与办公功能兼备的建筑同样具有近百年历史，它就是预科大楼（行政办公楼）。

　　预科大楼（行政办公楼）建于1922年—1923年，该楼分两个部分，均上下两层。基座、窗台选用石材，立面为砖混结构，红瓦斜坡屋顶。临马场道一侧二楼有观景台，欧式华贵之气彰显。

　　南部东西朝向，为学生宿舍，有游廊，一层游廊地面为彩色马赛克图案，精致美观。北部南北朝向，略高于南部并与南部衔接，为课室、化学实验室、接待室等，现为学校行政办公楼。

　　1960年，机关楼上还曾悬挂过"河北大学"的校名，后河北大学搬迁至河北保定。（学长们的颜值都很高呢！）

　　时光匆匆流过，两幢建筑当年的功能早已被置换，然而其别致的设计和优雅的格调一如当年，随着岁月的积淀展现出更加浓郁的文化底蕴。如今我们再次经过它们身边，或许再难从墙壁上找到当年刻画的印记，但走进其中静静倾听，或许依旧能够辨析出历史的车轮滚动的声音。

　　备注：为了方便读者更加直观地领略和感受天外的历史风貌建筑，2014年校庆前

夕，国际传媒学校校友团队历时2个月拍摄完成了纪录片《光影流年——马场道117号》，欢迎扫码观看。

来源 | 党委宣传部 校史研究会 天外学生记者团
视频 | 觅&me工作室（国际传媒学院校友团队）
文案 编辑 | 闻名

这些你可能不知道的天外"大咖"

2017-09-26 天津外国语大学

作为一座历史悠久的学校，天外怎能少得了"大咖"？这些"大咖"不仅桃李满天下，更是在翻译领域颇有建树，为天外的早期发展鞠躬尽瘁。这些"大咖"就是我校早期研究生导师。

钟作猷（1902—1988）

教授，我校早期研究生导师。四川双流人，我国外国语言文学研究领域先行者之一。早年就读北京大学，后留学英国，1936年获爱丁堡大学英国语言文学博士学位。1978年入我校执教，著有《多娜》《人生十二论》《英语修辞学基础》等著作，于名家荟萃的《天下》（1935-1941）发表"维多利亚时代英国六位作家的研究""现代英国小说"等十三篇学术论文。

金隄（1921—2008）

教授，我校早期研究生导师。浙江南浔人，著名翻译和翻译理论家，爱尔兰翻译家协会"荣誉会员"。1945年毕业于西南联大。1977年入我校执教，后赴牛津大学、耶鲁大学等校任客座研究员。著有《三叶草与筷子》《等效翻译论》，与尤金.奈达合著《论翻译》，所译《尤利西斯》荣获鲁迅文学奖——翻译彩虹奖。荣获中国翻译协会授予的"资深翻译家"称号。

李美玉（1920—2013）

教授，我校早期研究生导师。浙江金华人，享受国务院特殊津贴专家。1944年本科毕业于上海沪江大学，1951年于美国犹他州立大学获文学硕士学位。1979年调入我校，主要从事英美文学专业的教学与研究。著有《汤姆·琼斯》等英译汉作品，并将中国文学作品《飘逝的花头巾》《路障》《琵琶情》译成英语发行。

第四篇章　星轨

朱万清（1926—2002）

教授，我校早期研究生导师。吉林桦甸人，享受国务院特殊津贴专家。1943年赴日本留学，先后在日本天理大学、神奈川大学学习。1978年调入我校，曾任天津市比较教育研究会会长、商务印书馆《日语学习》杂志编委等。一生从事日本语言理论的教学与研究，专著有《新日本语语法》《日语助词的异同》等；译著有《翠泉》《朝霞》《神户的城市经营》等。

郭淑瑀（1925—1984）

教授，我校早期研究生导师。四川乐山人，郭沫若之女，1945年毕业于日本东京女子大学数学系，并在该系攻读研究生。因自幼在日本长大，对日本政治、经济、文学非常熟悉。1974年调入我校日语系任教，曾任日语系语言学教研室主任，为高年级教学、教材编写做出了贡献。作为早期研究生导师，在我校开拓了语言与文化研究的先河。

陈正大（1918—2010）

教授，我校早期研究生导师。广东中山人，享受国务院特殊津贴专家。1941年毕业于东京商科大学经济系，1975年调入我校日语系任教。曾任教育部高等外语专业教材编委会委员，主审上海外国语学院编写的《日语》第三、四册，北京第二外国语学院编写的《文学作品选（近现代篇）》、广州外国语学院编写的《近代日本文学作品选》等。

看了这些"大咖"们的简介，你有没有和小语一样被他们研精毕智的学术精神和取得的卓越成就所激励呢？希望"TFSUers"能以大师们为榜样，不忘初心，砥砺前行，让天外精神代代相传。

来源 | 党委宣传部
编辑 | 傅博文

暑假见到亲友
就这么炫耀：
我的大学有中国北方
第一座自然博物馆

2017-08-03 天津外国语大学

摘要：

　　走进北疆，一件件堪比艺术品的动植物标本呈现于眼前，让我们在历史长河中感悟自然的力量。而北疆博物院植根于天津工商大学的深厚土壤，是大学深厚学术和文化积淀的重要标志。如今，北疆重新对外开放，一批批天外优秀志愿者服务于此，发挥语言优势，接待国内外宾朋，将每一件展品讲清楚，将北疆的故事讲清楚，将大学与北疆的渊源讲清楚。

　　无天外，不北疆！

　　去故宫修文物可能有点异想天开，但天外的小伙伴们却可以在自家大学的校园里零距离欣赏"古哺乳类化石"的珍奇。与标本为伍，与时空对话，没错，这就是在天外读书的体验！

　　什么？北疆于你还是贴吧里惊心动魄的传说？想要一探究竟，那可千万别错过这趟去往北疆的列车，趁着暑假跟小语游一趟，万计珍藏，先睹为快！

何为北疆

　　建设时间：1922年。

　　地址：天津外国语大学马场道校区内

　　原天津工商大学校内，现为天津市文物保护单位、重点保护等级历史风貌建筑。

　　创建人：桑志华。法国著名地质学家、古生物学家、考古学家，法国天主教耶稣会神甫。

　　北疆博物院因其专以研究黄河、白河两大流域的农矿地质及动植物为范围，故以北疆名院，亦称黄河白河博物院。法国著名地质学家桑志华博士于1914年入境并开始调查山东、河北、河南、山西、陕西及内蒙古等处之地质，极力搜集各种材料，以备研究之用。

　　（来源：《河北大学史》）

北疆为什么这么牛

关于地位：

天津北疆博物院闻名国内外，与上海徐家汇藏书楼、北京北堂图书馆、上海徐家汇天文台、上海震旦博物院一起，被誉为"天主教在中国的五大文化事业"。

关于馆藏：

"三万种之植物，三万五千种之特种木质性物，各种奇异难道之哺乳类及爬行类动物，二千种关于人类学及生物学最有价值之标本，七千种关于岩与矿质之标本，皆系沿途所得者。此外尤有一万八千基罗之第三及第四地层之动物骸骨，以及各种关于人类学、工商学、农学之报告。"

（来源：《天主教在中国五大文化事业概况》）

关于评价：

1928年，南开大学的沈士骏教授在参观北疆博物院后写了一篇游记叙述他的观后感："北疆博物院可算是在天津唯一值得赞评的博物馆了。尤其是史前人类的石器和河套以南榆林以北的老石器搜罗最多，足以傲视首屈一指的北京地质调查所了。凡是要看中国已知最古的石器，不可不到北疆博物院一饱眼福。"

北疆的前世今生

聊聊北疆的"出生地"：

天津工商大学在教育界享有"煌煌北国望学府，巍巍工商独称尊"之誉，曾被誉为中国高等教育史上的一颗璀璨夺目的明珠。北疆博物院自建成以来，就与天津工商大学同设一院中，浑然一体，互融互补，相得益彰，是天津工商大学重要的组成部分，赋予了工商大学鲜明的办

学特色，北疆博物院"裨益于该大学学生，良非浅鲜"（桑志华著、史庭芳译编：《本校之北疆博物院》，《工商大学校刊》一期，1927年5月），也成为学校发展历史的见证者。2010年人民出版社出版的《踞析津之阳：天津工商大学》明确说明，"直隶东南教区耶稣会决定在天津工商大学校内修建博物院的同时，决定北疆博物院在行政上属天津工商大学管理"。

天津工商大学后更名为津沽大学、河北大学等，1975年，天津外国语学院迁址于此办学。这便是北疆与天外的"血脉"关系，几世辗转，情缘深重。

走进北疆，一件件堪比艺术品的动植物标本呈现于眼前，让我们在历史长河中感悟自然的力量。而北疆博物院植根于天津工商大学的深厚土壤，是大学深厚学术和文化积淀的重要标志。如今，北疆重新对外开放，一批批天外优秀志愿者服务于此，发挥语言优势，接待国内外宾朋，将每一件展品讲清楚，将北疆的故事讲清楚，将大学与北疆的渊源讲清楚。天外也将持续不断挖掘北疆在人才培养、科学研究、社会服务和文化传承创新方面的功能，特别是旧址文物和资料的育人功能，使北疆博物院成为天外的重要文化符号之一。

无天外，不北疆！每一个天外人都肩负使命！

来源 | 党委宣传部

把天外的"二十四节气"做成礼服，原来可以这么美！

迎新季

上篇：2015-08-25
下篇：2015-08-26 天津外国语大学

天津侠般的硬朗、冷峻，这是北方的气候所带给人的感觉：把烈酒咽进喉咙，将寒风抹上额头，用冰霜添几缕白发，让"岁月"雕刻那憔悴的手。

可是，它仍然有那样的四季分明，不似桃灼灼，柳依依，是春寒料峭之际枝头的一丝惊喜；不似莲叶满池，夏雨连绵，但仍有满目苍翠，浓荫蔽日；不似酷暑延续，云兴霞蔚，是秋高气爽，凉意袭人；不似你在纠结是要围巾、手套还是拥抱时的稍纵即逝，而是"透心凉，心飞扬，凉到骨子里"的不打折扣的寒意。

当这份景遇上亭亭舞女的裙，身处天外，又会起怎样的化学反应？

春意闹上枝头，梅花氤氲裙摆，摆脱了冬季的衣袍厚重，睡眼惺忪，"跃跃欲试"的小洋装势要在初春抢一个好兆头。记得一位剑桥女生说"既要风华绝代，又要风情万种"，浅粉搭配蝴蝶结，背后的"深V"留足想象空间，踩上高跟鞋，做行人眼里的一道风景线。

虽说"春雨贵如油"，可"雨纷纷"中总有几分悻悻。一袭黑色连衣裙虽有熟女风范，但黑色却暗含不快。罢了罢了，着几抹杏黄或橘红，内心也仿佛敞亮。

手捧鲜花盛装出席只为遇见你。雨后的空气沁人心脾，景色也增添了朦胧的诗意。长裙落地，衣袂飘香，我和春天有个约定。

紫色曾留下多少罗曼蒂克式的遐想，抹胸长裙，纯白无瑕。这里曾见证了一段段爱情，长长的路上"毕婚族"们慢慢地走。闪烁的的灯光就像星星，"考研党"们奋笔疾书，追寻自己的理想道路。

"乌黑的发围盘成一个圈，缠绕所有对你的眷恋。"这份眷恋对于春天而言，便是那对春色满园的期待与想念。迫不及待地融入这片景色里，花些小心思，衬上树梢上的粉中带白，黄中有绿，尽显浓浓的田园风。

踏着暑气而来，顾不得汗水与疲惫，短暂休息的空隙也要穿"美美"。年轻就是这样，热血沸腾，直来直往。林中有新绿似那青春模样，可饮可尽可别离，赐我勇往直前的力量。

"撑着油纸伞，独自彷徨在悠长、悠长又寂寥的雨巷，我希望逢着一个丁香一样的姑娘。"着装虽不是丁香般的白和紫，但清明时节却有丁香一样的芬芳。不妨"附庸风雅"一回，没有油纸伞，撑一把蓝色的小伞在雨中漫步，亦别有一番情调。

阳光从树叶间的一点点罅隙里不遗余力地穿透、照射下来，耳边也开始响起知了的鸣叫。小满至，盛夏还会远吗？翻箱倒柜，以一袭墨绿色的有层次感的盛装来迎接吧！

　　芒种，忙种。小麦大麦的成熟丰收带来金色的喜悦，也承载着欣喜。毕业季虽说离别，但不道伤感，执子之手一起走，四年耕耘，硕果累累；职场启航，播撒希望。梦想绚烂，点洒裙面，生机盎然，走向明天。

　　鹿角解，蜩始鸣，半夏生。不是"一川烟草，满城风絮，梅子黄时雨"的淅淅沥沥，而代之以天朗气清，晴云万里。此情此景，怎能不和天空合个影？

　　棉花盛蕾，玉米抽雄，路边花草欣欣向荣。不是向日葵，却也朵朵向太阳；不是小碎花，但更活泼阳光，鲜艳绽放。

　　那学院路上的灰沙炎日，空气中满是闷热的气息。"哪儿凉快哪儿待去"，站在绿荫里，蹭那仅存的最后一丝凉意。将绿色织进裙里，让它散去一些暑气。

疏影横斜，层林尽染。风霜还不曾来侵蚀，秋雨还未滴落，青涩的季节又已离你远去，你已亭亭，不忧，亦不惧。不妨以这一片秋林作背景，在瑟瑟秋风中摇曳长裙，霓裳羽衣。

夜已深，人已静，只剩远处灯光的零零星星。天水一色，深蓝深蓝，纯粹得没有一丝杂质。悄然地掬起一捧湖水，印染在自己的裙沿，化散开来。配之以宝蓝色的头饰，一颦一笑之间，竟是那样的妩媚多姿。

"落霞与孤鹜齐飞，秋水共长天一色"说的应该就是这样的景象吧。在一抹斜阳中亭亭玉立，湖面也因此泛起涟漪。远方的影影绰绰映在裙上，平添一缕神秘，像是美丽的如山百合。

秋分时分，秋意已深。看绿叶黄染，枫叶尽红。初入职场的青涩懵懂已消失殆尽，代之以老练与成熟，正像这满树的梧桐，身披灿烂朝霞，迈向一个新的台阶。

都说这个时候的夜晚最美，所有的颜色都已沉静，而黑暗尚未来临。换下束缚的工作服，易之以简约的晚礼装。放空自己的心情，与夜景的美妙相约。蓝得深邃，紫得梦幻，装点裙面，诉说那一份悠闲。

草木凝结成霜，换上长靴，走在路上。这份肃杀最为冷寂，但粉饰长裙，简单自然。高挑的身材，高昂的头，洁白亦是优雅。做一个超凡脱俗、不折不扣的"森女"。

雪后的天空乍放第一束微光，衬着粉嫩白皙的脸庞。略带褶皱的蓬松衣边衬着柔软纤细的腰，逸夫楼的庄重典雅又为这身装束增添了另一种格调。"莫道君行早，更有早行人"，图书馆前走动的身影在闪耀。

大雪时节的"银装素裹"亦是你偏爱的风格。红色搭配白色，极简主义，淡雅自然。被雪覆盖的河岸与草木是蜡染印花、皮质流苏，舒适清新，自由随意。

深秋的枫红菊黄还在缠绵留恋，立冬的脚步已径直向前。满地落叶堆积，踩上有窸窸窣窣的声音。要什么伤春悲秋，自是要有干练和坦然。抓紧这最后一缕秋色，为自己的长裙描摹几笔吧！

冬至来临的小露风情，高开叉的裙袍是那一丝俏皮与性感，简单的马尾是另一份不容置喙的果敢。烈焰红唇，弯刀一般的眉，仿佛就是"雨神"口中所歌唱的"王妃"。

小寒之时绣上"雪绒花"的精巧，是你的那一份细腻与体贴。最是那一低头的温柔，纱制衣袖中微微伸展的指尖似在诉说你不与人言的娇羞。

年轻的资本是你在大寒仍旧衣衫单薄的风度，倚在柳树边盼望着即将破冰的河面。雪化后的鹅黄点缀在裙间，你期待新鲜初放芽的绿快快展颜。

你在天外看风景，看风景的人却在照片外看你；你为这天外美景入了迷，而我为你醉了心。二十四节气邂逅天外，总有一款是你的"菜"！萌萌哒学妹学弟们，快到天外的怀里来！

来源 | 天外学生记者团
摄影 | 郭亚维
制图 | 孙晗 范羿铭

天外从军人：
巾帼红颜
亦有血气方刚

军训季

2015-06-26 天津外国语大学

　　结束了紧张的期末考试，明天，大一的"小鲜肉"们将在滨海校区集结，开始为期两周的军训生活。或许，每个人心中都有一个军旅梦，那抹绚烂的迷彩是青春绽放的花火，是生命蓬勃的象征。

　　在天外，有一支真正的"军人"队伍，他们跟从心中的信念应征入伍，为祖国献上赤诚的卫国情怀。今天，小语将为大家讲述他们的故事，感受天外人不懈奋斗的拼搏精神。

　　斜阳西下，树影婆娑，女生们在谈笑中发丝轻舞，裙角飞扬；夕阳余晖里，一队英姿飒爽的战士列队走过，在恬静唯美的校园中格外显眼。为了接受小语的采访，曾经的战士又穿上了令人魂牵梦萦的军装。那一年，他们跟从心中的信念应征入伍，为祖国献上天外人的卫国情怀。如今回到学校，他们依旧如同当年朝气蓬勃，展示着天外人的血气方刚。

周思倩：投身军旅，为体验完整人生

人们常说，人生中总要有一次当兵的经历才算完整，来自日语学院的周思倩就是凭着这样的信念加入了女兵的行列。一开始她的家里人反对她的选择，毕竟刚刚考上大学几个月就要跋山涉水投身军营，哪个家长也不会欣然接受，更何况是一名女生。"当时家里不同意，我就哭，后来还是负责征兵的赵老师几次给我家里做工作，最终家里人才同意。"终于，审核顺利通过，她如愿开始了别样的人生体验。3个月的新兵连生活告诉她什么叫做"魔鬼训练"："两眼一睁，忙到熄灯，简单粗暴，行之有效"，这十六个字在入伍的第一天就不停在耳边回荡。负重长跑磨平了曾经的小女生习气，也让她从"赢弱书生"迅速成长成"长跑冠军"。看得见的快速成长让父母改变了当初的想法，反而在她跟家里抱怨时给她提出"坚持到底"的要求。两年的入伍体验让她如愿走过更完整、更精彩的人生路。

刘丽丹：应征入伍，不辜负一腔热血

尽管已经不是烽烟四起的热血年代，仍旧有那么一群天外人，胸怀一腔热血，励志报效祖国。刘丽丹就是其中一个。巧合的是，她与周思倩同班同宿舍，两人一同报名征兵，最终又被分到同一支部队，如此巧合给两人的参军之路增添了一份情缘。"我一看到征兵宣传就决定要参军，回去一说与周思倩一拍即合，于是我们就一同应征。"进入部队后，强制化的管理给她留下了深刻印象，"部队的管理特别严格，就连吃饭也要讲究统一，一声令下，一起坐下，一起动筷，时间一长，所有人的眼神都从'游离'变成了'直勾勾'，这就是服从命令的标志。"在部队挨训挨骂是经常的事，但部队也有温情的一面。没有假期的两年里，她为每个战友过了两次集体生日；由于不让吃零食，她们就拿着"大白兔"糖在厕所偷偷吃；过年时整个连队一起包饺子，连长本可以回家探亲却特意留下，陪他们一起分享感动。这些经历，是一腔热血的坚持换来的最好回报。

李希萌：参军两年，独爱那一身军绿

人们形容女兵往往是"不爱红装爱武装"，对于来自国际传媒学院的李希萌来说，这句话再合适不过。"看了征兵宣传以后觉得军装很好看，然后就报名了。"只因钟爱那一身军绿，简单而直接的理由给她带来了两年的军营生活。"昨天收到通知，明天就坐火车去报到，一切来得太快，感觉晕晕哒！"带着这样的入伍初体验，李希萌开始穿着心爱的军装走过两年行军路。原来不喜欢运动的她在部队第一次体验"跑步跑到哭"；曾经任性的她明白了没叠被子被骂是因为要守规矩。两年里，她体会过"被练"（受罚）的经历："因为没有换制式的袜子，被领导揪出来，罚光脚在水泥地上跑圈。"也体会过无言的感动："跑不动的时候战友把衣服拧成绳，拴在腰上拉着掉队的人跑。"无数的经历，给这身军装赋予了更丰富的意义。总结这段军旅生涯，李希萌留下了干净利落的四个字"我不后悔"，这个乐天的女孩，用一身军绿，书写一段无悔青春。

如今，他们都已经回到校园，有的已经毕业离开，但心中仍存留着对军营的向往。他们用行动告诉天外人们："有向往就要努力去追求，勇敢用绿色军营点染多彩青春。"这校园中的一抹军绿，折射出的是天外人不懈奋斗，坚毅上进的拼搏精神。天外人，请向这些钢铁战士，敬礼！

来源 | 天外学生记者团
摄影 | 刘志
文字 | 闻名

燃！
天外女兵
PK男兵！

军训季

2018-08-01 天津外国语大学学生处

2017级军训热情还未退却，让我们以一段混剪视频，重温那一段"天外从戎"的热情。

大学生是高素质兵员的重要来源，越来越多青年学子进入军营，有力保障了"建设一支能打仗、打胜仗的人民军队"这一战略规划的实施。长期以来，我校高度重视国防教育和大学生应征入伍工作。学校积极开展"精准征兵"活动，组建"从戎兵社"，利用军训挖掘参军积极分子，建立了集征兵、优抚等一体化功能的"一站式"军人服务站。

近年来，我校共有近70名优秀学生应征入伍，且无一人出现退兵情况。入伍大学生获各类荣誉、嘉奖等共计98人次。

天外女兵，军旗有你颜色更鲜艳
八一建军节来临之际，让我们致敬女兵

她们守纪律，讲政治，具有严明的政治观念和时间观念；她们说得到，做得到，敢打敢拼，她们是天外的铿锵玫瑰。褪去"红妆"，她们一心铆在战位上。她们展现了柔美与刚强，诠释了奉献与担当。

听天外女生的从戎故事

王璐：2016年5月26日，我有了一枚特殊的军功章，在手背上。那次战术考核，戴钢盔，穿弹袋，水壶，挎包，防毒面具，全战斗着装扭曲了身体。身体贴在地面，卧姿准备时，脑子里只有一个念头：一定要为集体争光，一定。可是一开始我的钢盔就刮了一下铁丝网，我就把头使劲往下扎，生怕慢了一点点。到终点起身的时候，听到记录员说："呵，今天这女兵厉害。"待考区的男兵也传来感慨："哪个单位的女兵，真猛！"我和另一个战友同时到达，全部优秀。回到原位坐下，直到有人递来纸巾，才发现手背正在流血。后来胳膊和腿上的淤青褪去了，军功章没舍得走。复员回来，有个朋友特别深情地对我说："璐啊，你的手本来就短，还弄了块疤，多丑。"可是啊朋友，你不知道这块疤是我拼搏的印记，凝结着勇敢坚毅，永不服输的信念。在我产生畏难情绪的时候，它告诉我：军人，就要勇往直前；在我迷茫无助的时候，它告诉我：拼搏，你永不后悔。时间可以带走青葱岁月，但绝不能让它腐蚀你的梦想！

丁元：2016年6月17日，在全军政工网上我有了自己的文集。那一刻我的心中无比激动，

坚持五个月的写作终于换来了莫大的肯定。我非常荣幸地成为我们单位"劲旅传真电视台"的主持人和小记者。当稿子被陆军政工网采用时，当照片出现在解放军报时，当有战友说喜欢听你的广播时，满满的欣喜。两年来发表多少文章？多少字？还正在写什么文章？作为携笔从戎的天外学子，也算是发挥自身优势，结合所学，为军营增添了一抹色彩。不仅如此，野战部队的我们：不仅守过三尺机台接过电话，还开过装甲车驰骋训练场；不仅打枪投弹学电台，还在寒风凛冽的靶场架过15米高，98斤重的天线，抡起锤头来有模有样，有板有眼。现在想想，蛮酷的。

男兵PK女兵
天外男兵也很了不起！

孟天龙参加纪念抗战胜利70周年大阅兵。

冀钊参加"庆祝中国人民解放军建军90周年"朱日和大阅兵，光荣接受了习近平总书记的检阅。

安东明以全区前十名的复检好成绩主动去西藏参军。

史炜在征兵即将结束的前10天，瞒着父母报名体检，又在入伍前一周去做了眼睛激光手术，在术后第三天，开启了新兵生活。"青春正好，起舞军营"，他追梦军旅故事，被中国空军网、大国之翼微信平台报道。

黄鸿鹰，在他的榜样带领下，他的弟弟也当兵，成为一名边防战士。红色的基因，在他们家生根了。

听天外男兵的从戎故事

黄尔斌，曾在广州市花都区武警某部队服役。

不能忘记，在卫士系列演习时的情景，6月的广州温度超过35度，在烈日下，身上穿戴的防爆服密不透风，让人举步维艰，从早晨7点开始晒到下午3点，滴水未进，身旁不时有中暑倒下的战士。那时，视线模糊，意识不清，却靠着意志力用盾牌抵挡着一波又一波的人群冲击。从那以后我就明白：只要意志力够坚强，身体上的痛苦总能克服过去。

不能忘记，在岳阳华容抗洪抢险时，我看着洪水将房子农田淹没，老百姓失声痛哭。我们一刻不停地投入救灾中，撤离时选择在清晨离开，不需要任何鲜花与掌声。

不能忘记，去年寒冬，我参加了230千米徒步野营拉练，1月份的湖南雨水里夹杂着雪花，而我们肩上扛着枪，背着20公斤的背囊，硬是在野外待了7天7夜。

这些，让我明白了人民子弟兵的真正含义。

史炜，曾服役于空军后勤部。

回想当年的入伍决定，近乎疯狂：在征兵即将结束的前10天，我瞒着父母报名体检，又在入伍前一周去做了眼睛激光手术，在术后第三天，我开启了新兵生活。

新兵连很苦，由于训练强度很大，眼睛一直感染，3个月我用掉了十几瓶眼药水，但这些磨练教会了我忍耐，进取，让我从文弱秀才兵变成军营男子汉。

下连后，我被分到空军某汽车团，曾参加过跨地域机动演练，被指派执行3个月的密级看护任务，参加建军90周年全军文艺汇演。"青春正好，起舞军营"，我追梦军旅故事，被中国空军网、大国之翼微信平台报道。

退伍前昔，中印对峙，我们接到准备前往边境支援作战的任务。当自己被选上那一刻，我从未想过自己离战争如此之近，但我们丝毫没有退缩，在祖国强大的政治和军事的压力下最终印军退却。我特别佩服那些身处一线的战友，正是他们的坚守换来了我们的和平。

每个人心中都有一抹仗剑走天涯的铁血豪情，为了不让青春留遗憾，疯狂一些很是值得。

黄鸿鹰：曾服役于河北省军区。

我家住在广西的一座小山村，家里有好几个兄弟姐妹，家里的经济状况不是很好。作为家里的长子，我必须肩负起应有的责任。

因此，我毅然地选择了参军，在体检时，我的身高测了10多次还差1厘米。本以为我与军营无缘了，后来，老师通知我去复检，我下定决心，绝不能让这1厘米阻断了我当兵的梦想，所以我拼命地拉筋，吊杠，跃起，最终以超过要求0.5厘米的身高通过了选拔。光荣地成为一名解放军战士。

我知道，当兵不仅仅是代表我自己，还要给弟弟妹妹们做榜样，所以无论是干活，还是训练，我都冲在最前头。这两年，通过自己的努力，我获得了2次优秀士兵和1次嘉奖。当我向家人展示我的奖章时，爸爸妈妈说：鸿鹰长大了。

2017年，在我的影响下，弟弟也当兵，成为一名边防战士。弟弟妹妹们受到我们的影响，表示要努力学习，将来也要去部队锻炼。就这样，红色的基因在我们家生根了。

2018年，我校又有吴浩楠、李阳等7名同学通过体检，即将参军，成为一名解放军战士！在八一建军节到来之际，致敬天外老兵！祝福天外新兵！天外从戎的风气，在天外蔚然形成！

来源 | 天津外国语大学学生处

教官，有个事我想跟你说一下

军训季

2015-07-05　天津外国语大学学生处

教官，有个事我想跟你说一下。
教官说：不要老看我！我脸上没花！
教官说：不要让我看到你们洁白的牙齿！
教官说：不要给我在队伍里逛街！
……

教官，你说了那么多，
现在该我说了。
还有导员，
来来来，我们聊聊。

来源 | 天津外国语大学学生处
文字 | 军训记者团 罗一菡
摄影 | 军训记者团 董家辉 王瑄
指导教师 | 张磊 张守华

第四篇章　星　轨

军训剪影 | 遇见 不一样的自己！

军训季

2015-06-30　天津外国语大学学生处

　　从前的我，还沉浸在饭后漫步操场、与同伴追逐嬉闹的安逸，渐渐模糊的记忆在如流云般的日子中逝去。现在的我，正从这充实而又疲惫的旅程中走过，回头再望，那每天早操上的徐徐微风和蒙蒙细雨仍将会是多少年后心头温暖如初的阳光。

　　曾经的我，以为青春是潇洒豪放、狂野不羁而不可一世的所在。一如初出茅庐的稚子，试图将这世间的花草尘土、一叶一木，用自己所谓高傲不可屈就的眼光来定义雕琢。如今几日于风吹日晒里锤炼敲打，我才忽然明白，感受不一样的体验，体会生活的不同面，记录下的才是真正的人生。

　　当初的我，总以为吸引更多崇拜的目光才是男生魅力的所在，于是就有了傍晚宿舍下的浪漫情歌，靠在楼梯上的吉他弹唱，晚会舞台上的奇歌炫舞。然而当时光匆匆走过，这短暂而又漫长的军训历程让我懂得，魅力还可以用这样一种方式表达：它是坚韧笃定的内心，它还是勇于挑战的自信，它更是热爱生活的希望。

　　昨日重现，青春文学中，翩翩长裙，飘飘长发，柔声细语，温婉可人，于朗朗清风下手捧书集，正是我心中对女神的定

义，汇于这世界的标准而不见自我。今日再叙，我已是能站军姿、能踢正步、能打军体拳的全能"女汉子"，不畏风雨，不惧艰难，执着果敢，坚毅刚强。我已不再为这美丽的定义所束缚，但做自己独特的烟火，赢得，才是这世界真诚的掌声。

遥想当年，我还是那个对着韩剧痴迷、对着小说痴醉、对着远方痴想的天真少女。知识对于我，或许只是课堂上老师的引经据典，或许只是期末试卷上的似曾相识。军纪军规下，合理整顿，系统规划，懒散而又单纯的自己竟也从昨日的摸爬滚打里默默成长起来。课堂上的聚精会神，图书馆里的潜心思考，我才明白，原来一心一意才是这世界上最温柔的力量。

昔日的我，是太阳伞下白嫩的娇娇女，此刻的我，是操练场上矗立的训练兵。昔日的我，追随扮靓攻略，坐立行走统统要美；此刻的我，体会烈日骄阳，席地盘腿而坐也是一种幸福。军训的日子给了我别样的体验，幸福的感觉也来得那样简单。感受每一天的改变，遇见不一样的自己，拼搏当下，迎接未来。

来源 | 军训办公室

震惊!
听说天外今年
的毕业照要上
天了

毕业季

2016-06-12　天津外国语大学

情知此后来无计，强说欢
期。一别如斯，落尽梨花月又
西。此次分开后，不知何时才能
重聚，数不清已将再见说了几
遍，然而还是舍不得别离。

这次，我们换一种说再见的
方式，不用话语，让画面来定格
我们的"再见"，通过属于天外
人的"语言"。

时间相聚，终有一别，
"我校"变"母校"，一字
隔山河。
我们将就此向世界各地出发，
用天外传授我们的语言
追梦。

日语

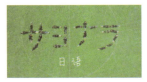
韩语

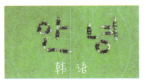

西班牙语

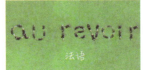
法语

斯瓦希里语

来源 | 天外学生记者团
文字 | 闻名
航拍 摄影 后期 | 范弈铭
编辑 | 王莹

背后的故事 | 他们这样用多国语言说"再见"

毕业季

2016-06-25 天津外国语大学

本文首发于《天津日报》2016年6月24日13版

毕业季如期而至，一波波的毕业照里，文科班里秀美女，理科班里秀型男，能躺下的绝不站着拍，能上头版的一定会拼得水深火热。在如火如荼的毕业照竞争大军中，天外的一组航拍创意毕业照圈粉无数。

范羿铭和闻名是天外学生记者团的核心人物，分别管控着摄像、后期和文案。谈到最初的创意，范羿铭说，团队会定期召开选题会，大家一起"头脑风暴"，有时也会为了最新的热点凑在一起"脑洞大开"。他和闻名在看新闻的时候发现很多学校的毕业照都用到了"航拍"这个创意，正好学校里也有航拍器，所以他们也想要为即将毕业的学长学姐们奉上一组极具创意的毕业礼物。

既要用到航拍元素，又要突出学校的外语特色，一个点子瞬间被激发——用身体拼出各国语言的"再见"。在指导老师的带领下，整个计划被快速推进。第一次拍摄，日语学院的22位大四毕业生在烈日下完成了艰巨的拍摄任务，辅导员老师也一直陪着学生们在地上摸爬滚打。最终完成了计划里一半的拍摄进度。第二次拍摄，他们从欧洲语言文化学院等学院中征集了第二次拍摄的人员。历经两次，照片总算拍完了。从拍摄到成片，大概经历了半个多月，仅是草坪颜色的调色填充，就要花费不少时间。

这组凝聚了无数人心血的诚意之作，自发布在天津外国语大学的官方微信平台上之后，反响强烈，并在天津各大网站快速流传，点击率与口碑双丰收。

是的，"我校"变"母校"，一字隔山河。

记者 | 李思莹（2016届校友）

就这么拍！他们用镜头定格青春，作别天外

2017-05-24　天津外国语大学

回忆剥落，看见青涩时光。

四年前踏入这个校园的我们，像一头第一次见识森林的小鹿，在密林深处见到给予希望的阳光，也在荆棘丛生中与猛兽做过苦斗。穿过温暖而百感交集的岁月，最终发现了躲在时光深处的自己。

又是一年毕业季，四年转瞬，虽不能永远年轻，愿能永远热泪盈眶。临近毕业的你，会选择怎样的方式告别母校？"TFSUer"，我们约好了，聚是一团火，散作满天星。

青春的故事从蓝白色的校服开始，那一年的青春是黑板上曾经擦去的粉笔字，是课桌上整齐摆放的教辅书。毕业了，再穿一次当年的校服，感叹青春是一本太仓促的书。曾经向往象牙塔里的美好，还不及细细品味，时光已溜走。

第四篇章　星　轨

325

在和青春作伴的日子里，"学院风"是我们这个年龄的专利。可是却从未想过有一天，再次穿上属于我们的衬衣白裙，却是要到了说再见的时候。

民国风，五四装；无热血，不青春。青春热血是我们的标签，曾幻想回到那个激荡的年代振臂高呼。和平时期，民族复兴，却始终不敢忘记肩头之责任。青年兴则国兴，青年强则国强，要为中华之崛起而读书。

将头发梳成大人模样，穿上一身帅气西装，却好想回到那些年的时光。青春的我们总爱做各种各样的梦，不止一次幻想过自己西装革履、长裙白纱的样子。本是遥不可及的奢望，现在却是触手可及的明天。

都说在这个大教室里，有VIP区、休闲区，也有学霸区。但是此时此刻我只想站在教室的"C"位。向左看，我看到了思修课手忙脚乱标重点的我们；向右看，我看到了纲要课努力让自己专注的同学；向前看，我看到了形势政策课上播放的《厉害了，我的国》。大教室，谢谢你陪伴了我四年。

随着与青春有关的记忆，一起笑一起哭。在大学度过的四年青春，有厉害的对手，也有知心的朋友。知道我秘密最多的那个人，那个睡在我上铺的兄弟，干了这杯酒，愿你之后，在我们看不到彼此的日子里熠熠生辉。

所有的结局都已写好
所有的泪水也都已启程
却忽然忘了是怎么样的一个开始
在那个古老的不再回来的夏日
无论我如何地去追索
年轻的你只如云影掠过
而你微笑的面容极浅极淡
逐渐隐没在日落后的群岚
遂翻开那发黄的扉页
命运将它装订得极为拙劣
含着泪 我一读再读
却不得不承认
青春是一本太仓促的书
　　　　　　——席慕蓉

用力将黑色学士帽扔向晴空，帽穗在空中划出优美的弧度。欢呼吧，我们毕业啦！四年的青春哭过笑过，与天外的故事从四年前的一纸录取通知书开始，到现在的一张毕业证书结束。一颗真心献给你，谢谢你天外，缤纷了青春的色彩。

来源｜天外学生记者团
文字｜杨晨浩 周雨玄
策划 编辑｜窦文彤
感谢各学院提供精美毕业照片

第四篇章　星　轨

重返二十岁 | 送给校友的毕业礼

2017-06-21　天津外国语大学校友会

"今年是我毕业整二十年，没想到还能有幸参加这么有意义的活动，我太激动了！谢谢学校的良苦用心，为我们倒流时光，圆梦青春，我为自己是天外人感到幸运和骄傲！"

——1993级日语专业校友白玉芬

重返毕业典礼

由导师们为校友颁发纪念版毕业证书，弥补了校友们当年与毕业典礼失之交臂的遗憾，也让参加过毕业典礼的校友们再次重温当年的难忘时刻。

纪念青春

为校友们制作了纪念版毕业证书、天外专属个人印章、校友杂志等礼物，在校园内设置"重返二十岁"主题合影墙，让校友们感受深深的母校温暖。

举办"同城联络会"

针对应届毕业生，校友总会精心筹备了"同城联络会"，让新校友在奔赴世界各地之前建立联系、加深了解，在步入社会之前找到志同道合的小伙伴们，并通过同城联络的活动，接洽到所在地区的校友分会负责人，帮助新校友尽快适应职场生活。

来源 | 天津外国语大学校友会

用这个H5带你
检索在天外的
美丽回忆

毕业季

2017-06-17　天津外国语大学

终于还是来到了这一天
奔赴向各自的世界
没人能取代记忆中的你
和那段青春岁月
在天外的日子倒数计时
校园里每一个角落，每一株花草
回眸处，思绪蔓延

来源 | 天外学生记者团
H5制作 | 焦璐
摄影 | 轩杰（土耳其）孙倩 杨璐宇
文字 | 王淑睿 毛茜琳
配音 | 天外之音 贾昊岳

后记

2016-11-08　天津外国语大学

2016年11月8日是中国第十七个记者节。记者节像护士节、教师节一样，是我国仅有的三个行业性节日之一。记者节也是一个没有假期的节日，此时此刻，仍有记者默默地坚守在自己的岗位。

今天，带你去看你所不知道的天外学生记者团的故事

我们用文字篆刻印象，讲述天外故事
我们用镜头拼接生活，记录经典瞬间

我们连线留学海外的天外学子，
同时沟通远道而来的国际友人，
中外故事合为一部"双城记"；
我们不让热烈的青春埋没在人潮，
把傲人的风采收入光圈，
上快门打开一本"TFSU街拍"图册。

我们曾走进天外创业人的创新工坊，
与敢于开疆辟土的他们畅谈万众创新；
我们也曾与天外翻译人谈笑风生，
用采访和跟拍描摹他们在热点幕后的真实写照。

现在的校媒人，未来的媒体人
我们，一直都在。
来自记者团"小鲜肉"们的表白：

★进团两个月，深切体会到面试时学姐问的"你觉得自己能接受最少的空闲时间是多少"这句话背后的深刻含义……

★周三例会，周四培训，还要无时无刻想选题，好不容易想出来还极有可能被毙，记者团忙到让我怀疑人生，"自己加入的真的是大学社团吗？"

★做了过不去，拍了过不去，一片丹心撞冰山，这比我想象的更困难。其实在记者团的被虐历程岂是三言两语可以说尽，但是，越被虐越深爱，再也不只只是一句口头空谈。

★进记者团之后，经过那么多专业的培训，让我觉得自己离梦想又进了一步。

★一直喜欢拍照，在记者团做着自己热爱的事情，并且get到不同的技能，真切地感

受到了大学的自由与美好。

*学长学姐亲切之余，对大家的要求都很严格，感觉自己真是在做一名记者。

*跟那么多喜欢文字和摄影的人相遇相识，真的很感动！觉得未来大家一起会共同书写出最别致的故事。

*无论嘴上再怎么抱怨，也从来没有放下过相机和笔。

*事情多，会也好多，最怕学姐开选题会时自己没思路、没想法。可是在记者团的这两个月，我过得真的很充实，痛并快乐着。

在记者团摸爬滚打，认真记录下点滴岁月的前辈们，也有自己的肺腑之言：

*文案写好，编辑排版做好，每次都卡在怎么才能写出一个吸睛又拉风的题目上。行文十分钟，起名十年功。

*把学校国内外帅哥美女拍了个遍，当然微信也加了个遍。

*四天办了一场500人的大讲座，座无虚席。来看活动的人太多，实在没地方再坐下了，不得不劝他们："同学，回去自习吧。"

*每次做出一个东西，无论是PPT、H5页面，还是用PS做封面，改来改去一定还是第一版最好。

*一天拍两场大活动，四个小时"怒"刷一万步。

*阅读"3000+"，绘图两小时。

*拍不完的校园美景，钟楼360度无死角的美只有摄影记者才懂。

*有时候素材有些乏味、正式，做"5000+"阅读的推送能把大脑烧穿。

*记者团是一个广阔的平台，是一次次同龄人没有的机遇，是一份份自己才明白的收获。只要用心，它一定会助你发光发亮。

我们是痴迷于新鲜事物的一群人，我们想尽自己的全力，让读者看到身边可能被忽视的事物，并放大这份爱与美好。希望更多的人加入我们这支"寻爱"队伍。

来源 | 天外学生记者团

文字 编辑 | 钟晴晴 傅博文 闻名 王莹

摄影 制图 | 范羿铭 孙晗

|| 后 记 ||

致敬校媒人 |
走得最急的
都是最美的时光

2017-11-08　天津外国语大学

　　记者，一枚记录时代的符号，一个揭示真实的理想，一份守望社会的责任。又一个记者节来临之际，我们想把祝福与敬意送给所有在路上的新闻工作者。

　　在天外的校园里也有这样一群人，写文案、拍特片、做推送，传递正能量，"媒"你哪能行？如今他们中有人如愿成为记者，在这个特别的日子里，让我们听听曾经的校媒人怎么说。

　　作者简介：李佩珊，2016届国际交流学院对外汉语专业校友，原天外学生记者团团长，现工作于人民网宁夏频道，采编记者。

亲爱的学弟学妹：

　　以这样的方式与你们交流是一件非常神奇的事情。接到官微约稿的时候其实我很犹豫。说实话，心里有很多话想对你们说，也想对曾经同行的校媒朋友说，更想对自己说。而每次想起却总是思绪凌乱，不知所言。

　　我总讨厌以过来人的身份去说很多所谓的鸡汤与道理，毕竟人生要走的路一步也不会少。但若回想大学生活，最值得怀念的，无疑是参加天外学生记者团的那段难忘时光。所以今天，在"记者节"这样一个特殊的日子里，就跟你们聊聊我所经历过的校媒时光。

　　眨眼间，离开天外已经一年多了，如今的我，也算是圆了最初的梦想成为一名记者。常常出入高大上的会议现场聆听报告，也常常上山下乡见证农村生活的变迁；采访过省市县各级领导，也与农民伯伯、留守儿童谈过心；在国际展会上做过全球直播，也在烈日炎炎下帮着菜农捆起大葱……虽入职时间不长，也算是初尝便尝尽了记者这个行业的辛酸与劳苦。除却繁杂的采访任务外，身为记者，还要写得了宣传方案，做得了专题，有时甚至要一个人应付采、拍、编、播全套360度全能操作。作为初来乍到的新手，对这巨大的挑战我反倒能够快

速适应和消化，而这都源于大学四年校媒时光的锻炼与培养。

我经常回想起自己的大学时光。还记得大一刚入学的时候，各种各样的社团纳新让人眼花缭乱，但很失望，我并没有在塞到手中的五花八门的海报、传单中找到关于记者团的纳新信息。原以为学校并没有记者团这样一个社团时，同班同学告诉我她偶然看到了学校《天外人》报社的招新，问我要不要加入。就是这样的机缘巧合，我加入了曾经的《天外人》报社文字部，结识了一帮人生中的挚友，开始了每周报选题、每月做报纸、每场活动做人人直播的校媒人生活。

2012年的时候并没有微信公众账号，微博也没有那么火。我们每次收到学长学姐的采访通知和例会通知都是通过飞信，我们展示自己的平台除了《天外人》报纸外，还有《天外人》的人人账号。也许现在身处校园的"95后""00后"并不知道"飞信""人人"为何物，但不得不说，人人网见证了很多曾经的我们每一步的脚印和每一段的经历。也正是人人网这个平台使我们的社团让更多的人知晓。

其实也正是大一加入《天外人》报社后，我的周末从没有宅在宿舍荒废过。文字部、编辑部常常一同外出采风，大学的那几年我们几乎走遍了天津市区大大小小所有的公园。春天的桃花堤、夏天的水上公园、秋天的杨柳青以及冬天的人民公园的美景都印烙在我们自己的报纸上，也永远地存档在我们的相册里。文字部每周一雷打不动召开选题会，每次听着大家的选题，用现在的话说就是我总是默默在心里为各位小伙伴疯狂"打call"，但也是每次与大家思想的碰撞交流，让我不断进步，从只能拍几张花絮照片和写一篇200字的通讯稿，到最后可以写出一份完整的活动策划，自己的文章撑得起一整版的报纸，甚至还与小伙伴们被邀约写了天外50周年校庆的校庆诗歌。不得不说，在这个集体中，包括我在内的每一个人的成长都是迅速的。这一切，也都源于最初的热爱和坚持。

单纯如我们，怀揣着梦想，做着疯子一样的校媒人。从大一到大三，我们每月的报纸新鲜出炉后，都会来一次壮观的集体刷楼。我们的报纸不收费，没广告，每一篇都是记者团成员抑或在校同学的投稿，每一个版面都是编辑部的同学熬夜用方正飞腾编辑而成。当每次手捧似乎还带着印刷机余温的最新一期报纸时，我们仿佛小心翼翼地捧着自己的孩子。而更让人开心的是，每次去刷楼分发报纸，都会有许多同学向我们询问投稿地址，他们也同样期待自己的文章能够被印成铅字，让更多人看到。也正是这些让我们更加坚信校媒的力量，让我们一点一点靠近梦想。

也是因为《天外人》报社这个平台，我们结识了天津大学、南开大学、天津师范大学、天津财经大学、天津科技大学等更多校媒的同伴。我们如愿加入了中国（天津）高校传媒联盟，成为理事单位之一，每月会在不同的学校共办茶话会，分享近期的社团活动心得，每月每个社团会带着本月最优的稿件参加稿件汇评。在与各大高校学生社团的交流中，我们不断地吸收各位同仁的优秀经验，让我们自己的思路更加开阔。

不得不感谢科技的发展和时代的进步，微信平台、微博的迅速走热，让《天外人》报社的团队不断壮大，影响力不断扩大，从而转型升级成了如今的天外学生记者团。当各大高校流行"三行情书"的时候，我们也成功举办了天外三行情书大赛；畅销书作家大冰宣传他的首本著作《他们最幸福》时，我们成功邀请到他来为天外师生做分享……我们彻底让曾经的《天外人》报社"立体"了起来，这些都源于新媒体的力量，也源于每个纸媒前辈的坚守，让它从默默无闻，华丽跻身天外十佳优秀社团。

也正是有了前期的积淀和成长，当学校开始筹备自己的官方微信公众账号时，我们成功地扛起了这面大旗。还记得2013年底开始计划官微上线的时候，在老师的指导下，我们印发了成套的天外版明信片做宣传推广，同时成立技术部门专门为官微做技术维护与形象设计。看着官微如今越做越好，我们也像看着自己的又一个茁壮成长的孩子一样，全是欣慰，特别满足。

大学四年一晃而过，而如今回头再看，不得不说在记者团的时光是最难忘的。毕业后曾经的记者团成员分散在了世界各地，但我们却从未断了联系。2017年国庆节的时候，在北京又见到了大家，我们在一起的时候总是不忘聊起曾经在团里共同经历过的日子。特别感激曾经的我们，勇敢地加入了记者团。无知让人无畏，无畏让我们做出许多傻事，供以后回忆的时候"傻呵呵"地怀念。

想说的话还有很多，很感谢如今仍坚守在记者团的你们。做校媒，重要的是热爱，更多的是坚持。相信今后的你们无论是否从事传媒行业，不论你们身处何方，都一定会感激这段时光。

有人坚守，也会有人退出。一个好的团队，不仅能让大多数人为它坚守，也能够让少部分提前离开的人依然怀念它的好。而记者团，恰恰就是这样一个地方。

毕竟，在这里度过的，都是最美的时光。

最后，祝天外学生记者团曾经的、如今的、未来的每一位校媒同仁们，记者节快乐！无论走得多远，都记得常回家看看。

来源 | 天外学生记者团
文字 | 李佩珊